普通高等教育工商管理类专业精品教材

中央财经大学商学院　中央财经大学MBA教育中心　组编

运营管理

OPERATIONS MANAGEMENT

贾晓菁　李桂君　高咏玲　编著

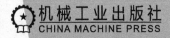

机械工业出版社
CHINA MACHINE PRESS

本书以系统观念为引领，立足运营管理理论前沿和企业最新实践，从企业运营管理概论、全球运营战略、运营流程的组织与衡量、运营流程的改进，到项目管理、运营质量，运营系统建模，以及供应链管理、运营管理的发展等，内容涵盖了企业运营管理的各个方面。全书内容全面、系统，体现了企业运营管理现状以及今后的发展趋势。

本书阐述了企业如何通过运营构筑竞争优势，实现企业的战略，分析了企业如何设计运营体系才能使供给与需求达到动态匹配，指出了运营决策对企业的影响，并强调采用系统论的方法开展运营管理，制定决策，满足现代企业运营管理，特别是互联网时代运营管理的需要。

本书紧密联系管理实践，每章设有案例专栏，包括两个典型案例。书中采用的案例大都来源于企业运营中发生的最新的典型实例，主要是服务业以及新兴行业的案例。这些案例均已在编者的教学课堂上进行了多次使用和不断改进，教学效果显著。每章后均附有本章小结和思考题，以锻炼和提高学生分析、解决实际问题的能力。

本书既可作为普通高等院校经济管理类相关专业本科生和研究生的教材，也可作为广大企事业机构运营管理者的参考用书。

图书在版编目（CIP）数据

运营管理 / 贾晓菁，李桂君，高咏玲编著. —北京：机械工业出版社，2018.12（2024.12重印）
普通高等教育工商管理类专业精品教材
ISBN 978-7-111-61370-1

Ⅰ. ①运… Ⅱ. ①贾… ②李… ③高… Ⅲ. ①企业管理-运营管理-高等学校-教材 Ⅳ. ①F273

中国版本图书馆 CIP 数据核字（2018）第 260075 号

机械工业出版社（北京市百万庄大街 22 号 邮政编码 100037）
策划编辑：刘鑫佳　　　　责任编辑：刘鑫佳　常爱艳
责任校对：李　杉　　　　封面设计：鞠　杨
责任印制：常天培
北京机工印刷厂有限公司印刷
2024 年 12 月第 1 版第 9 次印刷
184mm×260mm・16.75 印张・376 千字
标准书号：ISBN 978-7-111-61370-1
定价：49.80 元

电话服务　　　　　　　　　网络服务
客服电话：010-88361066　　机　工　官　网：www.cmpbook.com
　　　　　010-88379833　　机　工　官　博：weibo.com/cmp1952
　　　　　010-68326294　　金　书　网：www.golden-book.com
封底无防伪标均为盗版　　　机工教育服务网：www.cmpedu.com

前 言

在当前中国开启第二个百年奋斗目标的关键阶段,世界之变、时代之变、历史之变正以前所未有的方式展开,组织和个人都面临百年未有之大变局,国民经济到了转变增长方式、调整经济结构、构建新发展格局的攻坚时期。在各行各业,高效、创新和战略性的运营管理对企业提高竞争力、可持续发展与盈利能力都具有至关重要的作用。为此,我们编写了本书,以帮助广大高等院校的本科生、研究生、相关从业者以及对运营管理感兴趣的读者深入而全面学习运营管理的理论方法和实践技能。

本书介绍了新时代的运营竞争、运营系统的流程决策以及运营系统的改善与更新三部分内容。

"新时代的运营竞争"包括两章,主要介绍了运营管理的含义、全球运营战略以及如何通过运营管理获得竞争优势。"运营系统的流程决策"包括四章,主要阐述了运营流程的组织与衡量、运营流程的特点和改进、项目管理和运营质量等内容。"运营系统的改善与更新",重点从系统论的角度出发,指出了企业运营的动态复杂特性,进而阐述了运营系统建模、供应链管理以及可持续运营等运营管理领域的最新发展趋势等内容。

本书主要特点表现在以下几方面:

一、强调系统观念,解决复杂问题,弘扬社会主义核心价值观

运营管理是组织转换系统的设计和运行过程。习近平总书记指出,系统观念是具有基础性的思想和工作方法。必须坚持系统观念。万事万物是相互联系、相互依存的。只有用普遍联系的、全面系统的、发展变化的观点观察事物,才能把握事物发展规律。本书通过"第7章 运营系统建模"等内容,深刻揭示运营管理是一个系统工程,需要统筹兼顾、系统谋划、整体推进。本书坚持系统价值观和思维模式,守正创新,立德树人,将系统思维方法及其在运营管理中的应用内化于书中,让读者在运营管理学习和实践中坚持系统观念,运用系统方法解决持续运营、绿色发展等实际问题。

二、蕴含鲜活的本土企业最新运营管理实践案例,展现中国智慧

运营管理是一门实践性非常强的学科。习近平总书记指出:"积极培

育新能源、新材料、先进制造、电子信息等战略性新兴产业，积极培育未来产业，加快形成新质生产力，增强发展新动能。"编者团队长期研究中国问题，聚焦发展前沿，持续完善与更新，开发了31篇原创运营管理案例，其中2篇入选"全国百篇优秀管理案例"，2篇入选中国专业学位案例中心案例库，1篇入选毅伟（IVEY）案例库。本书弥补了以往运营管理教材在相关行业案例方面的不足，每章提供两个完整的分析案例，这些案例全部来源于中国企业运营中具有代表性的最佳实践，包括智能制造、绿色低碳以及移动互联网等新兴行业，以及银行、证券等金融服务业，主题多样，深浅合理。并且，这些案例由编者根据课堂使用情况进行了完善和改进，更具启发性，教学效果显著。

三、配备慕课、在线习题和 AI 在线辅助教学资源，打造新形态教材

运营管理是供应链管理专业的核心课程。编者所在的中央财经大学是供应链管理"国家级一流本科专业建设点"，教育部物流管理与工程教学指导委员会第一批新文科建设试点。在一流专业建设中，本书编写团队于2019年开发的"运营管理"慕课在中国大学MOOC（慕课）上线，持续开课时间最长，选课人数近4万人，2022年入选国家高等教育智慧教育平台，且选课量排名位于首位，并且利用AI技术辅助学习，如视频分段、智能解答问题、知识图谱、智能检索等。本书配备有每一章节的对应慕课视频，读者通过扫描二维码，即可获取对应教学视频和其他在线教学资源。

本书由中央财经大学贾晓菁、李桂君、高咏玲编著。具体编写分工如下：教材设计和提纲由贾晓菁拟定；第1章、第3章和第4章由李桂君编写；第2章和第9章由高咏玲编写，研究生张亚萍和王晨协助第2章的编写；第5章和第7章由贾晓菁编写，研究生王萌协助第7章的编写；第6章和第8章由贾晓菁和河北经贸大学寇晨欢编写。贾晓菁负责全书的统稿。

在本书的编写过程中，我们参阅了大量的运营管理方面的经典著作与教材，以及大量国内外运营管理等相关的最新研究成果，部分书目已列于参考文献中，这些文献资料是本书得以成稿的坚实基础，在此一并向这些文献资料的作者表示衷心的感谢；我们在本书的编写过程中，还参阅了互联网等新媒体上的大量信息资料，在这里向这些未曾谋面的同仁们，致以衷心的感谢。本书的出版得到了国家自然科学基金委员会面上项目71774182和中央财经大学"十四五"规划教材建设项目的资助，特此感谢。

本书在编写过程中力求准确并有所创新，但由于编者水平有限，难免有所纰漏，恳请各位专家和读者不吝赐教，以便我们能够修正，不胜感激。

编　者

目　录

前言

第1章　导论 ··· 1
学习目的与要求 ··· 1
1.1 运营管理的内涵 ··· 2
1.1.1 作为转换系统的运营管理 ································· 3
1.1.2 实现价值增值的运营管理 ································· 5
1.1.3 作为组织基本职能的运营管理 ·························· 6
1.2 运营战略和竞争优势 ··· 7
1.2.1 运营战略 ··· 7
1.2.2 竞争优势 ·· 10
1.3 运营管理的演进及发展趋势 ··································· 13
1.3.1 运营管理的演进 ··· 13
1.3.2 运营管理的发展趋势 ······································ 24
案例专栏
案例1　海底捞如何构筑运营竞争优势 ······················· 27
案例2　国家大剧院的组织和运作系统 ······················· 28
本章小结 ·· 30
思考题 ··· 31

第2章　全球运营战略 ··· 33
学习目的与要求 ·· 33
2.1 全球运营战略的三种视角 ······································· 34
2.1.1 全球运营的原因 ·· 34
2.1.2 竞争力、资源和流程视角下的全球运营战略 ······ 36
2.2 全球运营战略的选择 ··· 37
2.2.1 全球整合与地区回应 ······································· 38

2.2.2　全球运营战略的类型与选择 …………………………………… 41
　2.3　全球运营战略的实施 ……………………………………………………… 45
　　　2.3.1　实施全球运营战略的基本决策 …………………………………… 45
　　　2.3.2　全球化运营模式 …………………………………………………… 47
　案例专栏
　　　案例1　星巴克：一家新经济时代的跨国公司 …………………………… 50
　　　案例2　华为的国际化战略 ………………………………………………… 51
　本章小结 ………………………………………………………………………… 53
　思考题 …………………………………………………………………………… 53

第3章　运营流程的组织与衡量 …………………………………………… 55
　学习目的与要求 ………………………………………………………………… 55
　3.1　流程与流程管理 …………………………………………………………… 56
　　　3.1.1　什么是流程 ………………………………………………………… 56
　　　3.1.2　有形产品与无形产品（服务）…………………………………… 58
　　　3.1.3　流程管理的基本理解 ……………………………………………… 58
　3.2　流程绩效的衡量 …………………………………………………………… 59
　　　3.2.1　流程绩效衡量的两个方面 ………………………………………… 59
　　　3.2.2　流程绩效的衡量指标 ……………………………………………… 60
　　　3.2.3　律特法则 …………………………………………………………… 64
　3.3　服务流程设计与流程图 …………………………………………………… 65
　　　3.3.1　服务流程设计基本要求 …………………………………………… 65
　　　3.3.2　服务—流程矩阵 …………………………………………………… 65
　　　3.3.3　服务流程设计过程 ………………………………………………… 66
　　　3.3.4　流程图的画法 ……………………………………………………… 67
　案例专栏
　　　案例1　Y银行私人银行中心业务变革 …………………………………… 68
　　　案例2　标准化考场自动校时同步时钟 …………………………………… 70
　本章小结 ………………………………………………………………………… 71
　思考题 …………………………………………………………………………… 71

第4章　运营流程的改进 …………………………………………………… 73
　学习目的与要求 ………………………………………………………………… 73
　4.1　影响流程绩效的原因及其度量 …………………………………………… 74
　　　4.1.1　流程变动性的来源 ………………………………………………… 74

4.1.2　流程能力与瓶颈 ·· 75
　4.2　约束理论 ·· 77
　　　4.2.1　约束理论的基本思想 ·· 77
　　　4.2.2　TOC 常用的概念与方法 ··· 78
　4.3　降低变动性提升流程绩效 ·· 80
　　　4.3.1　降低到达变动性的方法 ··· 80
　　　4.3.2　降低服务时间变动性的方法 ··· 81
　案例专栏
　　　案例 1　瑞幸咖啡的运营流程创新 ··· 82
　　　案例 2　自助餐厅的排队问题 ··· 83
　本章小结 ·· 85
　思考题 ·· 85

第 5 章　项目管理 ··· 87

　学习目的与要求 ··· 87
　5.1　项目管理的概念 ··· 88
　　　5.1.1　项目管理的起源 ·· 88
　　　5.1.2　项目管理的发展 ·· 88
　　　5.1.3　项目管理的定义 ·· 89
　5.2　项目计划 ··· 91
　　　5.2.1　项目的启动 ·· 91
　　　5.2.2　项目的组织 ·· 93
　　　5.2.3　项目工作分解结构 ·· 96
　　　5.2.4　项目责任分配矩阵 ·· 98
　5.3　项目进度安排 ··· 99
　　　5.3.1　项目计划评审技术 ·· 99
　　　5.3.2　三点估算法 ·· 100
　　　5.3.3　关键路径法 ·· 101
　　　5.3.4　关键链法 ··· 105
　　　5.3.5　甘特图 ··· 108
　5.4　项目控制 ··· 110
　　　5.4.1　项目变更 ··· 110
　　　5.4.2　挣值分析 ··· 111
　　　5.4.3　结束项目 ··· 113

案例专栏

案例1 一个历经风险的房地产信托项目 ·················· 114

案例2 T公司海外项目的团队管理历程 ·················· 119

本章小结 ·················· 124

思考题 ·················· 125

第6章 运营质量 ·················· 127

学习目的与要求 ·················· 127

6.1 质量 ·················· 128

6.1.1 质量的定义 ·················· 128

6.1.2 质量的内涵 ·················· 129

6.1.3 质量的重要性 ·················· 129

6.2 服务质量 ·················· 130

6.2.1 服务质量的概念 ·················· 130

6.2.2 服务质量的维度 ·················· 131

6.2.3 服务质量的差距 ·················· 133

6.2.4 服务质量的测量 ·················· 136

6.3 质量管理 ·················· 138

6.3.1 质量管理的概念 ·················· 138

6.3.2 质量管理的发展阶段 ·················· 139

6.3.3 全面质量管理 ·················· 141

6.3.4 质量管理统计分析方法 ·················· 147

6.4 精益系统 ·················· 149

6.4.1 精益生产 ·················· 149

6.4.2 精益流程的开发 ·················· 151

6.4.3 精益供应链 ·················· 156

案例专栏

案例1 龙腾集团的服务质量问题 ·················· 158

案例2 基金公司的六西格玛管理 ·················· 159

本章小结 ·················· 163

思考题 ·················· 164

第7章 运营系统建模 ·················· 165

学习目的与要求 ·················· 165

7.1 运营管理系统 ·················· 166

	7.1.1	企业运营管理的环境	166
	7.1.2	运营管理和系统	167
	7.1.3	系统思考	169

7.2 系统动力学 170
- 7.2.1 系统动力学的产生 170
- 7.2.2 系统模型 170
- 7.2.3 系统动力学建模 171

7.3 系统动态反馈模型 174
- 7.3.1 动态系统的行为与结构 174
- 7.3.2 基本模式的相互作用与结构 177
- 7.3.3 因果回路图 178
- 7.3.4 存量流量图 182

7.4 运营系统模拟决策 185
- 7.4.1 识别研究对象和问题 186
- 7.4.2 确定系统边界 186
- 7.4.3 绘制因果回路图和存量流量图 186
- 7.4.4 模型仿真和管理策略生成 189

案例专栏
- 案例1 旺季来临，物流公司该如何解决资源短缺问题 189
- 案例2 H陶瓷有限责任公司运营管理案例 194

本章小结 195
思考题 196

第8章 供应链管理 197
学习目的与要求 197
8.1 供应链管理的概述 198
- 8.1.1 供应链和供应链管理 198
- 8.1.2 如何开展供应链管理 199

8.2 牛鞭效应 201
- 8.2.1 什么是牛鞭效应 201
- 8.2.2 牛鞭效应的成因 203
- 8.2.3 如何缓解牛鞭效应 204

8.3 供应商关系管理 205
- 8.3.1 供应商关系管理的含义 205
- 8.3.2 供应商关系管理的过程 206

8.3.3　如何开展供应商关系管理 …………………………………… 209
8.4　供应链战略与竞争战略的匹配 …………………………………… 212
　　8.4.1　供应链战略 …………………………………………………… 212
　　8.4.2　匹配供应链战略与竞争战略 ………………………………… 215
案例专栏
　　案例1　生鲜电商领域的革命者 …………………………………… 219
　　案例2　轩华公司的两难抉择 ……………………………………… 224
本章小结 ………………………………………………………………… 229
思考题 …………………………………………………………………… 230

第9章　运营管理的发展 …………………………………………… 231
学习目的与要求 ………………………………………………………… 231
9.1　互联网+运营管理 ………………………………………………… 232
　　9.1.1　互联网+运营管理产生的背景 ……………………………… 232
　　9.1.2　互联网思维 …………………………………………………… 233
　　9.1.3　互联网+运营管理的内容 …………………………………… 234
9.2　服务运营管理 ……………………………………………………… 236
　　9.2.1　服务运营管理产生的背景 …………………………………… 236
　　9.2.2　服务运营管理的特征 ………………………………………… 238
　　9.2.3　服务运营管理的内容 ………………………………………… 239
9.3　行为运营管理 ……………………………………………………… 241
　　9.3.1　行为运营管理产生的背景 …………………………………… 241
　　9.3.2　行为运营管理的内容 ………………………………………… 242
案例专栏
　　案例1　华晨宝马汽车的可持续运营 ……………………………… 245
　　案例2　民生银行向"驱动市场"的运营模式变革 ……………… 249
本章小结 ………………………………………………………………… 251
思考题 …………………………………………………………………… 252

参考文献 ……………………………………………………………… 253

第 1 章

导　论

学习目的与要求

通过本章的学习，理解运营管理的基本概念，理解运营管理的转化过程，掌握运营战略和竞争优势与运营管理的关系，了解运营管理的发展趋势和面临的挑战。要求完成本章最后的案例讨论和思考题。

运营管理
Operations Management

1.1.1 什么是企业管理的三大职能

1.1.2 运营的系统观

1.1.3 生产运营和服务运营

1.1.4 谁在从事运营管理

1.1 运营管理的内涵

运营管理（Operations Management，OM），又称运作管理，国内外学者均对其进行了定义，但是表述有所不同。

定义1：理查德·蔡斯（Richard B. Chase）和罗伯特·雅各布斯（F. Robert Jacobs）的《运作管理——供应链管理的视角》（精要版第3版）。运作是指将企业资源转换为顾客所需要的产品的制造与服务流程，其与企业的营销和财务职能一样，也是企业的主要职能之一，具有明确的管理职责。具体而言，运作管理是对制造、交付企业主要产品和服务的系统进行设计、运行和改进的过程，关注的是生产产品或交付服务的整个系统的管理，涉及一系列复杂的转换过程，包括产品的生产（如男士夹克）和服务的提供（如手机账户服务）。

定义2：罗伯特·约翰斯顿（Robert Johnston）的《运营管理案例》（第3版）。运营管理涉及组织的资源和组织为顾客提供产品或服务工序的设计、计划、控制和改进等方面。无论是提供机场服务、假日服务，还是生产贺卡或塑料桶，运营管理者都要考虑这些产品或服务的设计、创造和交付。

定义3：马克·M. 戴维斯（Mark M. Davis）的《运营管理基础》（第4版）。运营管理是对企业生产、交付产品或者服务的系统进行的设计、运作以及改进。运营管理的对象是运营过程和运营系统。运营过程是一个投入、转换、产出的过程，是一个劳动过程或价值增值的过程，它是运营管理的第一大对象，运营管理必须考虑如何对这样的生产运营活动进行计划、组织和控制；运营系统是上述变换过程得以实现的手段，它的构成与变换过程中的物质转换过程和管理过程相对应，包括一个物质系统和一个管理系统。

定义4：孙慧的《运营管理》。运营管理就是对由输入到产出间的这一中间转换过程设计、运行和改进过程的管理。其主要任务是建立一个高效的产品和服务的制造系统，为社会提供具有竞争力的产品和服务。效率是投入和产出的比较，所谓高效就是以较少的投入得到较多的产出。投入包括人力、物力、财力和时间，产出的是产品和服务，即以最少的人力、物力和财力的消耗，迅速地生产满足用户所需要的产品和提供优质服务。运营管理是企业经营过程中最基本的管理职能之一。

定义5：刘大明和胡川的《运作管理》。运作（传统上称为生产）是人类最基本的活动，人们通过生产活动创造财富、创造人类所需要的一切。就其基本形式而言，运作是将输入（生产要素）转化为输出（产品或服务）的过程，或是创造产品或服务的过程。用系统论的观点来看，将"输入→转化→输出"的过程视为一个有机整体，那么运作过程就是一个系统，即"运作系统"，它是一个服从于特定目的的人造系统，为生产或提供特定的产品或服务，并实现增值（Value Added）而建立和运行的。运作系统包括输入、转化、输出、反馈等主要组成单元。运作管理是指对运作活动或运作系统进行计划、组织、控制等，它是对运作系统的建立、运行所进行的管理。

从以上不同著作中的定义可见，运营管理的理解与表述存在一定的差异，但是各个定义也有相同之处，即均包含以下三个方面的内容：

(1) 运营管理是一个转换系统的运作，存在一系列复杂的转换过程。

(2) 运营管理的本质是实现价值的增值，体现于最终提供的产品和服务上。

(3) 运营管理是组织得以存在的三大基本职能之一，即营销、运营、财务。

本书也认可上述定义的基本表述，认为运营管理是组织转换系统的设计和运行过程，该转换系统是以价值增值为目的，追求更高的转换效率。据此，本书从理论与实践结合的视角，嵌入相关案例的分析，着重阐述运营管理的主要内容，包括组织战略背景下的运营战略、组织转换系统的流程设计、运营变动性的影响、组织运营的方式、质量的保证等，尝试帮助读者更好地理解运营管理的核心概念。

1.1.1 作为转换系统的运营管理

运营管理是一个转换系统的运作，是实现原材料到产品和服务的转换等一系列复杂过程，这个过程依然要体现管理活动追求效率的本质。而运营系统则是投入、转换、产出的变换过程得以实现的载体，是生产运营过程和管理过程的有机结合体，包括物质系统和管理系统。其中，物质系统是指生产运营过程，实现的是将资源转换成产品或服务的功能；而管理系统是指管理过程，实现的是为生产运营过程制定目标和计划，并对计划的实施进行组织和控制，使之不断适应动态变化的环境的功能。

通过物质与管理系统实现这两个过程的结合，生产与运营活动才真正具有活力，成为在一定环境下实现预定目标的有机系统。同时，运营系统还要从外界环境取得相应的信息，包括市场需求的变化、竞争对手的情况、新技术的发展以及社会经济的发展动向等，然后根据外部信息来调整企业自身的生产运营系统以适应外界环境的变化，实现运营目标。

简而言之，运营系统包含"投入（输入）""转换"和"产出（输出）"三大基本要素，如图 1-1 所示。

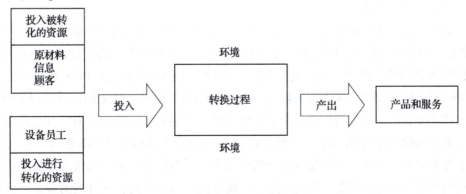

图 1-1　三大基本要素的运营系统

但是随着产品和服务需求的多元化发展,"控制"要素被作为运营系统中的第四大要素考虑,如图 1-2 所示。

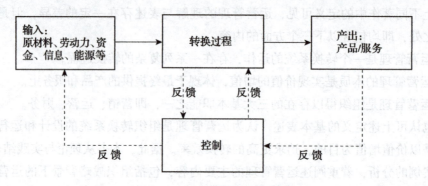

图 1-2 四大要素的运营系统

随着供应链概念的出现与发展,企业运营系统的范围也在扩大,"供应商"和"用户"两大要素也被认为是现代运营系统的组成部分,如图 1-3 所示。

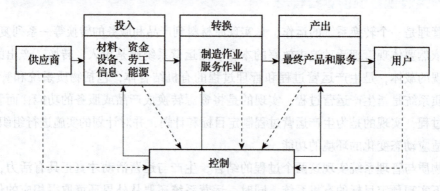

图 1-3 六大要素的运营系统

⟶ 决策   ┈➤ 反馈

(1) 投入要素。根据投入要素的来源,可分为来自企业组织外的投入要素,(比如顾客和生产原材料等)和来自企业组织内的投入要素(比如企业提供的能力资源,包括劳动力、设备、生产或办公空间等)。

(2) 转换要素。该类要素是一个动态过程,是实现产品与服务价值增值的过程,即实现将投入资源转换为有形产品或无形服务作为产出的过程。此过程既包括物质转换,即对作为投入要素的各种物质资源进行转换;也包括管理过程的转换,因为产品的生产和服务的提供会受到企业管理控制范围之外的外部环境因素的影响,通过管理过程的转换,实现企业组织的平稳运营。

(3) 产出要素。产出即是运营系统的运营成果,是输入物的价值增值后以某种形式反馈给个人、企业组织和社会的产出。一般而言,包括有形的产品和无形的服务两大类。

(4) 控制要素。由于产品与服务需求的多元化,所有运营管理者都必须面对一个重要任务,即他们要使所有的内部业务协调匹配,以确保在恰当的时间、为恰当的业务恰到好处地提供原材料,并服务顾客。而控制则是实现该目标的重要方式,即通过"反馈的再反馈"过程，实现对"投入→转换→产出"过程的控制。比如，运营管理者通过转换过程和产出产品得到的反馈，再反馈到输入与转换过程，以对整个运营过程做出适当的调整。

（5）供应商要素与用户要素。供应商要素是指运营系统投入要素的提供方，因为在现代企业中，将生产与服务外包，通过增强企业间的协作，更有利于发挥企业的比较优势，并获取专业化的投入要素。用户要素是指产品和服务的直接受益者。

基于运营系统的三大基本要素，对日常生活工作中的一些运营系统进行分解，可以更好地识别运营系统中的输入、转换和输出要素，如表1-1所示。

表1-1 日常工作和生活中的运营系统

系统	输入		转换	输出	
	外部资源	内部资源		产出	类别
大学	高中毕业生	教师、教材、教学设施	上课、培训、实践	大学毕业生	产品
修理站	损坏的机器	工具、设备、工人	修理	被修复的机器	服务
饭店	饥饿的顾客	食物、人员、环境	烹饪、服务	满意的顾客	服务
政府	社会问题	公务员、专家	研讨、决策	政策措施、规则	产品
咨询公司	现状与问题	咨询师	调研、咨询	咨询方案	服务

1.1.2 实现价值增值的运营管理

运营管理的本质是价值增值，即通过转换的过程，实现产出要素相对于投入要素的增值。价值增值的过程是多样化的，包括物理的转换、化学的转换、空间的转移和情感满足的转换等；价值增值的表现形式可概括为有形产品的转换和无形产品的转换。

1. 典型价值增值的转换过程

典型价值增值的转换过程包括：物理、化学、服务、空间和交易等的转换，如表1-2所示。而此类过程并不是互斥的，因为不同的企业组织可以实现此类过程的一个或同时实现若干个，而若干个过程的结合能更有效通过转换过程实现价值增值。比如百货商场运营，在实现商品价值增值的过程中，既通过信息过程的转换，即允许顾客在商场内对比不同商品间的价格、质量等信息；也通过存储过程的转换，即百货商场在商品销售前的库存；还通过交易过程的转换，即商品的最终出售并实现增值。

表1-2 典型价值增值的转换过程

转换过程	案例
物理过程	机械加工企业：通过对原材料的加工，使其形状或物理性质发生变化，并生产出新产品
化学过程	化工企业：通过投入要素间的各种化学反应，生成新物质或利用反应中的能量等
服务过程	餐饮企业：通过食品和服务的提供，满足顾客的饮食欲望
空间过程	物流公司和航空公司：通过人和货物位置变换来提供相应的服务
交易过程	零售企业：通过物品的交易来实现，但同时也包含着空间过程

2. 典型价值增值的表现形式

基于不同类别的运营产出——有形产品或无形服务，典型价值增值的表现形式可分为有形产品的转换过程或生产过程和无形服务的转换过程或服务过程，包括无形资产增值、技术含量增值和团队能力增值等，如表1-3所示。

表1-3 典型价值增值的表现形式

表现形式	案例
无形资产增值	企业品牌：通过参与公益事业，体现社会责任感，提升企业形象
技术含量增值	核心技术：手机企业通过改进技术，实现新功能的开发，提升手机的价值
团队能力增值	企业团队：通过人员结构的调整，实现团队人员间的互补增值

1.1.3 作为组织基本职能的运营管理

企业组织的三个基本职能：运营职能、营销职能和财会职能，如图1-4所示，此三大基本职能之间存在着密切的关联关系。运营作为组织存在的三个基本职能之一，是提升企业核心竞争力的重要组成部分，目的在于高效率地实现组织的资源配置和价值增值，以提供具有竞争力的产品或服务。

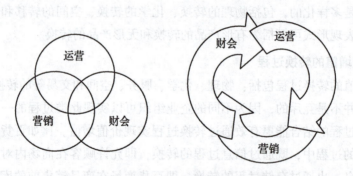

图1-4 企业组织三大基本职能及相关关系

一方面，运营管理活动在各行业中都提供了广泛的工作机会，因为不管哪一行业都存在着为实现价值增值的投入产出转换过程。在企业的日常经营管理活动中，与运营管理相关的活动既包括对内产品生产中的生产计划与控制、进度安排、工作设计和库存管理等，又包括对外服务提供中的产品质量保证、顾客服务等。而在企业组织的其他职能活动中，比如营销和财会职能中的财务、会计、后勤保障、营销等均与运营管理密切相关。

另一方面，企业在生产与运营方面的花费占总成本的比例最高，如表1-4所示。因此，企业要降低成本，提高盈利能力，须以生产与运营管理活动的优化为关注焦点。

表1-4 各行业中不同类型企业三大职能活动的成本比例

三大职能活动		食品制造业（%）	纺织业（%）	医药制造业（%）	汽车制造业（%）
运营职能	产品材料：直接劳动成本	77	84	66	77
营销职能	销售、财务：管理费用	17	12	27	16
财会职能	利息、利润：非经常项目税收	6	4	7	7

（数据来源：中经网统计数据库工业行业月度库，1999—2016。）

1.2 运营战略和竞争优势

1.2.1 运营战略

1.2.2 运营竞争要素

1.2.3 聚焦与权衡

1.2.4 运营活动

战略是企业组织为完成使命而制订的行动计划，或可定义为企业组织通过专门设计用来开发组织核心竞争力、获取竞争优势的一系列综合的、协调的约定和行动。运营管理作为组织存在的三大基本职能之一，必然要与企业战略保持一致。而且，组织的各个职能领域都应当为完成自身的使命而制定战略，一般而言，包括差异化战略、成本领先战略和快速响应战略三种。

企业组织能够成功地制定和执行价值创造的战略时，其在竞争中获得战略竞争优势的概率就会上升，最终实现企业目标的可能性就更大。竞争优势来源于企业组织战略的执行，其竞争对手无法复制或因成本太高而无法模仿时，该企业组织即在竞争中拥有了相对优势。没有一个竞争优势是永恒的，有时候，竞争优势消失的时间，取决于竞争对手和企业组织学习的能力。

1.2.1 运营战略

1. 运营战略的定义

运营战略是指在企业经营战略的总体框架下，如何通过运营管理活动最有效地利用企业的关键资源，在市场中获得竞争优势，以支持和完成企业的一项长期竞争战略规划和总体战略目标（Jay Heizer & Barry Render）。其战略定位如图1-5所示。

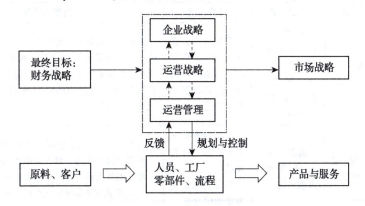

图1-5 运营战略在企业组织中的定位示意图

运营管理
Operations Management

运营战略作为企业整体战略体系中的一项职能战略，它主要解决如何最有效地利用企业关键资源，并在运营管理职能领域内如何支持和配合企业在市场中获得竞争优势，其研究对象是生产运营过程和生产运营系统的基本问题，包括产品选择、工厂选址、设施布置、生产运营的组织形式、竞争优势要素等。

运营战略的性质是对上述基本问题进行根本性谋划，包括生产运营过程和生产运营系统的长远目标、发展方向和重点、基本行动方针、基本步骤等一系列指导思想和决策原则。运营战略是运营管理中最重要的一部分，传统企业的运营管理并未从战略的高度考虑运营管理问题，但是在今天，企业的运营战略具有越来越重要的作用和意义。

2. 运营战略的制定

（1）运营战略制定流程。由运营战略的定义可知，运营战略为企业战略中的子战略之一，需要基于企业战略来制定相应的运营战略，并通过运营战略来指导运营管理实践，如图1-6所示。

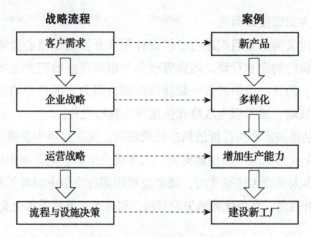

图1-6 运营战略制定流程

首先，企业基于客户的需求而确定企业战略，即企业未来的发展定位、目标和方向等；其次，企业围绕企业战略，制定相应的运营战略去实现企业战略的目标；最后，企业基于运营战略来制定和实施相应的流程与设施决策。具体案例如表1-5所示。

表1-5 运营战略制定流程的案例

企业	客户需求	企业战略	运营战略	流程与设施决策
米尼特润滑油—米尼特服务站	取车等待时间短、保养专业且平价	提供创新高效的服务，扩大其占据的美国汽车保养和润滑油市场	降低成本、创新专业流程管理，高质高效服务、降低顾客的购买价值	采用一系列的业务流程和设施，包括：自产自销的模式，价值链系统内部化、服务标准化、人员专业化、工作高效统一化的外形、服务流程分工细化、单位汽车保养时间压缩到10min内、专业销售代表、3人工作小组分工合作等
华为手机	中高端产品高性价比	高新产品、全球覆盖、占领市场	以消费者需求研发产品，打造精品 联合其他企业发展通信业务	与客户、伙伴联合创新，开发引领云架构的IT系统 发展中端产品、海外高端市场和荣耀品牌 建设海外市场发展时尚手表手环 车载领域与国际领先汽车品牌开展合作

(2) 运营战略制定分析。运营战略的制定分析是指企业如何利用其资源围绕着企业的长期竞争战略而制定各项政策和计划，以实现企业的战略目标。企业所占有的资源是有限的，为了实现自身的长期竞争战略和利益的最大化，企业需要在满足客户需求的情况下，考虑多方因素和影响，制定运营战略，以确定在生产流程、设施建设和能力发展方面的决策。客户需求、企业战略、运营战略是相互联系相互影响的。企业所处的外部环境中，竞争者也会在一定程度上影响着企业的运营战略的制定。在制定战略的同时，企业需要在市场竞争中确定自己的核心竞争力，明确自己的市场定位，在最终决策时，生产流程、设施建设等方面的内容都要具体而明确。因此，在运营战略制定时，需要考虑运用来自内外部的资源和内外部的影响因素，包括竞争者、客户需求、战略联盟、企业战略、核心竞争力等，如图1-7所示。

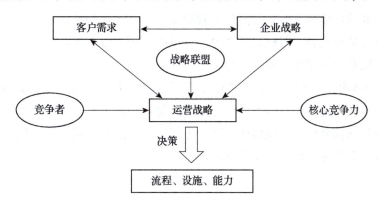

图1-7 企业运营战略制定的影响要素

1) 竞争者：一般是指那些与本企业提供的产品或服务相似，并且所服务的目标客户也相似的其他企业。从营销学的角度分析，企业在市场上面临着四类竞争者：属类竞争者、品牌竞争者、产品形式竞争者、愿望类竞争者。

2) 客户需求：不论是哪个领域，只要是涉及供应者与需求者，则需求者的相关要求都被称之为客户需求。客户的需求往往是多方面的、不确定的，需要去分析和引导。客户的需求是指通过买卖双方的长期沟通，对客户购买产品的欲望、用途、功能、款式进行逐步发掘，将客户心里模糊的认识以精确的方式描述并展示出来的过程。可以分为暗示需求和明确需求。暗示需求就是客户对难点、困难、不满的陈述，明确需求就是客户对难点、困难、不满的具体陈述。

3) 战略联盟：战略联盟就是两个或两个以上的企业或跨国公司为了达到共同的战略目标而采取的相互合作，共担成本、风险、经营手段，甚至利益的联合行动。有的观点认为战略联盟为巨型跨国公司采用，但这决不仅限于跨国公司，作为一种企业经营战略，它同样适用于小规模经营的企业。

4) 企业战略：企业为实现既定目标所制订的生产、行动计划。

5) 核心竞争力：确认企业自身的竞争优势，例如低价格、设计或数量的柔性、质量、可靠性、售后服务、多品种等。一个企业能在竞争中胜出往往是因为其核心竞争力突出，能够吸引更多的客户，能实现其效益的最大化。

由图1-7可知，企业运营战略的制定分析包括三个层次，即外部环境分析、内部现状分析和战略行动转化。

1）外部环境分析，主要是了解组织所处的环境和相对竞争地位。一方面，了解企业所处的环境（包括宏观、微观环境）正在发生哪些变化，这些变化给企业将带来更多的机会还是更多的威胁。另一方面，还需要了解与企业有关的利益和相关者的利益期望，在战略制定、评价和实施过程中，这些利益相关者会有哪些反应，这些反应又会对组织行为产生怎样的影响和制约。

2）内部现状分析，主要是了解企业自身所处的相对地位，具有哪些资源以及战略能力。一方面，明确企业的使命和目标，它们是运营战略制定、评估和选择的依据。另一方面，还需要明确企业的优势与机会，即核心竞争力，尽可能削弱劣势和外部威胁，同时还需要考虑利益相关者和战略联盟间相互关系的影响。

3）战略行动转化，主要是制定有关研发、资本、人力资源等方面的政策与行动计划，保障运营战略的有效实施。涉及以下几个方面的问题：资源方面，包括外部资源的需求和资源在层次间与部门间的分配；组织结构方面，为了实现既定的战略目标，组织结构需如何调整；利益分配方面和企业文化的适应性方面等。

1.2.2 竞争优势

1. 竞争维度

竞争优势的四种基本要素为：成本与价格、质量、交付速度和柔性。随着企业所面临外部环境的复杂化，竞争优势的基本要素也在不断扩大，包括服务、交付可靠性和满足需求变化。我们称前四种基本要素为传统竞争维度，后三种要素为新的竞争维度。

（1）成本与价格（Cost and Price）。价格是顾客必须对产品或服务支付的金额。显然，在质量、功能相同的条件下，顾客将选择价格较低的产品或服务。价格竞争的实质是成本竞争，生产运营成本越低，企业在价格上就越有竞争优势。

2015年是宝洁公司重大改革的一年，宝洁公司采取了"瘦身计划"，不仅砍掉了四成的广告代理商，其成本压缩计划也延伸到公关代理商层面，并采取出售、停产及自然淘汰等形式，放弃了旗下约100个品牌；而专注于包括汰渍洗衣液和帮宝适尿布在内的70~80个消费品牌，因为这些品牌合计为公司带来90%左右的销售额，贡献约95%的利润。宝洁的"瘦身计划"覆盖了多个层面。宝洁通过"弃子"的方式简化公司，加速销售额的增长。自2014年8月宝洁将旗下约100个产能不佳的品牌进行出售、停产或者淘汰后，2015年12月，宝洁又对老品牌玉兰油旗下与抗衰老定位不符或是销量不佳的产品进行了精减。除此之外，宝洁还开始从营销渠道尽可能地减少开支，与合作近20年的法国阳狮集团（Publicis）正式分手，将大半部分的媒体采购和规划项目移交给美国广告巨头宏盟集团（Omnicom），以获得更高的性价比。

(2) 质量（Quality）。质量的竞争力表现在两个方面：一是保持产品的高质量水平；二是提供更好的产品或服务。质量分为两类：产品（服务）质量和过程质量。产品质量包括产品的功能、耐用性、可靠性、外观造型、产品的合格率等，质量的好坏反映产品满足顾客需要的程度。过程质量的目标是生产没有缺陷的产品，可以预防性地解决产品的质量问题。

(3) 交付速度（Delivery Speed）。顾客对交付产品或提供服务在时间上的要求，包括快速或准时的交货能力。在同一质量水平下，企业间竞争优势的差异的重要表现就是时间。据国外资料分析表明：高质量、高功能在国际竞争中的作用逐步下降，而代之以呈上升趋势的是准时或快速交货的竞争能力。

一直以来，洋快餐两巨头肯德基、麦当劳把中式快餐抛在后头，但如今沉寂多年的中式快餐却大有赶超之势。华必和于 2006 年在杭州开出了第一家门店，算是进驻杭州市场时间较早的半自助式中餐超市之一。和传统中餐馆相比，中式快餐连锁店"现来现吃"的模式大大缩短了人均就餐速度，也大大提高了客流量，因而资金回笼速度自然比普通中餐馆快上一大截。这种新鲜的用餐方式首先得到了年轻人的认可。随着人们生活节奏的加快与消费观念的转变，家务劳动社会化需求突出。快餐店作为市民家门口的"食堂"，在定价、菜品等方面与传统餐馆有了明显的区分，中式快餐已经在朝洋快餐奋起直追。

(4) 柔性，又称为灵活性与新产品导入速度（Flexibility and New Product Introduction Speed）。从战略的观点看待企业的竞争力，柔性是由与企业运营过程设计直接相关的两个方面构成的：一是企业为客户提供多种产品和服务的能力，最大的柔性意味着提供顾客化的产品与服务的能力，以满足独特的需求，这常被称为"大规模定制"；二是企业快速转换工艺生产新产品的能力或者快速转换服务流程提供服务的能力。

(5) 服务（Service）。在当今的企业环境中，为了获取竞争优势，企业开始为顾客提供"增值"服务。这对提供产品和提供服务的企业都是很重要的。原因很简单，正如范德墨菲所说："市场力来源于服务，因为服务可以增加顾客的价值。"

海底捞虽然是一家火锅店，它的核心业务却不是餐饮，而是服务。在将员工的主观能动性发挥到极致的情况下，"海底捞特色"日益丰富。2004 年 7 月，海底捞进军北京，开始了一场对传统的标准化、单一化服务的颠覆革命。在海底捞，顾客能真正找到"上帝的感觉"，甚至会觉得"不好意思"。甚至有顾客点评，"现在都是平等社会了，让我很不习惯"。但他们不得不承认，海底捞的服务已经征服了绝大多数的火锅爱好者，顾客会乐此不疲地将在海底捞的就餐经历和心情发布在网上，越来越多的人被吸引到海底捞。

(6) 交付可靠性（Delivery Reliability）。交付可靠性是指在承诺的时间送达。快递行业是典型的以交付可靠性为核心竞争要素的行业。近年，得益于电商的繁荣发展，我国快递行业已经取得了耀眼的成绩。前瞻产业研究院提供的《2015—2020 年中国快递行业市场前瞻与投资战略规划分析报告》显示，2014 年我国快递揽件量达 140 亿件，同比增长 51.9%，超越美国，成为世界第一，并且快递行业已经连续 4 年保持年均增长幅度超过 50%；2015 年上半年，全国快递服务业企业量累计完成 84.6 亿件，同比增长 43.3%，快递行业呈现出稳中有进、快速发展的态势。快递行业已然成为拉动消费、促进就业、推动产业结构调整的重要力量。不过,其高速发展的背后,居高不下的投诉量始终是发展隐忧。在行业前景利好的刺激下,各类资本不断涌入快递市场,并形成了盲目扩展、低价揽件的竞争方式,这最终导致了快递行业服务水平普遍低下,快件延误与丢失的现象频繁。目前,中国经济正走入以优化经济结构和产业创新为核心驱动力,以提质增效为特征的"新常态"。在新常态背景下,快递行业顺势转型不可避免。中通、申通、韵达、圆通、百世汇通与天天快递六大快递企业宣布将提高快递员派送费,这拉开了快递行业告别低价、服务为王的发展序幕。

(7) 满足需求变化（Coping with Changes in Demand）。顾客对产品的需求是根据其所处的环境变化和个人需要而改变的,所以企业在生产产品的同时需要对顾客的需求变化做出反应,满足顾客的需求变化。诺基亚手机的失败在一定程度上可以归因于满足需求变化的能力不足。诺基亚最早犯下的一个大错误就是没有跟随风靡美国的翻盖手机的风潮。在诺基亚仍拥有美国崇高的市场地位时,几乎每一个美国人都使用诺基亚的直板手机,诺基亚占据着美国手机市场2/3的统治地位,这也意味着他们有资本在全球销售同样的手机,而不是针对特定市场推出不同款式的手机。在中国市场,3G时代催生了三大技术标准,分别是WCDMA、CDMA和TD。针对三大标准,原来的手机制造企业纷纷推出了适应不同技术标准的手机。比如三星、苹果都针对CDMA迅速推出了新手机,三星、摩托罗拉和LG也针对TD推出了自己的产品。然而,在其他手机制造企业都为自己手机寻找桥梁时,诺基亚却没有生产出引领时代潮流的智能手机产品。

2. 竞争维度间的权衡

(1) 成本与质量的权衡。企业的最终目的是获取利润,一方面可通过销售价格或销量的提升来获取更大的市场份额,进而获取更高利润,即"增加流进的量";另一方面还可通过降低成本,节约支出来提高利润,即"减少流出的量"。理想状态应为不断增加流进的量并减少流出的量,这样才可实现更大的利润。然而,在现实中,成本的降低意味着产品质量的下降,因为成本的降低来源于材料成本、人工成本、设备成本等的降低,比如使用了便宜的材料、使用了不熟练的工人;质量的下降意味着价格的下降或者是销售份额的减少,则必然会减少流进的量。

但是,成本与质量之间的此消彼长并不是一种线性关系,即二者中一个要素的增减不一定会引起另一个要素的同比例反向增减。比如,当成本提高到一定水平时,质量的可上升空间开始变得有限,当继续提高投入成本时,质量提升的边际量也会随之降低。在这种情况下,选择继续投入的后果是流出的量增加,而流进的量减少,反而得不偿失。此外,从销售的可持续性与顾客消费习惯等外部条件来看,质量的波动与可变化幅度显得相对较小。因为企业既不能为了降低成本而提供低于顾客接受范围内的质量,同时也不能为了追求质量而不顾高昂的成本。在特定时期内,企业所提供产品的质量应该是相对恒定的,因为企业面临着成本与质量间的权衡。

(2) 灵活性与及时交付的权衡。"响应变化胜过遵循计划"的原则通常都被很多人认为是敏捷的优势。但是有些人却认为它是一种不切实际的灵活性。他们曾经都见证过那些存在变更管理困难的敏捷项目和抱有过多灵活性期望的顾客，最终导致项目延期，质量存在问题并且团队难以交付价值。目前，随着网络购物平台的普及，商品种类丰富，购买方便，很大程度地满足了顾客对商品的多样性和价格的需求。顾客得到了灵活多变的选择项目，但是商品交到顾客手上时，还是存在着一段时间差。另一方面，方便快捷的商品快递服务尽可能地满足了顾客对商品及时交付的要求，但与此同时，也失去了本地购物所拥有的在售后服务和购买体验上的优势。即在网购平台中，灵活性和及时交付间存在权衡。

而现有网购平台在权衡灵活性与及时交付时往往采取相应措施以提高产品的及时交付，包括使用顺丰快递；甚至构建自身的物流网络和配送渠道，比如京东商城。

3. 订单赢得要素和订单资格要素

通常可以认为企业是一种组织，实现一种特殊目的的组织。这个目的，或目标就是"赢利"。而企业要赢利就需要有"订单"，如何才能获得订单呢？生产和营销两部门的衔接需要人们对两方面有深刻的理解。为了描述营销导向对于竞争的重要意义，德瑞·黑尔（Terry Hill）提出了订单赢得要素和订单资格要素的概念。

订单资格要素是指对一家企业的产品或服务参加竞争的资格进行筛选时使用的标准，是最低可接受的绩效水平。订单赢得要素是指企业的产品或服务区别于其他企业的产品或服务，从而赢得订单的各种要素。根据不同情况，这些要素可以是产品的成本（价格）、产品质量及可靠性等。

订单资格要素是企业产品或服务进入市场的门槛，而订单赢得要素则是企业核心竞争力的体现。以餐饮为例，卫生许可证、营业资格等为订单资格要素，而特色菜系、特色服务则为订单赢得要素。

对于传统制造业而言，一般情况下，订单资格要素包括一致性质量、及时交货和产品可靠性，而其订单赢得要素则为低成本。但是由于竞争激烈，两种要素的范围是动态变化的，很多以前是赢得要素的要素已成为资格要素，对于赢得要素又有了新的要求。比如，在手机行业中，最初的订单资格要素为通信质量，而订单赢得要素为网络服务；而随着网络的普及化和手机的智能化，网络服务已经转变为订单资格要素，而订单赢得要素则是手机的性能、价格、客户体验与服务等。

1.3 运营管理的演进及发展趋势

1.3.1 运营管理的演进

1. 科学管理运动和大量生产方式

科学管理诞生的标志是泰勒于 20 世纪初提出的科学管理的原则，该原则包含了八个基本要点。

（1）合理确定工作定额。合理确定工作定额即通过对工时和动作进行研究记录，加上必要的休息时间和延误时间，得出科学合理的日工作量标准，以提高劳动生产力。

（2）挑选"第一流的工人"。"第一流的工人"是指适合于其作业而又努力工作的人，而不是一些体力和智力超过常人的"超人"。因为人与人之间的主要差别不在智能，而在意志；每一个人都具有不同的天赋和才能，只要工作适合于他，他就能成为第一流的工人。

（3）标准化原理。标准化原理即打造标准化的作业条件。采用科学的方法能够对工人的操作方法、使用的工具、劳动和休息的时间进行合理的搭配，同时对机器安排和作业环境等进行改进，消除各种不合理的因素，把最好的因素结合起来。

（4）刺激性的差别计件工资制。刺激性的差别计件工资制即通过工资制的设计以提高工人们的生产效率。按照工人是否完成定额而采用不同的工资率，如果工人达到或超过定额，就按高的工资率付给报酬，通常是正常工资的125%，以表示鼓励；如果工人的生产没有达到定额，就将全部工作量按低的工资率付给，为正常工资的80%，并发给一张黄色的工票以示警告——如不改进就将被解雇。

（5）计划职能与执行职能。劳动生产率会受管理人员组织和指挥的影响，故计划职能归属管理当局，管理当局设立专门的计划部门。其主要任务是：①进行调查研究，以便为制定定额和操作方法提供依据。②制定有科学依据的定额和标准化的操作方法、工具。③拟订计划、发布指示和命令。④对标准和实际情况进行比较，以便进行有效的控制。而执行职能则由工作现场的工人和工长负责，他们按照计划部门制定的操作方法和指示，使用标准工具，从事实际的操作。

（6）实行职能工长制。实行职能工长制即将管理工作进行进一步细分，使每一位工长承担一种管理职能，因为一位"全面"的工长应该具备九种品质：智能、专业的或者技术的知识、手脚灵巧和有力气、机智老练、有干劲、刚毅不屈、忠诚老实、判断力和一般常识、身体健康。要找到一个具备上述三种品质的人并不太困难，但要找到一个能具备上述七种或八种品质的人，几乎是不可能的。泰勒设计出八个职能工长，来代替原来的一个职能工长。这八个工长，四个（工作命令工长、工时成本工长、工作程序工长、纪律工长）在计划部门，四个（工作分派工长、速度工长、修理工长、检验工长）在车间。

（7）例外原则。该原则强调企业的高级管理人员把一般的日常事务授权给下级管理人员去处理，自己只保留对例外事项也就是重要事项的决策权和控制权，比如有关重大的企业战略问题和重要人事的任免等。例外原则是泰勒做出的重要贡献之一，它至今仍是管理中极为重要的原则。

（8）管理哲学——资本家与工人之间的"精神革命"。资本家关心的是降低成本，提高利润；工人关心的是提高工资，改善生活。只有劳动率得到极大的提高，他们各自的需要才能得到满足。所以，双方必须变互相指责、怀疑、对抗为互相信任和合作。故需要资本家和工人这两方都必须来一次"精神"革命。并且认为这样做能够带来劳动生产率的极大提高，才可能使日趋对立的双方互相协作，共同为提高劳动生产率做出贡献。

科学管理理论综合了20世纪以前的众多管理思想，形成了一个相对完整的思想体系。相对传统的经验管理而言，它将科学的思想孕育于管理之中，弱化了个人的主观臆断，以对客观事物进行调查与实验为行动依据，并遵循客观的原则、程序和方法。

这个时期的生产方式是大量定制生产，是以大量生产的效率和成本，生产标准化的产品，是工业企业（或车间、工段、小组、工作地）的一种生产类型。其特点是产品产量大，一般采用专用设备重复地进行生产，专业化水平高，可降低成本，提高效率。比如，美国福特汽车的"单一产品原则"，将生产集中于唯一的、最佳的产品型号，通过生产线的建立，扩大生产规模，以降低成本和提高效率。

2. 统计质量检验与工业心理学

沃特·阿曼德·休哈特（Walter A. Shewhart）是现代质量管理的奠基者，被尊称为"统计质量控制之父"。这个时期的代表性活动是开始注重质量检验和工作人员的心理状态对生产的影响，出现了著名的霍桑实验。

质量检验（Quality Inspect）阶段是质量管理的初级阶段，以事后检验为主，使用各种检测设备和仪表进行严格把关，并百分之百检验。最初的质量检验是依靠工人的实际操作经验，以感官估计为主，并辅以简单的度量衡设备，即经验就是"标准"。而随着以泰勒为代表的"科学管理运动"的开展，尤其是职能工厂的出现，进一步强调工长在保证质量方面的作用，此时的质量检验责任就由操作者转移给工长。并随着企业规模的扩大，这一职能又由工长转移给专职的检验人员，大多数企业都设置专职的检验部门并直属厂长领导，负责全厂各生产单位和产品检验工作，使质量检验的职能得到了进一步的加强。

统计质量控制（Statistical Quality Control，SQC）阶段是质量管理的第二个发展阶段，强调事先控制、"用数据说话"，并注重应用统计方法进行科学管理，比如抽样检查法等。第一本正式出版的质量管理科学专著就是1931年休哈特的《工业产品质量的经济控制》。休哈特提出"事先控制、预防废品"的理念，主张对生产过程的控制，包括事先的设备调试、环境整顿和人员培训，以及生产过程中的规范操作，并发明了具有可操作性的"质量控制图"。控制图的出现，是质量管理从单纯事后检验进入检验加预防阶段的标志，也是形成一门独立学科的开始。

将统计方法引入质量管理虽能有效处理全数检验和破坏性检验的问题，但是过于强调"数据说话"，则忽视了组织管理者和生产者能动性对质量的影响。而质量控制观念由"事后检验"转变为"事先预防"，由专职检验人员转移给专业的质量控制工程师，标志着质量管理在理论和实践中均取得了飞跃性进展。

霍桑实验是一系列在美国芝加哥西部电器公司所属的霍桑工厂进行的心理学研究实验，由哈佛大学的心理学教授梅奥主持。实验大致分为两个阶段。第一阶段是1924—1927年，美国国家科学院的全国科学委员会在西方电气公司所属的霍桑工厂进行的一项实验。目的是为了弄清照明的质量对生产效率的影响，但未取得实质性进展。第二阶段是1927年之后，梅奥和哈佛大学的同事应邀参加霍桑实验和研究，并获得了相关的实验结果。梅奥就实验及访问交谈的结果进行了总结，于1935年出版了《工业文明中人的问题》一书，提出了人际关系学说。这个新的学说得出了与传统管理不同的一些观点：

（1）管理中的人，不仅是"经济人"，还是"社会人"。故不只金钱是刺激人们积极性的一个因素；社会和心理因素同样影响人的生产积极性。人在生产过程中不是单纯追求金钱的收入，还要追求人与人之间的感情等。因此，对"社会人"就必须从社会系统的角度去对待，用社会和心理方面的因素来激励人们提高劳动生产率。

（2）关注"非正式组织"的作用。传统管理中强调"正式组织"的作用，而所谓"正式组织"，就是为了有效地实现企业的目标而规定企业各成员之间相互关系和职责范围的一定组织体系，企业内各成员为了提高效率而保持形式上的协作关系。霍桑实验的结果表明，人们在生产过程中必然要相互发生关系，形成非正式的团体，进而构成一个非正式组织的体系。这种组织虽无形式，但有特殊感情、规范和倾向，这种特殊的感情往往可以左右人们的行为，应该重视这种感情对提高劳动生产率的作用。

（3）生产效率取决于"士气"。传统管理认为，生产效率与工作条件和工作方法存在着单纯的因果关系，认为工资、休息时间、劳动强度等工作条件的改善，就可以提高劳动生产率。人际关系学说则认为，生产效率与工作条件和工作方法没有直接的关系。生产效率的高低主要决定于人的工作态度即士气，士气越高，生产效率也就越高。

3．运筹学

运筹学是一门起源于 20 世纪 30 年代的新兴学科，其主要目的是在决策时为管理人员提供科学依据，可以根据问题的要求，通过数学上的分析、运算，得出各种各样的结果，最后提出综合性的合理安排，以达到最好的效果。运筹学经常用于解决现实生活中的复杂问题，特别是改善或优化现有系统的效率。研究运筹学的基础知识包括实分析、矩阵论、随机过程、离散数学和算法基础等。而在应用方面，多与仓储、物流、算法等领域相关。因此，运筹学与应用数学、工业工程、计算机科学、经济管理等专业密切相关。

（1）系统的整体观念。所谓系统，可以理解为是由相互关联、相互制约、相互作用的一些部分组成的具有某种功能的有机整体。例如一个企业的经营管理由很多子系统组成，包括生产、技术、供应、销售、财务等，各子系统工作的好坏，直接影响企业经营管理的好坏。但各子系统的目标往往不一致，生产部门为提高劳动生产率，希望增大产品批量；销售部门为满足市场需求，要求产品适销对路，小批量，多花色品种；财务部门强调减少库存，加速资金周转，以降低成本等。运筹学研究中不是对各子系统的决策行为孤立评价，而是把有关子系统相互关联的决策结合起来考虑，把相互影响和制约的各个方面作为一个统一体，从系统整体利益出发，寻找一个优化协调的方案。

（2）多学科的综合。一个组织或系统的有效管理涉及很多方面，运筹学研究中吸收来自不同领域、具有不同经验和技能的专家。由于专家们来自不同的学科领域，具有不同的经历和经验，增强了发挥小组集体智慧、提出问题和解决问题的能力。这种多学科的协调配合在研究的初期，在分析和确定问题的主要方面，在选定和探索解决问题的途径时，显得特别重要。

（3）模型方法的应用。各学科在研究中广泛应用实验的方法，但运筹学研究的系统往往不能搬到实验室来，取而代之的是建立这个问题的数学模型或模拟的模型，建立模型是运筹学的精髓。学习运筹学要掌握的最重要技巧就是提高对运筹学数学模型的表达、运算和分析的能力。

运筹学的应用领域，已广泛渗透到诸如服务、搜索、人口、对抗、控制、时间表、资源分配、厂址定位、能源、设计、生产、可靠性等各个方面。而运筹学本身也在不断发展，包括规划论（线性规划、非线性规划、整数规划、组合规划和动态规划）、图论、网络流、决策分析、排队论、可靠性数学理论、库存论、博弈论、搜索论、模拟等。

单纯形法是解线性规划问题的一种比较简单的方法。它是一种解线性规划多变量模型的常用解法，是通过一种数学的迭代过程，逐步求得最优解的方法。针对求最优解可以分为求最大值和最小值两类的实际情况，基本步骤分为两步：第一步求一个基础可行解（即可行基）；第二步从求得的基础可行解出发，通过换基迭代，不断改进，得到最优解。

4. 项目计划技术

项目计划技术中的计划评审技术（Program Evaluation and Review Technique，PERT）与关键路径法（Critical Path Methods，CPM）是计划、协调大型项目最常用的两种技术。通过运用 PERT 或 CPM，项目管理员能够获得项目相关的关键信息：项目活动的图形化展示；项目持续时间估计；为及时完成项目，哪些活动是最关键的；在不延长项目的情况下，某些活动能够延期多长时间等。

计划评审技术（PERT）是运用网络技术编制、协调和控制工程计划的一种科学管理方法。它的基本原理是将工程项目作为一个系统，把组成这一系统的各项作业按其先后顺序和相互关系，运用网络形式统一筹划，区别轻重缓急进行组织和协调，以期有效地利用人力、物力、财力，用最少的时间完成整个系统的预定目标，从而取得良好的经济效益。计划评审法可以清楚地反映出系统中各项作业间的逻辑关系，准确地指出影响全局的关键作业，有利于重点管理。它允许根据客观环境的变化，对计划进行有效的控制和调整。PERT 是 20 世纪 50 年代末美国海军在开发北极星导弹系统时为协调 3000 多个承包商和研究机构而开发的，其理论基础是假设项目的持续时间以及整个项目的完成时间是随机的，且服从某种概率分布。

关键路径法（CPM）是通过分析哪个工作序列进度安排的灵活性（即浮动时间）最小来预测项目历时的一种网络分析技术，是大型项目计划协调最常采用的方法。利用关键路径法可以直观地表示出所有项目工作环节的顺序及相互之间的依赖关系，能够将各种分散、复杂的数据加工处理成项目管理所需的信息，从而方便项目管理人员进行各种资源的分析和配置，并进行有效的项目控制。运用关键路径法，可以按规定的开始日期用正推法计算各个最早日期，然后从规定的完成日期（通常是正推法计算后得到的项目最早完成日期）用逆推法计算各个最晚日期。在利用关键路径法的过程中，要确定合理的工作细分程度。不能分得过细，那样就会增加编制网络图的难度和费用，并可能导致高频度的网络调整；也不能分得过于简单，那样可能会在项目实施中出现较大的偏差。

5. 物料需求计划与全面质量管理

物料需求计划（Material Requirement Planning，MRP）是约瑟夫·奥利基（Joseph Olicky）于 20 世纪 70 年代在库存管理的订货点法基础上提出来的，根据市场需求预测和顾客订单制定产品生产计划，然后基于产品生成进度计划，组成产品的材料结构表和库存状况，以每个物品为计划对象，以完工时期为时间基准倒排计划，通过计算机计算所需物料的需求量和需求时间，按提前期长短区别各个物品下达计划时间的先后顺序，从而确定材料的加工进度和订货日程的一种实用技术。简而言之，MRP 的核心在于回答三个问题，即需要什么、需要多少和什么时候需要。

MRP 的最初功能为加强物料的计划与控制，最大限度地减少库存，降低劳动力成本，提高按时发货率，其系统框图如图 1-8 所示。它从最终产品的时间和数量需求出发，按照产品结构进行展开，推算出所有零部件和原材料的需求量，并按照生产和采购过程所需的提前期推算出投放时间和物料采购时间。

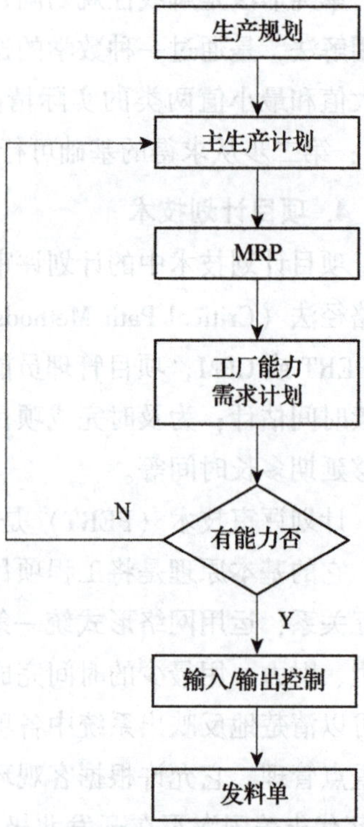

MRP 计划和管理的主要功能为：

（1）将主生产计划中的计划生产量、生产进度和产品结构清单进行综合，确定生产过程中所需的零部件和原材料及其时间期限。

（2）充分利用库存来控制物料进出库的数量和时间，以保证按期交货并使库存成本降低到最少限度。

（3）按工艺路线和产品的装配过程确定工厂能力需求计划。

（4）实施动态跟踪计划，使之既可以根据主生产计划的变化来调整、更新物料需求计划，又可以根据实际的物料需求计划反过来修正主生产计划。

全面质量管理（Total Quality Management，TQM）是由

图 1-8 MRP 系统框图

爱德华·费根鲍姆最先提出的，他基于传统的质量管理，并结合科学技术的发展和经营管理的需要而形成了具有很强系统性的现代化质量管理。具体而言，TQM 是指一个组织以产品质量为核心，以全员参与为基础，建立起一套科学严密高效的质量体系，以提供满足顾客需要的产品或服务的全部活动。其目的在于通过顾客满意和本组织所有成员及社会受益而达到长期成功的管理途径。其适用于组织的所有管理活动和所有相关方，是一项长期的动态战略工程，有利于提高企业的素质，有利于提高企业的质量意识、增强企业的市场竞争力。

与传统质量管理相比，TQM 的标准从传统的符合性标准上升为顾客满意的标准；由过去的事后检验为主转变为预防改进为主；由管结果变为管因素；由局部管理变为系统管理，建立健全企业质量体系，实施全面的控制和管理。另外，TQM 作为一种管理途径，还强调质量

管理的中心地位；强调全员参与、教育和培训，尤其是组织部门最高管理者的支持和参与；强调谋求长期的、可持续的经济效益和社会效益。

TQM 的特点可概括为全面质量的管理、全过程的管理和全员参与的管理。

（1）全面质量的管理。全面质量包括产品质量、过程质量和工作质量。全面质量管理的工作对象是全面质量，而不仅仅局限于产品质量，还注重过程质量和工作质量，不仅要保证产品质量，还要做到成本低廉、供货及时、服务周到。全面质量管理追求商品价值和使用价值的统一及质量和效益的统一，用最经济的手段生产顾客满意的产品。

（2）全过程的管理。全过程的管理就是把质量管理活动贯穿于产品质量产生、形成和实现的全过程，对商品开发、设计、生产、流通、使用、售后服务及用后处置的全过程进行全面管理，建立所有环节在内的质量管理保证体系，做到防检结合，以防为主，将不合格产品消灭在质量形成过程中，防患于未然。

（3）全员参与的管理。全员参与就是企业全体人员都要参与到质量管理活动中。现代化大生产中，产品质量的形成几乎与每一个员工都有直接或间接的关系，企业所有部门、全体员工各尽其责，共同努力，才能生产出顾客和市场满意的产品。

6. 准时化生产方式与柔性制造系统

准时化生产方式（Just In Time，JIT），又被称为"丰田生产方式"，最早由丰田汽车公司提出并实行，其对丰田汽车公司度过第一次能源危机起到了突出的作用。JIT 系统以准时生产为出发点，首先揭示出生产过量的浪费，进而暴露出其他方面的浪费，然后对设备、人员等进行调整，如此不断循环，使成本不断降低，计划和控制水平也随之不断提高。简而言之，JIT 是指在需要的时候，按需要的量生产出所需要的产品，其追求的是无库存或库存达到最小的生产系统准时生产方式。作为一种生产哲学，JIT 是一种强有力的竞争手段，能有效地利用各种资源、降低生产成本和库存成本。目前，JIT 作为一种通用管理模式，在供应链、电子商务等领域得到了推行。

柔性制造技术，也称"柔性集成制造技术"，是技术密集型的技术群，凡是侧重于柔性，适应于多品种、中小批量的加工技术，都属于柔性制造技术。柔性制造技术集自动化技术、信息技术和制作加工技术于一体，把以往工厂企业中相互孤立的工程设计、制造、经营管理等过程，在计算机及其软件和数据库的支持下，构成一个覆盖整个企业的有机系统。其优点是生产率高，由于设备是固定的，所以设备利用率也很高，单件产品的成本低；缺点是设备价格昂贵，且只能加工一个或几个相类似的零件，难以应付多品种中小批量的生产。随着批量生产时代正逐渐被适应市场动态变化的生产所替换，一个制造自动化系统的生存能力和竞争能力在很大程度上取决于它是否能在很短的开发周期内，生产出较低成本、较高质量的不同品种产品的能力。

柔性制造系统的推广不仅来源于顾客对产品需求向多样化、新颖化方向发展，企业需寻找新的生产技术以适应多品种和中小批量生产的市场特征；还来源于计算机技术的发展，尤其是自动化和网络技术的进步。柔性制造系统中的"柔性"是指：一方面，系统适应外部环境变化的能力，可用系统满足新产品要求的程度来衡量；另一方面，系统适应内部变化的能力，可用在有干扰（如机器出现故障）情况下的生产率与无干扰情况下的生产率期望值之比来衡量。"柔性"是相对于"刚性"而言的，传统的"刚性"自动化生产线主要实现单一品种的大批量生产。

柔性制造系统是柔性制造技术的具体体现，是适用于多品种、中小批量生产的具有高度柔性和高自动化程度的制造系统。由统一的信息控制系统、物料储运系统和一组数字控制加工设备组成，能适应加工对象变换的自动化机械制造系统。一组按次序排列的机器，由自动装卸及传送机器连接并经计算机系统集成一体，原材料和待加工零件在零件传输系统上装卸，零件在一台机器上加工完毕后传到下一台机器，每台机器接受操作指令，自动装卸所需工具，无须人工参与。

制造系统的柔性主要体现在：

（1）机器柔性：当要求生产一系列不同类型的产品时，机器随产品变化而加工出不同零件的难易程度。

（2）工艺柔性：工艺流程不变时自身适应产品或原材料变化的能力；制造系统内为适应产品或原材料变化而改变相应工艺的难易程度。

（3）产品柔性：产品更新或完全转向后，系统能够非常经济和迅速地生产出新产品的能力；产品更新后，对老产品有用特性的继承能力和兼容能力。

（4）维护柔性：采用多种方式查询、处理故障，保障生产正常进行的能力。

（5）生产能力柔性：当生产量改变时系统也能正常运行的能力。

（6）扩展柔性：当生产需要的时候，可以很容易地扩展系统结构，增加模块，构成一个更大系统的能力。

（7）运行柔性：利用不同的机器、材料、工艺流程来生产一系列产品的能力和同样的产品换用不同工序加工的能力。

这个时期生产领域发生了比较大的变化，世界各国的服务业在国民经济中的比重越来越高，逐步超越了工业在国民经济中的比重，表明经济的重心正从制造业向服务业转变，人类社会由工业社会迈向服务社会。而由于制造业与服务业间的互动，两者正变得相互依存、影响和支持，服务业与制造业的融合已成为世界经济发展的趋势。

一方面，服务逐渐渗透到生产环节的各个领域，制造业日益变得"服务密集"，任何制造产品的生产都会融入越来越多的服务作为中间投入要素，制造已向服务化发展。制造业通过服务拓展业务范畴：制造企业提供依托产品的服务；制造企业通过服务创新挖掘市场机会，提高盈利水平。制造商的国际运作活动引发对服务支持的需求：制造商的全球范围内的供应源、市场和竞争推动了通信、航空运输和货物处理等服务技术的发展；跨国制造企业主要通过其在技术转移、营销、金融、物流等服务方面的能力获得规模经济。

另一方面，服务业为了提高生产效率，逐渐摆脱过去的小生产方式而融入更多的工业化生产方式，服务已逐渐向工业化发展：①1990—1995年，管理科学运用于服务业，以假日酒店为代表的酒店业开始提供全球一致性、标准化服务；②1960 年工业工程思想引进服务业，有代表性的是麦当劳采用生产线方式提供标准化服务；③1970 年服务业进行工业化尝试，以超市为代表的服务业开始通过规模效应大幅度提高服务效率；④1990 年至今，服务业和制造业逐渐融合，如 IBM、惠普等都已在许多国家建立了自己的全球服务支持系统。

大规模定制化是制造服务化的一个重要特征。定制化成功的关键在于顾客从个性化产品中获取的额外价值超过了由此而导致的成本增加，而企业在为顾客提供个性化产品的同时需要尽量利用大规模生产的高效率，这就需要确定定制化生产与大规模生产的解耦点。在大规模定制化模式下，为了高效率、准时化地满足顾客不断变化的个性化需求，企业的生产与调度将更为复杂，具有更高的不确定性，企业的生产效率和服务水平对调度质量的依赖程度更高。

大规模订制化伴生了最佳生产技术（Optimized Production Technology，OPT）。最佳生产技术由以色列物理学家高德拉特（Goldratt）提出并改进，该技术的宗旨在于强调任何企业的真正目标是现在和未来都赚钱，故需要在增加产销率的同时，减少库存和营运费用。OPT 的指导思想是区分主次，集中精力优先解决主要矛盾。具体而言，OPT 以提高生产系统的产出率和降低库存为出发点，通过分析生产系统中的瓶颈环节，并考虑零件组装时间、生产批量、加工优先级、随机因素等对生产的影响，改善生产现场的管理，保证关键资源的充分利用，并将在制品降低到最低限度。

瓶颈资源和非瓶颈资源是 OPT 中十分重要的概念。瓶颈资源是指那些在生产能力上对生产活动的产出率有直接决定作用的资源，表现在生产能力数值上是小于或等于所承担任务（生产计划）要求的能力。一般一个企业中的瓶颈资源不超过五个。非瓶颈资源的实际生产能力比所需要的大，一般表现在产出率上明显大于瓶颈资源。

7. 业务流程重整与供应链管理

业务流程重整（Business Process Reengineering，BPR）由美国学者哈默（Hammer）和钱皮（Champy）提出，是指对企业进行根本的再思考和彻底的再设计，以求企业关键的性能和指标（如成本、质量和服务等）获得巨大的提高，并能更敏捷地响应顾客需求，扩大例行管理，减少例外管理，提高效率，堵塞漏洞。企业流程重整的本质就在于根据信息处理技术的新特点，以事物发生的自然过程寻找解决问题的途径。BPR 中"根本的""彻底的"和"巨大的"对企业组织的具体行动具有重要的指导性作用。

"根本的"是指企业业务流程重整不是枝节性的、表面性的，而是本质的，革命性的；强调用敏锐的眼光看出企业的问题，只有看出问题、看透问题，才能更好地解决问题。

"彻底的"是指企业业务流程重整就是要对企业现有的业务流程动大手术，要大破大立，不是一般的修补。只有这样才能打消一些陈旧的观念，为流程重整打下基础。

"巨大的"是指呈十倍甚至百倍的提高，能够快速见到实际效果，在量变的基础上产生质变，找到突破点。流程重整的关键在于选准突破点。

业务流程重整的基本思路是，将推行 ISO 9001 标准与业务流程重整和管理信息系统建设相结合，为企业所有经营领域的关键业务确立有效且简捷的程序和作业标准；围绕基本业务流程，理顺各种辅助业务流程的关系；在此基础上，对企业各部门和各种职位的职责准确定位，不断缩小审批数量，不断优化和缩短流程，系统地改进企业的各项管理，并使管理体系具有可移植性。例如，仓库收货的业务流程重整，如图1-9所示。

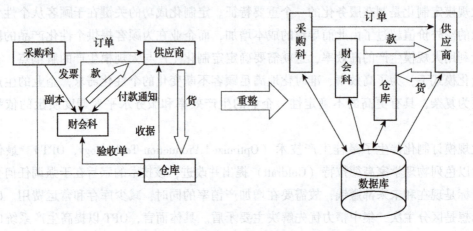

图1-9 企业组织仓库收货的业务流程重整

供应链管理（Supply Chain Management，SCM）源于迈克尔·波特1980年发表的《竞争优势》一书中提出的"价值链"（Value Chain）的概念。其发展历程大致经历了三个阶段：

（1）早期的观点认为供应链是制造企业中的一个内部过程。该过程是指把从企业外部采购的原材料和零部件，通过生产转换和销售等活动，再传递到零售商和客户的一个过程。传统的供应链概念局限于企业的内部操作层上，注重企业自身的资源利用。

（2）后来的观点注意了企业自身与其他企业的联系。此阶段关注供应链的外部环境，认为它应是一个通过链中不同企业的制造、组装、分销、零售等过程将原材料转换成产品，再到最终客户的转换过程，这是更大范围、更为系统的概念。

（3）现在的观点则更加注重围绕核心企业的网链关系，如核心企业与供应商、供应商的供应商乃至与一切前向的关系，与客户、客户与客户及一切后向的关系。此时对供应链的认识形成了一个网链的概念，该概念同时强调供应链的战略伙伴关系问题，认为供应链中战略伙伴关系是很重要的，通过建立战略伙伴关系，可以与重要的供应商和客户更有效地开展工作。

供应链管理是指在满足一定的客户服务水平的条件下，为了使整个供应链系统成本降到最低，而把供应商、制造商、仓库、配送中心和渠道商等有效地组织在一起，进行的产品制造、转运、分销及销售的管理方法。供应链管理包括计划、采购、制造、配送、退货五大基本内容。

企业资源计划系统（Enterprise Resource Planning，ERP）是建立在信息技术基础上，以系统化的管理思想，为企业决策层及员工提供决策运行手段的管理平台，并运用最佳业务制度规范及集成企业关键业务流程来提高企业利润和市场需求反应速度。ERP系统是从物料需求计划（MRP）发展而来的新一代集成化管理信息系统，它拓展了 MRP 的功能，不仅将企业内部所有资源整合在一起，还跳出了传统企业边界，从供应链的范围优化企业的资源，以达到最佳资源组合，获取最高利润。ERP 系统集信息技术与先进管理思想于一身，成为现代企业的运行模式，反映了时代对企业合理调配资源、最大化地创造社会财富的要求，成为企业在信息时代生存、发展的基石。ERP 系统对于改善企业业务流程、提高企业核心竞争力具有显著作用。

ERP 系统目前已经广泛应用于企业管理中，有利于提升企业的运作能力，尤其在当前动态复杂的市场竞争环境中，企业要保持生产和发展就需要相互合作，建立具有竞争优势的价值链。而 ERP 系统可以帮助企业实现内部业务操作合理化，通过功能丰富的协作技术，帮助企业在合作企业群体和贸易伙伴之间提高管理水平，扩展企业竞争空间，提高综合能力。同时，ERP 系统不仅关注企业内部流程的改善、产品开发和制造水平的提高，而且正向着对市场环境的预测、支持决策方向发展。电子商务所带来的丰富的企业竞争手段和工具，能够帮助企业更好地运用 ERP 将广阔的网络商机和传统信息系统中的企业资源信息有效地结合起来。

电子数据交换（Electronic Data Interchange，EDI）是指对商业或行政事务处理，按照一个公认的标准，形成结构化的事务处理或信息数据格式，从计算机到计算机的数据传输（国际标准化组织，ISO）。EDI 实际上是企业间计算机与计算机传输信息的技术、能力和实践，是一种标准的形式。EDI 通过信息格式的标准化，对信息进行交换和处理，还可将远程通信、计算机及数据库三者有机结合在一个系统中，实现数据交换、数据资源共享。

将 EDI 技术应用于物流、企业物流、供应链和企业供应物流，可以提高运作效率，有效整合内外部资源，增创比较优势，降低运营成本，减少费用支出，实现信息共享，从总体上增强企业、企业供应物流、物流的核心竞争能力和发展能力，促进现代物流业的可持续发展。比如，在企业供应物流系统中，EDI 的应用可以通过系统内部与外部间快速和准确的数据交换，提高物流能力。

电子商务（Electronic Commerce，EC）是指通过信息网络以电子数据信息流通的方式在全世界范围内进行并完成的各种商务活动、交易活动、金融活动和相关的综合服务活动。其本质为"商务"，与传统商务活动的区别不仅表现在商务活动的形式和所使用的手段上，电子商务可以通过 EDI 和互联网来完成商务活动，比如电子通信的方式；还表现在"商务"活动的层次上，电子商务可以在多环节实现，包括较低层次的和高端的商务活动，较低层次的商务活动如电子贸易、电子合同等，而高端的商务活动是指利用互联网进行全链条的贸易活动，即借助互联网来实现贸易活动的信息流、商流、资金流和部分物流。另外，电子商务不应只包括市场中的供需双方，还应包括银行等金融机构。

8. 大规模定制

大规模定制（Mass Customization，MC）包含规模化和定制化两个层面的含义，即融合了个性化定制产品和服务的大规模生产，并能够以大规模生产的价格来实现产品和服务的多样

运营管理
Operations Management

化甚至是个性化定制，以提供企业的市场竞争力。具体而言，MC是一种集企业、客户、供应商、员工和环境于一体，在系统思想指导下，用整体优化的观点，充分利用企业已有的各种资源，在标准技术、现代设计方法、信息技术和先进制造技术的支持下，根据客户的个性化需求，以大批量生产的低成本、高质量和高效率提供定制产品和服务的生产方式。

传统的大规模生产，低成本的理论基础为规模经济，即通过产品的高产量和生产过程的高效率来降低生产的单位成本。而在大规模定制中，低成本的理论基础为范围经济，即应用单个工艺过程便可更便宜、更快速地生产多种产品和服务。在企业生产链条的生产过程中，可实现规模经济和范围经济的有效结合。比如，用标准化零部件实现规模经济，零部件按多种方式进行组合，形成多种最终产品，从而实现范围经济。

在大规模定制模式中，需要重点关注技术创新、流程再造和管理的改进。在技术创新方面，新产品技术的应用可提升产品多样化水平、缩短开发周期，进而提升产品对市场的适应能力。在流程再造方面，传统大规模生产是先开发产品再制造工艺，一个工艺仅可生产一种产品，而在大规模定制中，需先确定工艺，再根据客户需求来定制并生产产品。在管理改进方面，需要在控制成本的前提下不断提升产品多样化和定制化能力，不仅是精益生产、及时交货，还需要维持交叉功能团队，以保证灵活性和响应能力。表1-6为大规模生产与大规模定制的对照。

表1-6 大规模生产与大规模定制的对照

对照内容	大规模生产	大规模定制
焦点	通过稳定性和控制力取得高效率	通过灵活性和快速响应来实现多样化和定制化
目标	以几乎人人买得起的低价格开发、生产、销售、交付产品和服务	开发、生产、销售、交付买得起的产品和服务，这些产品和服务具有足够的多样化和定制化，差不多人人都买得到自己想要的产品
关键特征	稳定的需求 统一的大市场 低成本、质量稳定、标准化的产品和服务 产品开发周期长 产品寿命周期长	分化的需求 多元化的细分市场 低成本、高质量、定制化的产品和服务 产品开发周期短 产品生命周期短

1.3.2 运营管理的发展趋势

1. 现代企业所处的环境特征

运营管理的发展趋势与企业所处的环境特征有密切联系，运营管理中所应用的新方法和新技术产生于企业适应和改变外界环境的过程，是有利于企业在特定环境中生存和发展，并能持续获利的有效工具。现代企业所处的环境呈现四大特征：市场需求变化快、市场竞争空前多、技术进步日新月异、全球化趋势增强。

（1）市场需求变化快。随着经济水平的提升和中产阶级队伍的壮大，市场对产品需求的多样化不断加强，而在劳动力成本和原材料价格不断上升的压力下，买卖关系中的主导权正逐步转移到买方。所以，对供给方所提供的各种产品和服务提出了更高要求，以通过提供更多的产品和服务种类来不断满足多样化的市场需求，导致产品的寿命周期越来越短，产品和服务的更新换代越来越快。因此，企业更需要注重自身的创新和比较优势的获取，应投入更多的资源用于新产品的开发，促使企业从单一品种的大批量生产方式转向多品种、小批量的新产品生产方式。

（2）市场竞争空前多。由于市场准入标准的降低，市场中产品的竞争越来越激烈，而竞争的方式和种类也越来越多，竞争的内容已不再仅仅是打价格战了，还包括与产品和服务密切相关的质量、交货时间、售后服务、对客户需求的快速反应、产品设计的不断更新、较宽的产品档次、更加紧密的供应链等，这些都是竞争的主题。

（3）技术进步日新月异。随着技术更新换代的加快，在信息技术日新月异的当今社会，信息技术、电子自动化技术、网络技术等都在快速发展，使企业有更多的手段制造多样化的产品、提供多样化的服务，因此企业不断面临着运营技术的选择，面临着运营系统的重新设计、调整和组合。

（4）全球化趋势增强。随着通信技术和交通运输业的发展，加之相对宽松的全球贸易政策，全球经济一体化的进程越来越快，生产和贸易已变得没有国界，没有任何一个国家能够抵御来自国外的竞争。

2. 运营管理的未来发展趋势

目前，企业所处的市场环境瞬息万变，随着全球化进程的加深，企业的战略一体化道路获得了大量的实践，企业的规模在不断扩大；而为了满足多样化的市场需求，企业的产品和服务多样化也在不断推进，企业的运营管理本身也在不断变化。尤其是信息技术的普及和快速发展，为运营管理增添了有效的工具，而信息基础设施的完善，更使企业运营管理进入了一个新的阶段。结合道琼斯工业平均指数中成分股种类的调整，运营管理已经从最初的工业制造业企业转向工商业企业，并呈现出八大趋势：生产运作管理范围扩大；多品种小批量生产方式成为主流；信息技术给生产运作管理带来新变革；更加注重流程管理；生产运作呈全球化的趋势；跨企业集成管理——供应链管理；精益生产成为运营管理的基本要素；社会责任成为现代运营管理的重要关注内容。

（1）生产运作管理范围扩大。首先，现代运营突破了传统制造业的生产过程和生产系统控制，扩大到了非制造业的运营过程和运营系统的设计上。其次，现代运营管理不再局限于生产过程的计划、组织与控制，而是包括运营战略的制定、运营系统设计以及运营系统的运行等多个层次的内容，把运营战略、新产品开发、产品设计、采购供应、生产制造、产品配送直至售后服务看作一个完整的"价值链"，对其进行综合管理。

（2）多品种小批量生产方式成为主流。随着市场需求日益多样化、多变化，多品种小批量混合生产方式成为主流。生产方式的这种转变使得靠增大批量降低成本的方法不再能行得通，生产管理面临着多品种小批量与降低成本相悖的新挑战。要求从生产系统的"硬件"

（柔性生产设备）和"软件"（计划与控制系统、工作组织方式和人的技能多样化）两个方面去探讨新的方法。

（3）信息技术给生产运作管理带来新变革。随着计算机信息技术的不断发展，信息技术管理中也有了一套独立的管理模式，这也是运营管理中不可或缺的重要组成部分，计算机技术对企业管理产生的影响在不断加深，变革也在不断进行，先进制造技术（AMT）的应用使企业的运作方式发生了真正的革命。其应用涉及产品设计、产品特性、加工技术、信息处理和通信等各个方面。

在现代企业的运营管理中，必须采用国际先进技术来武装企业，促使企业具备完善的技术改革能力。尤其是在人类已逐步进入信息化时代的形势下，知识经济和高科技技术装备也得到了突飞猛进的发展，所以，只有采用先进的技术来武装企业，企业的技术创新能力才会迈向新台阶。

（4）更加注重流程管理。流程化管理是很多组织消除痼疾的良方。它是组织架构三要素中的一环，优化的流程能很好地平衡组织业务与信息系统之间的关系，降低组织业务与信息系统的协调难度。虽然，不同行业内不同组织的问题会有不同的解决方案，但是总有一些问题是它们的共性问题。其中，流程管理就是这类问题之一，这些组织很有可能需要一种抽象的方式来管理流程。

通常，一个大企业转变成为一个基于流程运作的组织需要很长的时间。不仅如此，在大企业变革的过程中，由于其官僚结构的复杂性，很多灵活的小企业得以利用其优势趁机争得一些市场份额。所以对大企业来说，它们要同时遭受变革之痛与丧失市场之苦。即便如此，现在的问题也不是"到底需不需要进行流程变革"，而是"我们能够多快地完成流程变革"。

（5）生产运作呈全球化的趋势。经济一体化是最近这些年来一直被广泛关注的事情，"全球运营"成为现代企业的一个重要课题。企业的制造活动将从集中式转变为分布式，大企业面对的工厂选址问题将不再是一个单一的工厂选址问题，而是为一个由不同的零部件厂、装配厂以及市场构成的制造网络选址的问题。

一体化的课题不断地被提及，世界各地也在不断努力，想形成一个世界范围的市场环境，这对产品的需求、发展的趋势、技术的变革更新都是有好处的，自20世纪80年代以来，环境变化迅速，企业经营环境的不确定性增加，人们的消费方式和消费观念也发生了深刻的变化，使企业竞争日趋激烈。企业的竞争优势已逐渐转移到时间和品种上来。

（6）跨企业集成管理——供应链管理。供应链管理正成为企业运营的未来趋势，其核心是对信息流、物质流、资金流进行控制和优化，从而提高效率并降低成本。供应链是一个范围更广的企业运营模式，它将供应商、制造商、分销商、零售商，直到最终用户连成一个整体的功能网链结构。对于处在链上的特定企业而言，供应链实现了把企业内部以及企业外部供需链上的所有资源和信息进行统一管理。

区别于传统的管理模式，供应链的本质是跨企业集成管理，而非各个企业各自为政或是简单的业务衔接。企业之间通过在供应链上相互协作，发挥共同作用，使所有节点企业构成了一个整体，它们共同追求供应链的价值最大化而不是单个企业的价值最大。这样做的好处十分明显，使企业避免了工作、信息和计划的无效性，有利于减少库存和缩短市场反应时间，促进了客户满意度和经营效益的提升。

（7）精益生产成为运营管理的基本要素。精益生产（Lean Production）是一个综合管理系统，该系统强调消除浪费和持续改进，从而能以更少的库存、更少的人力和更少的空间生产更多的产品。与传统大而多的生产方式不同，其目标在于无缺陷、零库存和高柔性（组织、劳动力、设备）。通过系统结构、人员组织、运行方式和市场供求等方面的变革，使生产系统能很快适应不断变化的客户需求，达到适时生产，即在需要的时候，按需要的量，生产需要的产品。另外，精益生产还能使生产过程中一切无用、多余的东西被精简，避免那些不增添价值到产品或服务的任何事情所形成的浪费，最终达到包括市场供销在内的生产各方面的最优结果。

（8）社会责任成为现代运营管理的重要关注内容。企业除了是寻求利益最大化的经济主体以外，还具有明确的社会属性，它们担负着产品信誉、职工保障、环境保护与本地发展等众多社会责任。虽然有些社会责任不具有严格的强制性，但如果企业在生产过程中完全置之不顾，长此以往，也将极大损害企业的内外部经营环境。

企业社会责任管理不仅是企业社会责任发展的新阶段，也是全球企业管理的新内容、新趋势。在此形势下，企业社会责任首先要立足全局，充分考虑企业内外部各利益相关者的互动关系，将社会责任全面融入企业的使命、战略和文化之中，形成符合社会价值规范要求的核心竞争力。另外，还要考虑企业社会责任的全面性，既包括对股东、员工、客户和合作伙伴的责任，还包括对企业所在社区与地域的综合责任。只有企业各部门、各层级和各岗位的所有人员都有意愿并积极履行社会责任，才能从真正意义上推动企业运营管理与社会责任管理的有机结合。

案例专栏

案例1 海底捞如何构筑运营竞争优势

生意火红的火锅连锁店海底捞，继2012年在新加坡开设首家海外分店之后，又于2013年9月在美国洛杉矶阿卡迪亚开设首家美国分店。在中国，海底捞就是凭借它对顾客无微不至、个性化的服务而在中国众多餐饮同行中独树一帜，由一家四川本地小规模火锅店发展成遍布全国各地的火锅连锁店。

在美国市场，百胜餐饮在收购了火锅连锁店小肥羊之后，已经在美国开了12家门店，加上阿卡迪亚50%人口都是亚裔，可以说，海底捞在美国已经有了一定的顾客基础，不会遇到毫无顾客基础的风险。而且，海底捞的CEO张勇表示，美国人最棒的就是他们有极强的好奇心。

运营管理
Operations Management

虽然海底捞可以凭借其特色服务和在中国的名声吸引到美国顾客的眼球和好奇心。虽然海底捞有丰富的市场扩张经验，但是由于中美之间的巨大差异，海底捞进军美国还是会遇到不少挑战。首先是美国的高成本，包括餐饮人力成本、原材料进口等，高额的人力成本对于海底捞这样以服务为先的企业显得尤为突出。此外，海底捞还会面临中美各方面的差异，但他们似乎已经做好调整的准备。在菜式设置方面，海底捞媒体负责人陶依婷表示，海底捞在美国的直营店将在经营思路上有所创新，虽然依旧主营火锅，但菜品设置上将重新定位，包括取消一些北美消费者不能接受的器官类肉制品、改变锅底口味等。在用餐方式方面，张勇说，海底捞将向美国客户提供单人使用的锅，而不是中国人使用的大锅，因为西方人用餐更加注重用餐者的个性化选择和卫生。特色服务也未必都能保留，在餐厅做美甲就不太可能得到美国食品安全监管机构的批准。海外员工的招聘与培训也是一大挑战。

同时，海底捞沿用在中国市场对互联网的运用，计划设计配有两块巨大纯平显示器的私人网络用餐包房。这种包房专为商务人士所设，顾客可以一边吃火锅一边网络聊天，通过这种方式顾客可以进行跨地域商务会议。

然而，海底捞还需要考虑一个根本差异。海底捞以"顾客至上"为宗旨并因此广受顾客的欢迎和喜爱，然而，欧美餐饮业更讲究服务适中，美国人更注重个人隐私和社交距离，因此，海底捞服务员一边帮顾客捞取食物一边和顾客闲话家常，用餐过程中不断换热毛巾、添饮料这些在国人看来贴心细心的服务，也许在美国人看来会过于热情，也就是说，特色服务在美国市场未必适用。最后还有一个价格定位的问题。海底捞把在美国市场的人均消费定在 40～50 美元，主打中高端市场。而在海外 80% 以上的一般中式餐饮消费者是华人，人均消费大概在 20～30 美元。因此，消费价格的差距也是一个至关重要的考验。

【案例讨论】
1. 在运营竞争中，海底捞的优势主要体现在哪几个方面？
2. 面对竞争环境的变化和发展，海底捞应该如何构筑新的竞争优势？

案例 2　国家大剧院的组织和运作系统

2007 年 12 月 22 日，代表国家最高艺术表演中心、耗资 26.88 亿元人民币的中国国家大剧院正式运营，总建筑面积约 16.5 万 m²。作为中国的最高艺术表演中心，中国国家大剧院在建筑规模和建筑艺术上都足以与世界各大著名剧院媲美。但是，只有华丽的外表和先进的硬件设备还不足以使国家大剧院成为一座真正的艺术殿堂。国家大剧院需要大量经久不衰、享誉世界的剧目和国际一流的艺术队伍，才能赢得世人的尊重，受到世人的景仰。因此，国家大剧院院长陈平强调："国家大剧院要始终坚持'高水准、高品位、高雅艺术'的节目选取标准，不断加强与国际接轨，吸收国外同行的先进运营经验，致力于成为国际知名剧院的重要成员、国家表演艺术的最高殿堂，成为艺术教育普及的引领者，成为中外文化交流的最大平台和文化创意产业的重要基地。"

国家大剧院注重自有剧目的创作。运营十年来，大剧院有效整合了国内外优秀的艺术资源，成功制作了几十部剧目，涵盖歌剧、京剧、话剧、舞剧等多个艺术门类。

国家大剧院的组织结构主要由五大运营系统构成：演出运营系统、艺术教育交流系统、大剧院经营管理系统、行政管理系统以及工程物业管理系统，如图1-10所示。

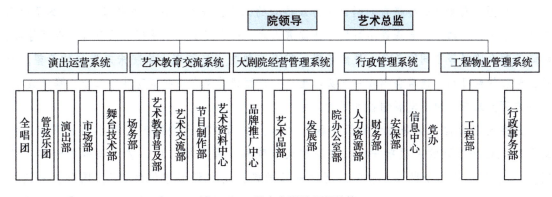

图1-10 国家大剧院组织结构

剧目制作过程中最核心、最重要的系统是演出运营系统，主要负责大剧院所有剧场演出的组织及运营，由演出部、市场部、舞台技术部、场务部、合唱团、管弦乐团六部分组成。演出部是演出运营系统的核心部门，主要负责全年演出计划的制订和实施，包括剧目的组织、安排；剧场的经营组织及演出的调度。剧目制作流程大体相同，演出部负责剧目制作的组织协调管理，其他有关部门如舞台技术部、场务部等配合，演出部的组织协调沟通网络如图1-11所示。

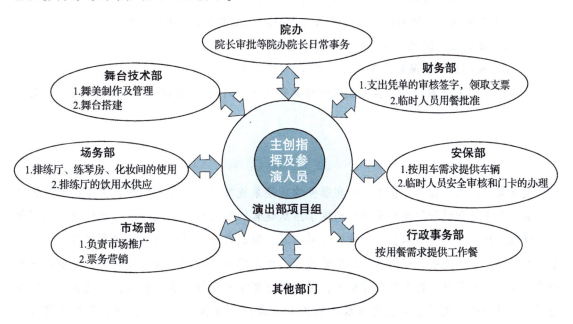

图1-11 演出部的组织协调沟通网络

运营管理
OPERATIONS MANAGEMENT

由于诸多因素的限制，目前，国家大剧院的剧目制作尚未成熟，存在许多经营管理方面的问题。外部因素包括市场不完善，消费者仍需进一步培养，国内缺乏世界一流水平的艺术家，现有艺术人才的文化底蕴不够等；内部因素包括剧目制作体系不健全，工作人员均比较年轻，缺乏阅历与经验等。

但是国家大剧院始终将自创剧目作为最核心的工作，非常重视。演出部门也汇集了戏剧管理、小语种、舞蹈、导演等学科的专业优秀人才，在剧目制作中承担着项目人、助理导演、翻译、舞台监督等不同的角色。虽然年轻，但是有热情，是国家大剧院未来发展的希望。此外，剧院的剧目制作通常会招收一些实习生，一方面帮助完成一些辅助性的工作，降低成本；另一方面为未来的快速发展储备可用的人才。

正在大家为推出优秀自创剧厉兵秣马之时，中国国家大剧院演出部小组长李部长接到了院长陈平布置的一项新任务：在国家大剧院第三届歌剧节中，要上演歌剧经典《卡门》。《卡门》是当今世界上演率最高的一部歌剧，是"经典中的经典"，国际上一流的剧院几乎都有自创的歌剧《卡门》，且被奉为各大剧院的经典剧目。这也是国家大剧院的第15部自创剧目，陈平提出了"艺术呈现必须达到世界一流水平"的要求。

【案例讨论】
1. 判断国家大剧院是生产型组织还是服务型组织？请说明理由。
2. 如果确定《卡门》为自创剧目：
   (1) 描述大剧院的输入—转化—产出系统。
   (2) 大剧院需要做好哪些方面的工作？（请列表）。
3. 如果改为购买其他剧院的经典歌剧《卡门》来国家大剧院进行演出：
   (1) 描述大剧院的输入—转化—产出系统。
   (2) 大剧院需要做好哪些方面的工作？（请列表）
4. 国家大剧院是应该购买其他剧院的经典歌剧《卡门》，还是应该进行剧目自创？请说明理由。

本章小结

运营管理是组织为客户提供产品和服务的转换系统的管理，是组织提供价值给客户的核心内容，与市场营销和财务管理共同构成了组织运营的三大核心职能。从组织战略角度理解运营管理，运营管理是组织赢得竞争的重要内容，组织在识别了组织的优势和劣势后，可以根据组织的使命和战略，安排自己的运营战略，如果能够成功地实施运营措施，就能进一步推进组织的战略实现。在全球化背景下，运营管理面临着新的机会与挑战，从运营管理发展的历史和趋势看，运营管理已经从最初的工业制造业企业转向工商业企业，并呈现出八大趋势。

思考题

1. 为什么要学习运营管理?
2. 运营管理的职业机会在哪里?
3. 尝试浏览肯德基、麦当劳和汉堡王的网站,思考他们的竞争战略差异。并结合他们的运营流程分析他们的竞争优势。
4. 结合本章学习的内容,思考你自己所在组织的运营管理特点,并分析组织所在行业的发展趋势。

自测题
第 1 章导论

第 2 章
全球运营战略

学习目的与要求

通过本章的学习,了解全球运营产生的背景,理解全球运营战略的三种视角;熟悉全球整合的压力和地区回应的压力,理解全球运营战略的选择及其优劣势;熟悉实施全球运营战略的基本决策,理解运营模式的构成及其相互关系,掌握卓有成效的全球化企业的特征和企业全球化运营模式成功的标志。要求完成本章最后的案例讨论和思考题。

运营管理
Operations Management

2.1.1 全球运营的概念   2.1.2 全球运营的战略视角

2.1 全球运营战略的三种视角

企业关于如何生产产品和提供服务的决策构成了企业的运营战略。例如，是选择按库存生产方式（Make To Stock，MTS）、按订单生产方式（Make To Order，MTO）、按订单定制（Engineer To Order，ETO），还是选择将这些生产方式进行组合？是选择外包生产、在低成本的国家和地区进行海外代工，还是选择在靠近制造厂的地方或在接近客户的地方完成最终装配？这些都是企业至关重要的决策，影响着整个供应链的构建及相应的投资。企业的运营战略决定了企业如何配置制造厂、仓库，以满足客户的需求，同时也决定了企业流程和信息系统的设计。

2.1.1 全球运营的原因

根据希尔和霍特的观点，全球化（Globalization）是指向一个更加一体化而又彼此依赖的世界经济转变的趋势。全球化有几个方面，包括市场全球化和生产全球化。

市场全球化（Globalization of Markets）是指历史上不同的、孤立的各国市场融合成一个巨大的全球市场的过程。消费品诸如花旗银行的信用卡、可口可乐的饮料、麦当劳的汉堡包、星巴克的咖啡、宜家的家具以及苹果的手机等经常被作为典型例子来印证这一趋势。生产这些产品的企业不仅仅是全球化趋势的受益者，也是推动者。这些企业通过在世界范围内提供标准化产品，逐渐创建了全球市场。当今全球化程度最高的市场是世界各地普遍需求的工业产品和原材料市场。其中包括初级产品市场，如铝、石油和小麦；工业产品市场，如微处理器、计算机存储芯片及商用喷气式飞机市场。综上所述，许多新的高科技消费产品，如苹果的 iPhone，正在以同样的方式在世界各地成功销售。在越来越多的产业中，说什么"德国市场""美国市场""巴西市场"或"日本市场"已不再具有意义。对许多企业而言，只有一个全球市场。

生产全球化（Globalization of Production）是指企业将其生产的各个环节布局在全球各地，以充分利用生产要素（Factors of Production）（如劳动力、能源、土地与资本）的成本和质量差异的优势。通过这种做法，企业希望降低其总成本构成，提高质量或改善产品的功能，从而使自己更加有效地参与竞争。早期外包的尝试主要局限于制造活动，诸如波音公司和苹果公司所从事的这些活动；然而，越来越多的企业正在利用现代通信技术，特别是互联网，将服务活动外包给其他国家低成本的提供者。互联网已经使美国医院将一些放射科的工作外包给印度；当美国医生晚上睡觉时，一些核磁共振扫描的片子由印度医生诊断，第二天早上结果就出来了。在价值创造活动中应用这样的分散方法，不仅能缩短软件开发项目所需的时间，而且能降低其成本。其他的企业从计算机制造商到银行都把客户服务职能外包到劳动力更便宜的发展中国家。市场的全球化把生产性活动分散至全球各区位，以实现最优配置。虽然存在贸易壁垒、运输成本以及各种经济和政治风险等障碍，但市场和生产的全球化仍有很大可能会继续，现代企业正是这一趋势中的主角。正是它们的行动推进了全球化的不断发展。

今天的运营经理必须在运营战略方面具备全球视野，考虑全球问题，在全球整合资源，担当全球责任。全球视野意味着从世界范围内看企业运营管理的问题，寻找应对问题的运营管理战略及其实施方案。按照海泽和伦德尔的观点，有六大原因使得国内经营模式需向一定形式的国际运作转变。这些原因包括：

1. 降低成本

与仅为国内或某区域市场服务的组织相比，为全球市场服务的组织能够获得更多的规模经济效益。同样，服务于全球市场也能使组织获得可观的范围经济效益。国际上的多元化旅游经营公司，如法国航空公司或迪士尼乐园。它们在多国开展业务，并在产品开发、市场营销、采购及财务等方面获取范围经济效益。运营和营销过程中往往存在着陡峭学习曲线。这会使得那些服务于全球市场的企业从中受益。

全球物流配送体系日益高效，如联邦快递可以将紧缺资源在全球调配。快速高效的物流配送使企业无须建在原材料基地附近，也不需要紧临消费需求所在地建厂。运输成本的降低使企业可以专注于生产。高效、低廉的全球物流配送体系也加剧了企业之间的竞争。因为更多的企业可以便捷地出口产品到国外市场，消费者会有更多的选择。生产厂家之间的竞争、跨国的竞争、多点竞争越来越普遍，在许多行业，是否能在全球开展经营活动已经成为竞争的关键。

全球运营使得企业能利用比较优势节约劳动力成本。不同国家的生产要素价格悬殊，如劳动力资源、自然资源、技术和研究开发等资源在不同的国家差异很大。因此，跨国公司通常将价值链的各个关键活动配置到在世界各地具有比较竞争优势的地域。例如，耐克和阿迪达斯公司目前在越南、印度尼西亚生产的运动鞋数量已超过在中国的产量，而自己则专注于设计和营销。

2. 改进供应链

全球运营使企业将供应链系统延伸至整个世界范围，根据企业的需要在世界各地选取具有竞争力的合作伙伴。企业在拥有特定资源的国家设立合资合作企业，以改进供应链。这些资源包括专业技术、劳动力或者原材料。例如，长安汽车近些年的快速增长有很大部分的原因在于海外研发中心的助力，长安汽车在意大利都灵、日本横滨、英国伯明翰、美国底特律、美国硅谷等地建立了各有侧重的研发中心，形成了全球协同运作的格局。

3. 提供更好的产品和服务

全球运营有助于企业全面、迅速地了解世界各地消费者的需求，提供更好的产品和服务。产品和服务既有客观的可测量的特性（例如，交货准时率），也有主观的难以测量的特性（例如，对文化的敏感性）。本地化经营可以增进对文化差异的理解，在不同国家经营采用不同方法，使得产品和服务能够满足海外市场特定的文化需要。国际化运作的另外一个原因是缩短对产品和服务需求变化的响应时间。越来越多的消费者可以在美国本土以外购买美国的产品。在当地建立企业可以更快更充分地满足消费者对产品和服务的需求。

4. 了解市场

国际化运作需要不断应对国外消费者、供应商以及其他竞争对手。这使得跨国公司需要不断抓住机会来提供新产品和服务。对市场的了解不仅有助于企业了解市场走向，而且有助于企业丰富消费者群体，提高生产的柔性，平滑市场波动。另一个有必要进入国外市场的原因是可以延长现有产品的生命周期。例如某款产品在发达国家可能正处于生命周期的成熟阶段，而在发展中国家却可能是最先进的产品。

5. 学习改进运作

在许多行业中，往往存在着陡峭的学习曲线。在一国获得的好的实践经验可用于多个国家和多个地区，同时也会逐渐增加企业的知识经验，使得企业通过迅速又有效的学习获得成功。如果企业有一个开放的环境使各种观点畅所欲言，那么就能更好地降低成本、提高服务水平。例如，福耀玻璃向日方供应商学习成本控制，提高自身的流程管理能力，改进了生产流程和细节的设计，形成了严格的成本控制管理流程。此外，福耀玻璃还向丰田、大众、福特、通用和奥迪等学习降低成本的方法。

6. 吸引和留住国际化人才

企业国际化的经营战略需要建立在国际化人才的基础上。企业只有凝聚国际上的优秀人才，才能提升自己国际化的经营管理水平。人才的竞争是知识经济时代跨国公司竞争的关键。全球运营有助于企业吸引优秀的人才，提供更大的发展空间，而且能够减少经济萧条的影响。当一个国家或地区经济低迷时，跨国公司可将富余员工调配到其他经济繁荣的地区。

2.1.2 竞争力、资源和流程视角下的全球运营战略

战略是一个无法定型的、抽象的概念。它处在不断发展变化之中。根据 Van Mieghem（2008）和 Gong（2013）的观点，全球运营战略可从以下三个角度展开分析：

1. 基于竞争力的全球运营战略

企业要想建立其持久的竞争优势，就要获得无法被竞争对手抄袭和模仿的能力，能够有效地利用自身的优势为消费者创造价值。管理者需要在全球竞争的环境下选择成本、时间、质量或灵活性等作为其竞争力。在全球竞争的环境下，竞争力往往源于国家的比较优势。第一，灵活性方面的竞争力对于跨国公司至关重要。这是因为跨国公司在多个国家设有分支机构，有望从各个分支机构的协调中获益。例如把工厂设立在不同的国家以适应需求的变化。第二，在全球竞争的环境下，外包中的质量问题尤为重要。例如美泰和丰田都因供应商提供的产品质量问题而召回过产品。第三，通过制造外包和服务外包，企业能够通过全球运营来降低成本。例如苹果将手机生产外包给富士康。第四，全球运营对时间方面的竞争力提出较高的要求。这是因为在全球运营的环境下要缩短响应周期和提前期，挑战较大。第五，在全球运营的环境下，企业可以选择追求独特性和可用性等方面的竞争力。

2. 基于资源的全球运营战略

在这一视角下，管理者往往认为企业是由一系列的"资源束"组成的集合，企业竞争优势的基础主要来源于对一系列企业可控的有价值的资源的运用。因此，决策重点在于如何发展企业可控的有价值的资源，特别是与其他公司的资源相比具有稀缺性和异质性的资源。通常，全球运营环境下与资源相关的决策问题包括能力规模、能力投资、扩张时机、资源的类型选择和选址。此外，厂商的无形资产，如先进技术与知识、组织管理技能等战略资源，由于其高价值、稀缺性、不易模仿和不易替代性，也是企业可持续竞争优势的主要来源。企业只有拥有这些资源优势，才能克服国际生产带来的高成本和高风险。基于资源的全球战略强调了资源对于获得持续性竞争优势的重要性。这种资源的不可模仿性最终将成为竞争壁垒。

3. 基于流程的全球运营战略

管理者主要在供应、技术管理、创新、需求和收益管理的过程中塑造全球活动网络或流程。基于流程的全球运营战略涉及以下方面：①全球供应链战略，包括全球采购战略、全球分销战略、全球供应链协同战略、供应链战略联盟和可持续供应链战略。全球采购和全球供应链是十分重要的商业流程，受汇率不确定和研发速度等因素的影响。②全球技术战略，包括全球产品开发战略、全球研发协同和沟通战略、全球研发采购战略。③全球运营风险战略。在全球运营的环境下，跨国公司面临着各种各样的运营风险，例如能力风险、库存风险、采购风险、知识产品风险、预测风险和延误风险。这也使得风险管理和运营对冲是基于流程的全球运营战略的十分活跃的研究领域。

此外，全球运营战略还需要考虑与其他职能的集成、因跨越国境引发的一系列问题和挑战。由于跨国公司的全球运营，形成了全球性生产链与供应链，使全球的市场竞争出现了新的形式，从过去的国家与国家的竞争、企业与企业的竞争，转变为现在的全球范围内的生产链与生产链之间的竞争，供应链与供应链之间的竞争，在全球范围内形成了跨国供应链。

2.2　全球运营战略的选择

2.2.1 全球运营驱动因素

2.2.2 全球运营的优势　2.2.3 全球运营的实践

在企业迈向全球化的同时，管理者面临着艰难抉择——是应该为达到规模效应而将价值链活动标准化，还是应该为满足不同国家的需求而为地区经营活动量体裁衣？一段时间以来，研究人员发现了其中的直接联系：企业全球化压力越大，对效率最大化的要求越高；相反，企业回应地区市场不同需求的压力越大，则对市场敏感度的要求也就越高。如果想在两者之间找到平衡点，跨国公司的管理者就必须综合考虑企业所面对的各类宏观压力，找出分配和协调价值链各项活动的最佳途径。接下来将介绍全球整合压力与地区回应压力的来源，然后将讨论它们如何相互作用并影响跨国公司可选择的战略，最后将介绍四种常见的全球运营战略并讨论它们各自的优势与局限性。

运营管理
Operations Management

2.2.1 全球整合与地区回应

国际化的企业面对着两种不对称的力量：**全球整合**（Global Integration）的压力和**地区回应**（Local Responsiveness）的压力。全球化压力和地区化压力的不对称向企业分配和协调价值链提出了截然相反的要求。从1990年的3万家跨国公司，到现在的近7万家跨国公司，其遍布全球的分支机构已经接近85万家。管理者、企业还有行业正采取不同的措施应对全球化。现今化工、信用卡、金融服务、会计、食品、卫生保健、大众传媒、林木产品、信息技术、汽车、电子通信等行业全球市场的不断形成便是很好的证明。

1. 全球整合主要带来两种压力

（1）市场的全球化。全球购买模式和企业战略越来越多地证明消费者寻找并接受全球统一标准化的产品，比如苹果的 iPad、Facebook、星巴克的咖啡、谷歌的搜索引擎以及 Zara 的西服。促成市场的全球化有两方面条件：一方面，需求拉动。无论是哪个国家的消费者，都会试图将自己的购买力最大化，即花最少的钱买到质量最高的商品。按照这个理论，最终只要商品能达到要求，使消费者获得超额价值，他们不会关心谁是商品提供者。另一方面，供给驱使。通信技术的进步使全球消费者的偏好逐渐趋同，同时提高了物流运输水平，确保产品的全球标准化。在两方面的共同作用下，个人购买力最大化的需求以及人们了解和得到高质低价产品的机会不断增多，最终促使全球市场趋向同质。与此类似，全球的物流网络使得产品可以到达任何地方。最大化个人购买力的需求与不断扩大的以低价购买高质量产品的机会相结合，共同驱使了市场的全球化。相对应的，许多企业通过协调自己的价值链布局，实现极致的标准化，追求全球业务整合。

（2）标准化带来的高效率。标准化是全球化的基础，能促进企业生产大量的低成本、高质量的产品。也就是说，标准化是供给的推动力，而市场全球化则拉动了消费者对国际产品的偏好。标准化的逻辑很直接，即以同样的方式重复做同样的事情会提高投入的效率，促进低成本的生产流程，实现更低的价格。例如，一个跨国公司将生产设备标准化、扩大生产规模，那么在原材料采购上能取得更高的大额折扣率，同时也能对存货码放进行流水操作。企业在其他方面同样也能实现成本节约，比如研发或者广告。因此，企业通过寻找全世界最优的厂址进行大量生产来实现标准化，进而为市场提供高质量低成本的产品。这不可避免地会促进全球化的进程。

随着越来越多的国家和地区加入全球化经济和 WTO，标准化的压力也不断增加，全世界几乎每个未加入 WTO 的国家和地区都在等待加入。贸易的自由化（同时要求每个成员遵守统一的国际贸易规则）已经激励许多企业将价值链锚定在低成本国家，同时也不放弃进入国际市场的权利。这样的例子有印度的商业流程外包公司、韩国的芯片设计公司。它们在利用当地特殊优势的同时，也并没有放弃其他国家的消费市场。

2. 地区回应的压力

企业都喜欢无缝式的运营环境，可以直接地将标准化的实践和流程在不同地方转移。虽然全球化造就了一个合作的市场环境，但一个地区的外部环境、政府在经济事务上的干预以及政府在贸易和外商投资上的态度，都会对企业产生影响。所以地区回应也会对企业运营带来压力。我们重点解释两种地区回应压力：消费者需求差异和当地政府的相关政策。

（1）消费者需求差异。和市场全球化理论相反，一些人认为不同国家消费者偏好的差异使得他们更愿意对本土的价值链做出回应。当然，货币、媒体以及技术将消费标准化，并且鼓励强调购买力的消费行为，而不是差异性的偏好与民族情结。然而，由于文化的烙印、历史的传承以及民族情结（比如支持国货运动）等原因，不同地区消费者的偏好还是有差别的。不论原因如何，消费者通常更偏好于那些对他们日常生活习性更敏感的产品。于是，这种差异也刺激跨国公司调整价值活动以适应当地市场的需求。

企业在不同地区对消费者需求差异的响应体现在多方面，主要的例子包括按照当地消费者的偏好来设计和生产产品（比如美国汽车的车型要大，而欧洲的普遍较小），采用针对当地市场特殊情况的营销手段（比如在美国使用大量基于网络和3G应用的宣传，在法国使用平板和媒体促销，而在巴西则采用更为个人化的推销员形式），同时营销手段还应该符合当地消费模式。适应当地消费者需求和偏好可能会要求企业重新分配整个价值链，从国际化转向地区化。

当然，也有一些行业的产品不适合标准化生产经营。比如对于雀巢公司来说，整合遍布全球的价值链就没有太大的吸引力，原因如下：第一，食品生产的原材料一般都是日常消耗品；第二，生产实现规模经济有许多潜在的限制；第三，价值—重量比值低的产品，若分散配送会使成本大幅提高；第四，口味、竞争对手和销售渠道在各个地区大不相同，只有针对当地的营销手段才能取得最佳效果。因而在这种情况下，管理者可以将一些价值创造活动标准化。

（2）当地政府的相关政策。世界各地的政治、法律、经济情况往往大相径庭。有时当地的政治情况也是造成这些差异的本质因素。在金融危机前，跨国公司在不同国家面临着不同的政策，而随着资本和经济自由化在越来越多的国家政策中体现，这些差异已经被逐步缩小。如今，在危机的早期阶段，政府对于市场机制的不信任导致它们重新修订市场规则。尽管不断主张互相协调统一的政策方案，但不同的国家还是采用了不同的方法来调整财政政策、货币政策以及商业政策。这些趋势都要求跨国公司重新思考价值链。标准化所带来的选择限制以及全球化摇摆不定的局面，使得企业的价值链更偏向于地区回应。

卫生保健行业突出例证了这一关系。药品行业对全球整合的需求非常高，其高额的研发支出只有在全球市场中才能够得以弥补。典型的跨国药品公司在各国出售的商品几乎没有差异。这样一来，规模生产在降低成本中所起的作用就至关重要。然而，几乎每个国家都有一套特殊的监管体系规范药品市场的产品开发、企业行为和运输。所以尽管由集中分布的工厂规模生产药品更为经济实惠，但是药品公司往往不得不在几个不同的国家或地区进行生产。另外，药品生产工厂具体地点通常不由成本决定，因为工厂选址往往主要服从临床试验、注册程序、定价限制、本地政府对市场的管制等因素的限制。对比来看，全球整合需要一个能够

运营管理
Operations Management

驱动价值活动合理协调配置的经济环境，而强势的地区回应会拒绝这种倾向，要求企业在经济有效手段和政治得当策略中权衡取舍来维持市场。

全球金融危机表明越来越多的行业，如银行、对冲基金、资本经纪业、保险业、健康护理管理、汽车业、航空业等，可能会在当地政府的政策范围内。对透明度的需求将使得企业的价值链越来越本土化。反对者可能会受到严厉的指责。同时，当地政府也有一套严密的工具用于确保跨国公司对当地特殊情况做出回应。这些工具可以是推动民族保护主义的政策指标，也可以是具体而明确的贸易保护主义政策，鼓励本国产品发展，或者是要求当地产品占一定比例的地方性规则，以及设立只有当地生产才能满足要求的产品标准。总之，每种政策都会加大企业价值链回应当地市场的压力。

最后，讨论全球整合和地区回应如何相互作用并影响跨国公司可选择的战略。对于全球整合和地区回应的相互作用是如何给跨国公司施加压力这一问题，整合—回应网格（Integration-Responsiveness grid，IR grid）能够很好地解释。如图 2-1 所示，列举了每个四分格中的不同行业，还有它们所面对的不同程度的整合—回应压力。每个企业的战略都体现在价值创造中。企业的战略决策在多大程度上反映了它对全球整合压力和地区回应压力两者不对称的反应？企业为解决这种困境，难以避免地要在标准化主张和适应性主张中权衡取舍。

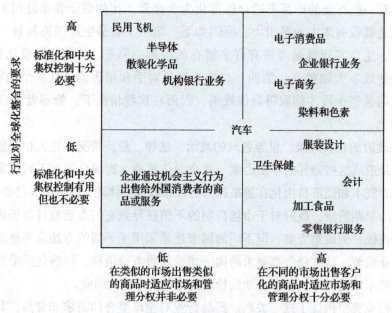

图 2-1 整合—回应网格与行业分类

注：该图取自丹尼尔斯等，2012。

根据上述 IR 网格可知，企业战略的选择取决于企业价值创造的理念和企业所在行业相应的整合—回应压力之间的特殊关系。企业根据全球整合压力和地区回应压力选择自身定位后，就能通过 IR 网格对企业的处境和得失有一个大概的了解。例如，一些企业通过积极响应地区反应可以实现很大收益，而在全球整合中却得不到什么。在 IR 网格中，这意味着企业要将价值活动与当地情况相适应。所以，像雀巢这样的企业在全球整合中并不能明显获利，但若能巧妙地应对当地市场的预期，同样可以实现高额的回报。也有一些企业在全球市场中面临着巨大的整合压力，而在当地市场的回应则回报不大，比如处理器技术领域的英特尔、互联网领域的华为，以及金属矿产行业的米塔尔，它们都主张通过全球市场标准化来降低成本。对于它们而言，并不需要去具体应对不同的地区市场需求，因为并不需要个性化的内存芯片、以太网交换机或是不锈钢。

而落入到了 IR 网格的中间区域的行业既有全球整合的压力，同时也有当地回应的需求，所以如何通过协调价值活动来解决这些困境成了企业面临的一项挑战。比如宝洁和 Infosys 都面临着这样的困境。它们需要更复杂的结构调整和更灵活的系统配合来面对这两种压力。IR 网格能够通过描述全球整合与地区反应的压力程度，帮助管理者发现其面临的权衡取舍。

2.2.2 全球运营战略的类型与选择

市场中反复出现的模式表现了跨国公司基本的战略类型，相关研究认为这些类型包括国际战略、多国战略、全球战略和跨国战略。图 2-2 列举了整合—回应网格中的战略选择及其背后的逻辑。接下来将介绍这四种战略的应用及它们的优势和劣势。

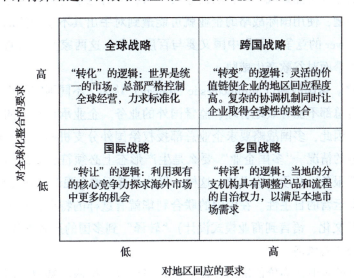

图 2-2　全球运营战略类型及背后的逻辑

注：该图取自丹尼尔斯等，2012；鲍勇剑，袁文龙，2015。

（1）国际战略。采取**国际战略**（International Strategy）的企业往往期望通过向国外市场的扩张将核心竞争力最大化，"国际企业"的海外经营既包含普及性产品，也包含客户化服务。它在母公司"中央控制"和属地"快速反应"两方面寻找平衡点，例如 IBM 中国，其组织逻辑强调从母公司向海外子公司"转让"知识、技能和组织能力。这种战略模型依赖各国当地的分支机构，在总部的指导下监督管理业务。有的分支机构可能还享有根据本地市场调整产品和开展小型促销活动的自由,但是总部还是掌握最终的、绝对的控制权,因为它对企业核心竞争力扩张的本质和潜力最为了解。

过去,企业价值链的关键因素由总部集中管理,比如研发和品牌。虽然谷歌允许各国分公司将网页的一些内容当地化,比如语言和序列,但是总公司始终是新产品、新程序、新跨国经营方式的最终来源。

采用国际战略的好处第一是企业将核心竞争力转移到尚未开发或是在该方面无竞争能力的国外市场,从而创造价值,因此该战略极大地帮助了总公司向分公司输出技能、专业知识和产品。第二,总公司在关键事项上的控制力和专业水平使它处于领导者的有利地位。总的来说,当企业具有其他市场同类企业所没有的核心竞争力,同时行业条件也没有给企业施加成本控制或是地区回应的压力,这时国际战略是可行的。在这样的情况下,国际战略带来的通常是中等水平的成本和巨额的回报。

当然,国际战略也有其局限性。跨国公司的总部有以自我为中心倾向的情形,即总部以固有的眼光来看待世界上其他的地方,会使其误读外国市场的机遇和威胁。国际战略也面临着类似的问题。总部的高管自以为了解企业的核心竞争力,实际却可能没有适应当地的情况。对这些新想法的测试也主要在本部的国家,而没有在国外进行测试,如果国外本土的竞争者实力不强,这样的方式可能是成功的,然而总有一天,会有竞争者发现与之抗衡的方法。如果注意不到这个问题,使用国际战略的企业就可能遭到对手出其不意想法的重创。例如,谷歌在韩国面临着 Naver 的竞争,而在中国又要与百度竞争,这两家企业都通过提供更加贴近本土习惯的搜索引擎而对谷歌产生威胁。

(2) 多国战略。**多国战略**(Multidomestic Strategy)认为,不同国家的市场环境存在着极大的差别,这使得总部不能有效地管理、监督国外的业务。企业承认当地的管理者需要更好地了解当地市场。因此,多国战略要求企业总部授权给国外分支机构,让它们自己去协调价值活动以适应当地的情况。"多国企业"要么是生产形态上必须符合属地的特征,要么是主要为属地的消费者服务,必须反应迅速。这样,母公司就不能太强调内在的整合和中央控制,必须让海外公司有运营的自主性。在中国的联合利华就有这样的特征,其组织逻辑是将母公司的策略基因(从文化、语言到商业模式设计)"转译"到多国的形式框架中,外表当地化,核心思想保持母公司的风格。

采用多国战略的企业认为价值链的设计应该是当地分支机构的特权,而不应该是总部单方的公告。使用多国战略的目的在于打造能够赋予各个分公司大量自由的价值链,从而获得对本地文化、法律政策和经济环境的有效回应能力。比如当某国政府鼓励和支持本地生产时,当地分公司就可以建造自己的厂房,如果该地区的消费者喜欢与推销员打交道而不是从媒体获得产品消息,那么当地分公司就可以建立销售队伍;如果某国的工作环境对企业生产不利,那么当地分公司可以选择从别处进口商品。

从本质上说,采用多国战略的企业根据地区的特殊需求定制不同的产品、营销和服务项目。相应地,该战略要求跨国公司的总部授权给各个分公司,使地区经理有权管理自己的地区业务。本质上，跨国公司看问题的角度是多中心的（Polycentric），它们相信应该由理念上、文化上、地理位置上接近市场的人来管理该市场事务。因此新加坡背包工厂的经理最有权决定生产哪一种背包，不管这种背包的颜色、大小和风格是否和美国、墨西哥或是德国分公司生产的大相径庭，只要他们觉得自己的设计对当地消费者更有吸引力即可。

多国战略的优势在于如果企业对快速的本地响应能力需求高，而对通过全球整合降低成本的需求较低，那么多国战略非常可行。多国战略还有其他优势，比如根据当地要求运营能将政策风险最小化，对资金遭返母公司的要求不高从而降低了汇率风险，本地化使分公司在当地的声望更高，本地研发新产品的潜能更大，创业精神赋予企业更多的成长潜力。

然而这些优势同时带来了较高的成本，多国战略导致了大范围的管理、设计、生产、营销活动的重复。每个当地分公司都需要建设必要的基础设施，从而使价值链与当地需求相吻合，但针对当地市场的个性化产品必然会提高成本。因此，对于成本压力大的行业来说，多国战略通常是不现实的。比如家乐福，当它刚刚进入美国市场的时候就遇到了问题，因为决定要更好地适应当地人的口味和偏好，它由原来的国际战略转成多国战略，但高额的成本使得它最终不得不关闭其失败的美国商店。努力实现适应性价值活动的企业常常也遭遇协调上的矛盾。与国际战略由总部直接管理价值链不同，在多国战略中，控制权被分散到当地的管理者，不同的分支机构可能有不同的管理风格和价值链设计。通常，母公司要想使其做出改变，只能采用说服而不是命令的方式，然而说服方式可能导致成本的增加。

（3）全球战略。**全球战略**（Global Strategy）强调通过对统一的服务和产品进行营销，以提高产品的全球表现。有的企业认为全球战略就是基于最优越地点的经营来实现竞争优势。全球战略将管理者的注意力集中在绝对的生产和营销标准上。生产方面，全球战略激励管理者寻找最合适的地点开展经营，以实现最大效率。因此，企业假设自己的目标就是以低成本生产出高质量的产品，以此为标准寻找最优的地区进行价值活动。在营销方面，全球战略鼓励标准化的产品营销。无论是在哪种标准下，相比于地区回应，企业都会更倾向于选择全球整合战略。故而"环球企业"一般为标准化、通用型产品的生产企业。因为产品标准化程度高，客户化程度低，母公司会加强中央控制，希望通过内部化的整合创造规模和协同效应，其组织逻辑为"转化"母公司的行政控制到子公司，保持内部集权化的管理优势。

对一些商品而言，全球战略是唯一的选择。商品（Commodities）提供的是普遍需求（如汽油、钢铁、内存芯片、糖、小麦等），不同国家的目标消费者是高度相似的。事实上，消费者在挑选同类产品时，价格是一个主要的考虑因素。因此，全球战略就是基于价值链活动的标准化而获得效率收益。当然，全球战略也不仅仅局限于商品市场，市场的全球化同样鼓励像 Zara、路易威登这样的企业，将过去差异化的产品标准化，面向全球市场，在几个最有效的工厂进行生产，并通过集中的渠道将它们投入市场。毫无疑问，跨国界消费者偏好的差异性的确存在，然而全球战略假设，只要有机会，当地的消费者就会购买高质量、低价格的产品，而不论产地是哪里。同时，如果产品相比于当地的替代品而言，质量更好、价格更低，那么消费者最大化购买力的心理会削弱民族主义的影响。因此，如果企业能够通过调整价值链来实现成本领先，它就有很大的机会打入全球市场。

跨国公司努力在世界范围内提供标准化的产品，并将它们转化成全球效率和价格竞争力。全球战略的效率目标对价值链的协调要求很高。操作上，采用全球战略的企业通常会努力成为行业中成本最低的竞争者。如果不能做到这一点，企业自身竞争力就可能低于其他低成本企业。为了实现低成本目标，企业通常在全球范围内规划生产，将设备集中在低成本地区，打下高效运营的基础，比如设在越南的球鞋工厂、设在中国的汽车零件生产基地，以及设在印度的服务呼叫中心。将这种逻辑应用于其他的价值创造活动导致了一个基本的假设，即要在最优的地区合理布局价值链。一旦协调好，总部就可以通过标准化的流程来协调分散的活动，几乎不需要授权给当地的分支机构。

全球战略的优势在于标准化带来了高效率。适合全球战略的行业往往强调高效率运作，而对地区回应的要求要么没有，要么可以被质量高于当地市场、价格低于当地市场的产品所中和。该状况在许多生产和服务行业越来越普遍。比如无线通信，该行业签署的全球标准协议带来了各国对标准化全球产品的巨大需求。同样，信用卡行业建立了一系列电子支付协议标准，支持全世界的消费者和商家使用这种支付方式。在上述两个行业中，企业都采取了全球战略，比如无线通信的诺基亚和信用卡行业的美国运通。全球战略同样可以利用遍布世界的配送网络、标准化的财务控制、统一的信息完成一次性的交易。

但全球战略的局限性在于在需要当地回应的国家，企业很难采用全球战略。究其根源，全球战略的优势其实也就是它的弱点。对成本极其敏感的特征以及偏好标准化的全球战略使得跨国公司很少选择适应当地情况的价值活动。因此，市场的突变以及产品的推陈出新可能使得原本很好的价值链走向失败。

（4）跨国战略。上述三种跨国经营的战略逻辑有一个共同点——由母公司向子公司输出的单向维度特征。这与母公司所追求的"单边优势"一致，并与20世纪国际环境的特征相对应。随着环境的变化，最理想的组织形式应该是"跨国企业"，一种既包含高度的母公司中央集权整合控制，又允许属地子公司保持自主性，保障快速敏捷反应能力的跨国经营模式。跨国战略（Transnational Strategy）被证明是对不断发展的国际化进程最直接的回应。该理论认为当今相互连接的消费者、行业、市场要求跨国公司能够适应地区经济、协调价值链活动以充分发挥核心竞争力，并保证价值链能够直接应对回应本地市场的压力。

可以把跨国战略当作结合了全球整合战略与本地回应战略的一个折中战略。使用该战略的跨国公司能分辨各个国家之间能力和贡献的差异，探求系统学习本地经营环境的方法，最终将知识整合并应用到全球运营之中。跨国战略强调建设包含科技、金融、创新、人力资源等要素的综合框架，使其在本质上超越了国际战略、多国战略和全球战略。

介绍跨国战略，就要提到其与全球学习的关系。跨国战略概念强调将整合、差异化和学习结合起来。跨国战略的首要条件综合了多国战略和全球战略的特点，将地区市场敏感度和全球整合的高效率结合在一起。但是跨国战略有其特殊的一面，在理论上有别于其他战略类型。具体地说，跨国战略强调互动性"全球学习"，为跨国公司发展了宝贵的技能，从而完善核心竞争力，并将创新运用到全球经营中。

在跨国战略中，创新思想的流动并不是自上而下（从总部到各国分支），也不是自下而上（从各国分支到总部），而是从发出者到接受者，没有地域或者方向的限制。采用跨国战略的企业将其分支机构看作一个个有竞争优势的支点，认为它能够找到适合自己的方式来鼓励员工在价值创造中彼此沟通和合作。一旦做好，跨国公司可以通过传播其在全球所学到的知识和经验来强化企业的价值链。

跨国战略的全球化学习有许多好处。通过这一方法，管理者能够提高企业自身能力来应对环境变化、平衡内部资源与外部企业网络、在不增加官僚作风的前提下整合分公司资源。最终这些能力会帮助跨国公司统一运作价值链的某些环节，达到效率最大化，同时在其他环节实现对本土市场的快速反应，使两者相辅相成。那么哪类企业应该采用这种战略呢？总的来说，当企业面对成本控制和回应本地市场的巨大压力，而又有机会通过全球网络发挥核心竞争力时，跨国战略是很好的选择。20世纪90年代里，这只适用于少数企业，因为通信不发达阻碍了信息有效地传达到全球的分支机构，而且民族的差异性使得全球化整合还未大规模开始。然而，21世纪新的行业情况（越来越多的有竞争力的跨国公司）和环境变化趋势（网络和通信的发展以及全球化的趋势），都支持跨国战略从理论变为现实。

跨国战略有诸多优势，但是采用起来却有诸多困难，往往会遇到严峻的挑战（尤其在价值链的协调方面），容易失败。同时，在员工中建立社交网络的理念、必要的信息系统，以及多准则下运营的代价都是高昂的。而在金融危机的影响下，很多企业都力求运营的经济有效性，这样的成本就更难以被接受了。

是不是所有企业所从事的业务都适宜国际化运营？回答是不一定的。这要看企业所从事产业的特点。具体来讲，这是由企业所从事产业的全球化经营潜力所决定的，不同的产业全球化经营驱动力不同，如信息技术行业，全球化经营驱动力就很强，很适合实施全球化战略。而某些食品行业，由于民族不同，生活习惯不同，就不适宜推行全球战略，而应当实行多国战略（当然，如可口可乐和百事可乐已成为世界性食品，可推行全球战略）。企业为获得国际竞争优势，在选择国际化战略时，应当仔细分析和评价所在产业的全球化经营潜力，从而决定其全球运营战略的选择。

2.3 全球运营战略的实施

2.3.1 全球运营的基础　2.3.2 跨边界全球运营模式　2.3.3 跨职能整合全球运营模式　2.3.4 跨价值全球运营模式

2.3.1 实施全球运营战略的基本决策

企业所处的行业、发展阶段以及全球化的不同动机，共同决定了其全球化的模式。在战略层面，企业全球化运营模式的差异主要来源于全球化经营的选择，包括业务选择、地域选择、投资方式选择等。根据埃森哲（2011）的观点，企业实行全球运营战略分三步，简称为"WWH"（What、Where、How）。

企业实行全球运营战略的第一步是确定企业在海外要开展的业务（做什么，即What）。

运营管理
Operations Management

企业到海外开展业务不外乎三种方式。第一种方式是仍然开展现有业务。在海外仍然经营现有业务,最重要的是优化现有业务的运营,获得可持续发展竞争优势。第二种方式是沿价值链对企业现有业务进行扩张,进行与现有业务相关的业务,弥补企业在价值链上的缺失,充分挖掘价值链的潜力,使得企业从目前位置向上游或下游延伸,从价值链的低端向高端发展。第三种方式是到新领域开展新业务。

企业实行全球运营战略第二步是明晰在全球如何布局业务(在哪里,即 Where)。根据比较优势理论:发达国家在人才和资本上具有比较优势,主要集中于数字化、服务业和研发等领域。而发展中国家在生产成本(廉价且充足的劳动力)上具有比较优势。因此,很多发达国家的企业实施全球化战略时将制造业务转移到发展中国家,以获得低成本优势。发展中国家和地区比较集中的行业有简单消费品出口和食品加工等。但是新兴市场国家的出现开始改变这种局面。所谓新兴市场国家一般是指市场经济体制逐步走向完善、经济迅速发展、市场潜力较大、正力图实施体制改革与经济发展而逐步融入全球经济体系的经济体。如韩国、印度、中国、巴西、南非及土耳其等国家。由于此类新兴市场国家整体工资水平远低于发达国家,众多跨国公司在新兴市场国家的高端人才聚集区建立研发中心,以吸纳低成本、高素质的人才。这又进一步推动了新兴市场国家的技术进步和高科技产业的快速发展,从而形成良性循环。目前,新兴市场国家的主要行业涵盖了从低端制造到高端数字化生产。

企业全球运营战略的地域选择受到政治、经济、文化、社会、语言、国家关系等诸多因素的制约。企业全球运营战略地域布局的首要制约因素是企业自身及本行业的特点。例如,以获取资源为目标的企业选择到资源丰富的地域开展业务;一些企业选择到市场规模足够大的地域开展业务,以开拓市场;以获取技术为目标的企业选择到创新能力强、技术先进的国家建立基地。其次是资本投入,企业进行全球化战略的两个关键成本是物流成本与关税成本。这两个成本直接关乎企业全球化战略的地域选择。最后是企业间竞争优势,企业不仅可以扩大自身规模和研发来提升自己的竞争优势,还可以将相应的生产流程转移到成本较低的国家以达到降低成本、增加收益的目的。因此,企业应充分认识自身的竞争优势,根据所生产的产品,针对海外市场所存在的不同机会进行合理选择,利用跨地域的资源优化自身资源配置,提高本企业竞争能力。

企业实行全球运营战略的最后一步是选择投资方式(怎么做,即 How)。目前,中国企业全球运营战略的投资方式主要有:

1. 自建或合资新建海外工厂

内生增长是渐进式全球化的最佳方式。海外设厂或海外渠道建设属于内生增长,主要表现形式有自建或合资新建海外工厂。这种投资方式的增长速度较慢,但企业可以自己控制风险和节奏,并且为当地提供就业岗位,因此大多可以获得当地政府的政策优惠。此外,还可以避免收购兼并带来的前企业的遗留问题。

2. 收购兼并（海外并购）

收购兼并（海外并购）是企业全球化战略最为常见的投资方式之一。所谓收购兼并是指企业用现金或者有价证券购买另外一家企业的股票或者资产，以获得对该企业的控制权，或该企业全部（或者部分）资产的所有权。收购兼并速度快，并且能迅速获得本企业所不具有的技术、品牌和团队。但是收购兼并的最大问题在于整合难度较大，包括组织架构、企业文化、人员流动、流程及技术整合等。实践证明，收购兼并之后成功完成企业整合的比例并不高。埃森哲（2011）认为关注以下因素有助于企业收购兼并的成功，包括：关注收购兼并之后的价值创造；尽早整合管理团队，减少人才流失；制订收购兼并过渡期计划；重视跨文化整合；积极关注组织架构的变化；多交流、沟通。

3. 战略联盟

战略联盟是企业全球化战略的双赢方式。所谓战略联盟是指企业与海外的企业结成利益共同体来开拓市场。企业间结成战略联盟的基础是具有共同战略目标且生产的产品具有互补性。企业间结成战略联盟的最重要目标是建立同海外企业的战略合作伙伴关系，获得企业在海外的竞争优势。采取这种投资方式可以迅速地进入当地市场，但是这种方式最关键的因素是同海外企业的战略合作伙伴关系。

在明确企业全球化战略如何制定之后，企业必须认识到其所在的行业对其全球化战略的选择有重大影响。在资源性行业中，由于风险高、资本密集和技术密集，新兴市场中实行全球化战略的企业多为国有企业。在电子通信业以及制造业，初期为"代工"模式，缺乏产品创新，目前正在以海外出口拓展市场为方向进行转变。服务业（金融、零售、旅游、广告等）实现全球化战略是其实现规模经济、提升企业国际竞争力的最佳途径。

总而言之，企业制定全球化战略，受到其全球化的目的、企业自身竞争优势以及所在行业的直接或间接影响，不同的企业应该按照三步走，制定和实施自己"独一无二"的全球运营战略。

2.3.2 全球化运营模式

企业全球化的第一步是制定全球运营战略，在战略层面，依据企业自身的比较优势和竞争优势所制定的战略为企业提供了发展方向。但是更为重要的是如何实现，在执行层面，企业面临的最大问题是全球化运营模式的选择。埃森哲（2011）认为，运营模式即企业如何在企业组织、人员管理、技术支持、流程设计、资源的分配与归属等方面进行互动整合，从而达到企业统一运营管理的目标。全球运营模式通过建立一系列的企业能力，使得跨国公司的管理者们可以协调其总部和分布在各地的业务部门，有效地支持企业的国际战略。具体而言，包括五大要素：领导能力、人员素质、组织架构、流程和技术、卓越绩效标准。其中，领导能力与人员素质为软性要素，组织架构、流程和技术与卓越绩效标准为硬性要素，如图2-3所示。

运营管理
OPERATIONS MANAGEMENT

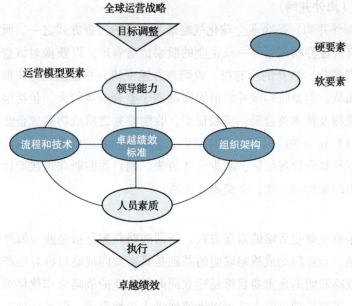

图2-3 全球运营模式

注：该图取自埃森哲，2011。

1. 领导能力

企业应该认识到，全球化成功与否，很大程度上取决于其领导团队的全球化视野与战略眼光。管理团队要积极领导下属运用自己的才能为实现企业的全球化目标和努力维持利润增长而不断努力。企业全球化需要其管理团体具备的最重要的特质就是全球化思维与战略眼光，在全球范围内进行资源配置和使用，并进行设计、采购、制造、分销、销售、营销以及提供产品和服务。企业应当界定并明确定义其领导战略，定义企业特有的、成功的领导特征，例如：全球视野，全球思维，领导者的外语能力、是否具有国际教育的背景等。

2. 人员素质

哈佛商学院的克里斯托弗·巴特利特教授和伦敦商学院的苏曼特拉·戈沙尔教授指出，全球化的企业需要四类人才：业务经理（实现全球化的规模效应与竞争优势）、区域经理（捕捉市场并灵活响应需求）、职能经理（专业知识、资源与能力在不同国家之间的整合）和总部高层经理（统筹全局，选拔、培养并协调业务经理、区域经理与职能经理）。其中，总部高层经理是四类人才中最重要的人才。企业获取全球化人才的途径主要有：外部选拔、内部培养、通过收购企业的方式获得人才、聘请咨询顾问或与咨询企业合作。

3. 组织架构

企业的组织架构要有利于企业的全球化经营，应该依据其所处行业的特征以及自身竞争优势和战略需要，构建全球统一的标准、理念、目标以及合作与共享机制。全球化企业必须认识到当期进入一个与其本国环境差异较大的市场时，应该采取一种高效率、沟通顺畅、层级合理的基于网络关系的组织架构以替代原有的多部门架构。这种新型架构建立在总公司与子公司、子公司之间更加平等与相互依存的关系之上，从而形成协同效应。跨文化团队的建立在全球化企业的组织架构中尤为重要。在全球化企业的管理层，建立多文化、多背景的团队可以加快管理进程并推进组织间的交流与合作。

4. 流程和技术

全球化运营的一个重要标志，就是系统和流程的全球一致性。只有做到关键流程的全球一致性和特殊流程的区域灵活性的统一，才能使全球化的效益达到最大。例如，战略规划、资源配置、全球化生产布局等流程应该全球统一。发达国家的跨国公司在全球化经营中越来越重视技术和流程的创新管理。现在，新兴市场的跨国公司已经认识到加强流程和技术创新的作用，它们复制了发达市场跨国公司的流程与技术，并有可能通过模仿创新，在与发达国家跨国公司的竞争中取胜。

5. 卓越绩效标准

全球化企业利用有效的绩效考核标准体系来管理全球业务，在全球化企业中流行一句话"可衡量的才可执行"。埃森哲的研究发现：实现卓越绩效的企业最重要的是明确战略目标，据此制定相应的组织架构与业务流程，最终通过执行来推动全部的全球化进程。关键考核绩效标准的制定对绩效管理尤为重要。发达国家的跨国公司通常利用的考核标准有：人力资源标准（团队合作效力）、创新标准（新产品开发时间）、供应链标准（供应商表现）与知识管理标准（企业学习能力）等。另外，大多数企业采用平衡记分卡管理企业绩效。

此外，企业文化贯穿于企业运营模式的各个要素及其相互作用的全过程，构成企业全球化的内部环境，对企业绩效有重要影响。与一般企业文化不同，全球化企业的文化需能正确处理文化差异，实现不同国家文化的交流、碰撞与整合。这就要求企业在本土文化与外来文化之间进行平衡，一方面要充分尊重不同国家的文化，另一方面也要具有全球视野与思维。

埃森哲（2011）认为，卓有成效的全球化企业大都相同，都具有五大特征：①平衡开拓新市场与实际能力。②重视人才的培养与管理。③追求变革和创新的可持续性。④把信息作为其一项重要资产。⑤有选择地衡量绩效。那么如何判断全球化运作是否成功呢？企业全球化运营模式的成功有以下几个标志：

第一，运营本土化，即无论是外部环境（商业环境）还是内部环境（企业运营与管理）都能"入乡随俗"，和本土企业别无二致。

第二，全球一体化，即实现市场、人员、文化以及管理的全球化，在任何方面都不存在孤岛与地域差异的阻隔。

第三，思维全球化，即无论企业管理者还是普通员工都转变观念，从全球化的角度来管理与运营企业的每一项决定、每一笔业务、每一个客户。

运营管理
Operations Management

案例专栏

案例1　星巴克：一家新经济时代的跨国公司

星巴克并不是一家简单的咖啡供应商，而是一家大型的从事重大战略行动（如收购）以进入新国际化产品市场的创新型跨国公司，是一家遍布多国的价值几十亿美元的大企业。在亚洲这样一个流行茶文化的地方，星巴克已成为市场的主要角色。到2018年1月，星巴克已经在中国130个城市开设了2800家门店，相对于2012年的700家门店来说，这是一个巨大的飞跃。星巴克调整自己来适应本地市场，比如扩张门店的面积，这样中国人就可以在店里休息和与朋友小聚。它也为中国市场引进了新的独特的口味，如红豆星冰乐，同时它还有迎合饮茶者口味的产品。

星巴克对越南和印度市场也寄予厚望。2013年，它在越南开了第一家店。有趣的是，越南是继巴西之后世界第二大咖啡豆生产国。星巴克希望与越南当地的农民一起种植一种高质量的阿拉伯咖啡豆。它与塔塔集团（Tata Group）合作在印度开了3家星巴克店，并计划在一年之内发展50家店。尽管星巴克在亚洲蓬勃发展，但是它在欧洲的经历则较为复杂。它的确取得了一定的成功，但是却遭遇到了一个不同的咖啡文化。一开始，它试图让欧洲人适应自己的方式，但是后来，由于欧洲在星巴克未来发展中的重要性，它正在适应欧洲的咖啡文化。这意味着，星巴克正在建造拥有更多座位的面积更大的门店来满足顾客在店中聚会和消磨时光的需要，正如星巴克在亚洲所做的那样。它还实践了一些其他更适应当地（如法国和英国）文化和口味的方法与产品。

除了国际化推进之外，星巴克还从事一些重大的创新和战略行动来补充自己的产品线。近几年，它推出了速溶咖啡Via和独立包装的咖啡壶（名叫Verismo），以便顾客在家中就能做出自己的拿铁咖啡。为了丰富产品线，星巴克的另一项尝试是收购茶叶连锁店Teavana。实际上，它花费了6.2亿美元来收购这家总部在亚特兰大的公司。最近，它又收购了一家果汁制造商Evolution Fresh和La Boulange面包店的经营公司Bay Bread。星巴克的战略行动取得了很多成就。开业13个月以上的星巴克店的销售额有显著的增长。

2017年第四季度，星巴克全球利润下滑16.7%，这也是近几年来第一次利润出现如此大幅下滑。尽管官方说法是因为"锐减的商场客流与飓风天气"，但在路透社分析看来，包括Intelligentsia在内的精品咖啡馆们，以及麦咖啡在内的低价产品，正在蚕食星巴克的市场，无论是在美国，还是在星巴克的快速增长区——中国，只是面对问题的时间或早或晚。不管这些品牌是否被业内看得起，历史或者咖啡制作如何简陋，都必须承认，市场偏好开始出现了倾斜。相比开局时，星巴克攻城略地的红利期，如今增多品类或是开设新门店，能释放的销售与利润空间都开始收窄了，全新、能带来利润快速增幅的新业态成了必需品。高端门店星巴克臻选烘焙工坊应运而生。

2017年12月6日，星巴克亚洲首家全沉浸式咖啡体验门店——星巴克臻选上海烘焙工坊Roastery宣布开业，这也是继2014年总部西雅图首家Roastery后，全球第二家星巴克臻选烘焙工坊。在 2017 财年第四季度业绩说明会上，星巴克的长期财务目标为：比同店销售增长 3%~5%，收入实现高个位数增长，每股盈利增长 12% 或以上。在具体执行上，则是分三步走：第一，星巴克要"投资于未来"，尤其是在员工投入、食品饮料创新以及数字化创新和 Roastery 上的建设。第二，公司需要适时调整成本结构。第三，精简业务、提高效率，一方面投资成长前景最好和回报最大的生意，另一方面退出长期增长前景较差的业务，无论是授权许可、出售剥离还是以其他方式。简单说，就是增加赚钱手段，剥离亏损业务。近来星巴克的一系列举措，也都迎合了这个目标。星巴克一边将茶饮品牌 Tazo 卖给了联合利华，关闭了不赚钱的 Teavana 茶饮门店与果汁品牌 Evolution Fresh 的独立门店，一边又大刀阔斧花了近 88 亿元，将中国大陆的所有门店都收归己有。咖啡和茶饮料尤其是冷饮的更迭开始加快，网络渠道与数字化应用开始增加。从 2016 年到现在，微信与支付宝的相继接入使得整个星巴克的数字化进入了一个新阶段。在上海开业的这家星巴克臻选烘焙工坊，依托阿里巴巴的场景识别技术，与天猫全面合作，推出了"智慧门店"的概念，顾客可以体验星巴克首个增强现实（AR）体验之旅，只需手机连接店内 Wi-Fi 或打开手机淘宝 APP 扫描二维码，登录上海烘焙工坊的手机版网页——"线上工坊"，通过 AR 扫描功能，便可进行在线菜单查询，以及工坊展览等。在指定的工坊景点打卡，还能获得虚拟徽章，解锁工坊定制款拍照工具，拍照并分享到社交媒体。星巴克在打造一个高品位、体验感、数字化的新形象。

【案例讨论】

1. 星巴克的国际化战略体现在哪些方面？
2. 请对星巴克的高端门店星巴克臻选烘焙工坊的优势、劣势、机会和威胁进行评价。

（案例来源：迈克尔·A. 希特，R. 杜安·爱尔兰，罗伯特 E. 霍斯基森著，焦豪等译，战略管理：竞争与全球化（概念）（原书第 11 版），机械工业出版社，2016；韩璐，星巴克的下一站，21 世纪商业评论，2018。）

案例 2 华为的国际化战略

华为是全球领先的信息与通信技术（ICT）解决方案供应商，专注于 ICT 领域，坚持稳健经营、持续创新、开放合作，在电信运营商、企业、终端和云计算等领域构筑了端到端的解决方案优势，为运营商客户、企业客户和消费者提供有竞争力的 ICT 解决方案、产品和服务，并致力于使能未来信息社会构建更美好的全连接世界。截至 2017 年年底，华为约有 18 万名员工，业务遍及全球 170 多个国家和地区，服务全世界 1/3 以上的人口。

1996 年华为在国内的销售额达到 26 亿元人民币，已经在国内同行占据领先地位。随着市场增量的减小，在传统产品市场上，收入与利润的增长已变得异常困难。因此，华为在企业战略上做出调整，在境外市场寻找突破口，以维持自身的持续发展。华为国际化路径基本上延续了它在中国内地市场所采用的"农村包围城市"、先易后难策略。首先瞄准的是毗邻深圳的香港，然后沿着新型市场国家（俄罗斯），到发展中国家（亚非拉），再到发达国家（欧美）市场的线路。

运营管理
Operations Management

近年来，华为支持全球 170 多个国家和地区的 1500 多张网络的稳定运行，服务全球 1/3 以上的人口。华为联合 500 多家合作伙伴为全球 130 多个国家和地区的客户提供云计算解决方案，共部署了超过 200 万台虚拟机和 420 个云数据中心。华为智慧城市解决方案已应用于全球 40 多个国家和地区的 100 多个城市，华为还主笔了 9 项智慧城市中国国家标准。华为平安城市解决方案已服务于 80 多个国家和地区的 200 多个城市，覆盖 8 亿多人口。在金融领域，华为全渠道银行解决方案已服务于全球 300 多家金融机构，包括全球十大银行中的 6 家；在能源领域，华为全联接电网解决方案已应用于全球 65 个国家和地区，服务 170 多个电力客户；在交通领域，华为已与业内 60 多个合作伙伴开展合作，提供数字城轨、智慧机场等解决方案，服务全球超过 22 万 km 的铁路和高速公路、15 家以上客流量超 3000 万人次的机场。全年智能手机发货量达到 1.39 亿台，同比增长 29%，连续 5 年稳健增长；全球市场份额提升至 11.9%，居全球前三。华为公司在瑞典斯德哥尔摩、美国达拉斯和硅谷、印度班加罗尔等地设立了近 20 个研发中心，已经成为全球最大的国际专利申请公司之一。

作为中国一家民营企业，华为已经基本上实现了全球化的研发、生产和销售，华为在海外的战略布局已经完成。例如 2016 年，华为将 2000 名工作 15~20 年的研发人员，拖家带口地外派到海外。今天的华为以普遍低于国际对手 25% 的报价、较强的研发能力、以及设备供应优势，开始了让国际电信巨头头痛的国际扩张征程。通信产品的市场关注的是消费者，而华为作为通信设备，市场定位主要关注的是政府与电信部门，前者是市场与关系运作，而后者是产品和关系运作，后者更为复杂。在争夺海外政府采购单的战斗中，决定的因素除了产品之外，还有诸多的考虑因素。华为人说："华为和西方公司的差别，就是我们每层每级都贴近客户。"这种贴近，与消费品市场意义的贴近有很大差异，华为想方设法与各国政府当局结成利益共同体。华为通过其更具个性化、客户化和差异化竞争优势的产品，解决方案服务客户，赢得了海外客户的信赖。华为在海外市场已经从单纯的卖产品开始走向为客户提供咨询式的营销。

华为对管理体系全面西化和提升的过程，是从研发、供应链等后端业务流程入手，逐渐加入人力资源管理等辅助单元，伴随着企业成长和外部市场环境变化，最终在组织结构与涉及市场营销前端业务的流程上进行国际接轨。华为已经走过国际战略、多国战略，现在正处于实施全球战略阶段，目前正通过不断的变革，进入到跨国战略领域。这对华为在树立品牌形象、整合资源、培养国际化人才队伍和提供资金实力等方面提出了更高的要求。

【案例讨论】
1. 华为的国际化战略有何阶段性特点？
2. 华为的国际化战略遭遇到哪些障碍？
3. 企业国际化战略的实施要考虑哪些因素？

（案例来源：http://www.huawei.com/cn/about-huawei/milestone；刘冀生编著，企业战略管理：不确定性环境下的战略选择及实施（第 3 版），清华大学出版社，2016；邵永忠，华为出海之后，企业管理，2005；侯书生，余伯刚编著，激荡国际商海：企业的国际化经营，四川大学出版社，2016。）

本章小结

本章首先介绍了全球运营的原因,然后从竞争力、资源和流程的角度来分析全球运营战略。国际化的企业面临着全球整合的压力和地区回应的压力。全球整合过程对企业运营产生的影响表现在市场的全球化和标准化带来的高效率。地区回应对企业运营带来的压力表现在消费者需求差异和当地政府相关政策方面。根据全球化整合的要求和对地区的回应,企业的全球运营战略可分为:国际战略、全球战略、多国战略和跨国战略。企业实行全球运营战略的步骤包括:确定企业在海外要开展的业务、明晰在全球如何布局业务和选择投资方式。全球运营模式通过建立一系列的企业能力,使跨国公司的管理者们可以协调其总部和分布在各地的业务部门,有效地支持企业的国际战略。具体而言,包括五大要素:领导能力、人员素质、组织架构、流程和技术与卓越绩效标准。企业全球化运营模式的成功有以下几个标志:运营本土化、全球一体化、思维全球化。

思考题

1. 全球运营的原因是什么?
2. 从竞争力、资源和流程的视角来分析全球运营战略。
3. 分析国际化的企业面临着全球整合和地区回应的压力。
4. 比较国际战略、多国战略、全球战略和跨国战略的优劣势。
5. 全球运营战略的实施包含哪些决策?
6. 什么是运营模式?
7. 全球运营模式包含哪些要素?
8. 卓有成效的全球化企业具有哪些特征?

自测题
第2章全球运营战略

第 3 章
运营流程的组织与衡量

学习目的与要求

通过本章的学习,理解企业运营流程选择的重要性;掌握流程设计分析的基本方法;能够对企业的运营流程进行分析,对运营绩效进行衡量。要求完成本章最后的案例讨论和思考题。

运营管理
Operations Management

3.1 流程与流程管理

3.1.1 运营的流程视角　3.1.2 服务流程的类型　3.1.3 生产流程的类型

3.1.1 什么是流程

流程（Process）是指为完成企业的某一个目标或任务而进行的一系列逻辑相关的跨越时间和空间的活动的集合。在最终产品市场销售的产品实际上是通过研发、供应、制造、物流等一系列跨越多个成员企业的流程来实现的，各种流程的连接和组合形成企业的业务。流程是组织运作的基本单位。

流程能够整合信息、资源和人力等各种组织要素，把一定的输入转化为输出并创造价值。转化过程实质上体现了一种能力，即流程是组织能力的载体：首先，部门流程通过关联个人能力或单个活动形成部门能力；其次，跨部门流程通过关联各部门的流程形成企业能力；再次，跨企业的供应链流程通过关联各企业的能力形成供应链能力。

常见的流程实例包括新产品开发，订单执行和客户服务。流程的表现是节点上的组织，以及组织的职能分工和定位，它既具有传统管理模式提高组织工作效率的优势，又能保证管理者对组织的纵向控制与获取专业化的分工优势。流程的一个重要特征就是端到端，横跨组织中的职能，因此需要组织中不同角色来协同完成。这种协同性是很多组织的弱点，往往组织越复杂，这种协同性就越差。与"流程"容易产生混淆的是"职能"，后者是一个静态的概念，它描述的是特定部门和机构具体做什么；而前者强调的更多是为了完成目标任务，部门内部和部门、机构之间是如何进行沟通与配合的，它是一个动态的概念。

对于企业流程而言，可从以下三个方面进行剖析：

1. 企业流程的核心是价值创造过程

流程是一个过程，是一系列活动。流程是企业将输入转化为产出的所有活动，是产生某一个结果的一系列作业或操作，特别是连续的操作或处理。它指的是事情的始末，事情发展变化的过程，更强调目标，在保证实现目标的基础上，追求高效率和低成本。"流程"强调"流转"，流转过程有时会携带相应的数据信息，流转不畅通常会导致企业运转不畅。这一过程要通过人员之间的配合协调来发挥作用，从而完成企业关于价值创造的整体作业过程以及对这一过程的监控。

内部业务流程决定一个组织的效益和效率。流程的输入就是客户的需求，流程的输出则是满足客户要求的产品或服务。实际上，这里的服务也是产品的一种，比如在电话服务中，输入的是客户的投诉，输出的是及时、正确地解决故障问题，产品和服务本身没有明确的界限。

在一个流程中有三种基本的活动，即价值增值活动、衔接活动和控制活动。价值增值活动对顾客而言是真正有意义的活动，形成了顾客所需的产品或服务。衔接活动指的是那些在企业内部职能部门间传递工作的日常活动，这类活动对顾客没有什么真正价值，是劳动专业化分工的弊端，应最大限度地减少。控制活动则是对跨部门的衔接活动进行控制。在传统的职能导向的企业模式中，存在大量不对顾客直接增加价值的衔接活动、控制活动，妨碍了信息传递的及时性和有效性，造成了低效率的生产和管理。因此，进行流程再造，企业就要了解每个流程增值多少，最大限度地减少那些不产生价值的迂回的衔接、控制活动。

2. 不产生价值的流程活动引致了企业流程的再造

企业流程再造有时又被称为业务流程重组（Business Process Reengineering，BPR）。根据哈默（Hammer）与钱皮（Champy）等人的定义：业务流程重组就是对企业的业务流程进行根本的再思考和彻底性的再设计，从而获得在成本、质量、服务和速度等方面业绩的显著提高。与这一概念相近的还有业务流程优化，二者在理念和方法上有许多共同点，但在程度和影响面上有较大差别。企业流程再造是在更大范围上关注根本性的业务流程，它需要重新审视组织战略和组织结构，并有可能做出结构性的变化，对组织产生的影响一般很大；而业务流程优化则充分重视和总结企业积累的经验，同时结合市场和顾客需求的变化，只对流程中的某些环节进行局部的优化。

由于再造的焦点是在流程而非职能之上，所以，一般来说，再造都会导致从牢固的纵向结构转向灵活的横向结构，从而使企业流程具备更强的横向协调性与环境适应性。再造也改变了管理者关于如何在组织里开展工作的思维方式，管理者将突破固化的狭隘思维，不再把精力仅仅集中在职能部门里，而是更加重视从水平方向抄近路，形成直接向顾客提供价值的核心流程。

3. 对企业流程的认识具有层次差异性

所有的企业都是时刻运行于流程之中的，涉及从企业内部的工作流程到企业外部的市场交易记录。美国哈佛大学教授安东尼（Anthony）将企业的经营管理划分为三个功能不同的层次，即战略计划层、管理控制层和操作控制层。处于不同的层次，所负责的企业流程便会不同，对流程的认识也具有差异性。比如，对战略计划层而言，它关注的是战略流程，包括战略规划、产品服务开发、新流程设计等；对于经营流程，即企业实现其日常工作的功能，包括满足顾客、顾客支持、现金收支等；至于保障流程，主要是指为企业战略和经营提供保障的功能，包括人力资源、管理会计、信息管理等。其他层次的流程则更多是基于高层的流程不断向下分解，直到具体的单项任务。

更为详细地，企业的工作流程可以分为经营流程、管理流程和业务流程。

（1）企业经营流程包括：企业的价值、企业发展目标、产品定位、资源配置计划、基本流程确定及考评政策和原则。

（2）企业管理流程包括：人力资源管理流程、技术及设施管理流程、质量管理流程、财务管理流程及考评管理流程等。

（3）企业业务流程包括：市场营销流程、设计开发流程、生产工作流程、质量管理流程、销售管理流程、储运管理流程、财务管理流程、服务管理流程等。

运营管理
Operations Management

经营流程、管理流程和业务流程三者之间的关系是：经营流程决定业务流程的方向，管理流程是经营流程和业务流程的支撑。

3.1.2 有形产品与无形产品（服务）

流程作为中间的增值过程，其结果为产出，包括有形产品和无形服务。有形产品包括汽车制造、餐厅等。比如，本田汽车公司的装配工厂，通过利用劳动力、设备、生产线和能源，将所采购和生产的汽车零部件组装成汽车。又如麦当劳餐厅，输入是汉堡肉、生菜、番茄、土豆等原材料，通过熟练的厨师和烹饪工具，这些原材料就转化为汉堡、炸薯条和其他食物。

无形服务则包括医疗、教育和航空等形式的服务。比如在医院中，专门的设备、受过专业训练的医生和护士等输入与作为输出的健康人紧密相连，通过治疗过程，病人才能恢复身体机能。航空公司是另一个服务型组织的例子，它通过飞机、地面设施、机组人员、地勤人员、票务人员和燃料，把乘客运送到世界各地。

企业发展过程中，流程提供的最终产品或服务也会变化。不仅仅是产品类型和服务内容的变化，有时候企业提供产品和服务的重心也会变化。比较常见的是提供有形产品的企业向提供无形产品（服务）转变。比较过去提供计算机产品的IBM公司，以及目前提供系统集成服务的IBM公司，就能够很好地理解这种变化了。企业提供有形产品和无形服务的变化过程，必然在企业的生产流程上得到体现。一定程度上可以说，流程与产品的适应程度决定了企业的成功与否。

3.1.3 流程管理的基本理解

"流程"在近些时候越来越受到人们的关注。究其根源，是由于激烈的市场竞争所导致的。在短缺经济下，谁能发明新的产品，并且能够生产出足够多的产品来满足市场需求，谁就在市场竞争中获得优势。在这种情况下，管理重点在于明晰的专业分工，在尽可能短的时间内生产出尽可能多的高质量产品。随着过剩经济的到来，企业的经营重点已经从生产、研发转向了市场和销售，管理难度在于是否能够在合适的时间、合适的地点，以合适的价格生产出恰好能满足顾客需要的适量产品。实际上，任何企业都无法真正做到供需的完全匹配，但如果想尝试努力接近这一点，就要求企业能够及时捕获顾客的需求信号，企业的研发、采购、生产、储运、渠道等各部门也要保持"随需应变"。反应速度快、产品质量高的企业自然就会拥有竞争优势。

流程管理是以持续提高组织绩效为目的，以规范化的业务流程为中心的系统管理过程，包括流程分析、流程定义与重定义、资源分配、时间安排、流程质量与效率测评以及流程优化六个环节。

流程分析作为流程管理的首要环节，在流程管理中处于核心的基础性位置，只有通过对企业运营流程的分析，才可以确定工作任务的逻辑顺序，从而进行流程设计和规划。流程分析不仅可以明确实现某一目标所需开展的任务活动集合，还有助于明确与目标相关的一系列任务活动间的相互作用与相互影响,并对这些任务活动进行逻辑顺序上的统筹安排。传统的分析系统注重任务导向与人员导向,而流程分析更侧重对工作过程的动态分析,所以它也称为动态分析系统。

随着全球经济一体化进程的不断加快,国际市场竞争日趋激烈,企业已经越来越多地开始关注企业流程管理,其作为可以获取竞争优势的有效手段,可以为企业带来以下优势:

1. 打造卓越流程

流程分析要求保证流程设计中的每一个活动都能产生增值。一个流程经过流程分析被打造成卓越流程以后,企业便可始终如一地按照此流程开展活动,管理人员同样可以运用某种规范化手段加以改进,从而使流程本身获得更新和与时俱进,而不至于在时间推移中遭遇淘汰。正因如此,流程分析的本质就是打造能使企业健康、长久运行的卓越流程,这也同样是流程分析的根本目的。

2. 权责分明

企业通过实施流程分析,让员工明确企业中各项事务工作的责任主体与考评标准。只有清楚了各项要求及各类标准,员工才能加深对自身担负权责的认识程度,做到权责分明。员工的认识与行动直接关系到企业各部门、企业整体的行动能力,进而提高企业的运行效率,增强企业对市场的掌控能力与反应能力。

3. 跨环节管理

流程管理中十分强调树立流程前后环节互为服务的观念,业务活动与管理活动之间是连续统一而非相互割裂的。跨环节管理更易于企业制定战略目标,进而促使企业内各部门制定部门目标。以此类推,企业员工也会找到个人发展目标,并使得各子系统的目标围绕企业目标形成高度统一。企业对于员工潜能的挖掘与释放,将更大程度地提高企业整体的运行效率,提高企业生产效益,这也是企业自身竞争能力增强的重要来源。

4. 组织扁平化

按照流程导向对企业组织架构进行设计和调整,可使得企业组织架构呈现扁平化。这种扁平化现象体现为减少管理层级,促使流程最大限度地运作顺畅,从而提高企业组织的活动效率。

5. 顾客满意度

流程以顾客满意度作为起点,以满足顾客需求作为终点。这种互为因果、相互补充的循环状态,会使顾客满意度不断增强,树立良好的企业品牌形象,大幅度增加企业竞争能力。

3.2 流程绩效的衡量

3.2.1 流程绩效衡量的两个方面

3.2.1
用什么衡量流程

3.2.2
库存周转率和
库存成本

3.2.3
律特法则

企业取得成功的关键因素是其衡量流程绩效的能力。这些不断反馈给管理层的绩效衡量结果为管理者的决策提供了必要的数据信息,进而为准确判断企业是否达到了预期目标提供依据。正如著名管理大师彼得·德鲁克（Peter F. Drucker）所言："如果不能衡量业务流程绩效，就不能很好地管理它。"如果没有适当的方法对流程绩效进行衡量，管理者们就不可能对其企业的运行绩效进行评价，与其他企业进行比较更是无从谈起。

进入信息时代，管理者们与许多其他从业者一样，需要面对各种报告所提供的复杂数据信息，并从中抽取、概括甚至是计算得出企业的绩效情况。因此，对管理层而言，识别那些对企业成功至关重要的关键信息十分必要。

同时，面对越来越多的流程绩效的衡量方法，管理者们还必须从中选择出那些对企业成功至关重要的方法。对特定的行业和特定的细分市场而言，一些衡量方法往往比另一些方法更加有效。例如，对一家快餐店的重要衡量标准可能是供餐速度；而对一家高档餐馆，其关键衡量标准则可能是菜单的丰富程度与服务体验。

企业管理者们通常采用两种方法衡量企业运营的流程绩效：效率衡量与效果衡量。对效率衡量而言，可以通过两种途径来获取效率信息，一是流程中的效率，即某一资源使用时的可用时间量，它用产能利用率来衡量；二是结果中的效率，即单位资源所产出的工作量，它用员工生产率来衡量。对效果衡量而言，顾客通常并不关心企业的效率如何，他们想要的是能够满足需要且价格适当的产品或服务。如果企业提供给顾客的产品价值高于企业的生产成本，企业便会获得利润。但如果企业缺乏效率或产品不能很好满足顾客需求，那么，企业的经营效果就会表现不佳。

1. 效率衡量

首先是产能利用率，即可用产能中被使用的数量。它涉及生产运营活动所需产能与可用产能两个方面。产能利用率用所需产能与可用产能的比值来计算，结果用百分比表示。其次是员工生产率，即特定员工在某一单位时间段内完成的工作量。对于不同行业，员工生产率的衡量方式也存在差异。比如在零售业，单位空间营业面积的销售额是很重要的衡量方式；而一家制衣厂商，每个小组的单位时间产出就成了生产率的衡量方式。最后涉及的是成本问题，它包括从生产开始到结束整个过程所需的各类支出。其中，劳动力与原材料成本的大小，很大程度上由整个流程设计合理与否及出现废品与返工的状况来决定。

2. 效果衡量

第一是顾客满意度，包括顾客维系率/流失率、新增顾客状况、销售额、市场份额及顾客投诉量等。第二是技术质量，它与产品或服务的核心要素有关，由于市场上存在信息不对称，需要专业的机构进行监督考核，它包括顾客预定取消与缺席率、员工满意度、产品或服务适应需求变化的宽泛度。

3.2.2 流程绩效的衡量指标

讨论了流程绩效的衡量思路，接着需要关注的是采用什么样的指标去进行操作。图3-1呈现了一些衡量指标，如生产率、利用率、周转率等的形成机制及其之间的关联方式。整个衡量指标系统具有整体性特征，一个指标或是与指标相关联的要素发生变化会引起其他指标的变化，从而对整个企业的运营流程产生影响。比如，运作时间既会直接影响产品的周转率，同时还会通过周期和生产速率间接影响生产率指标。

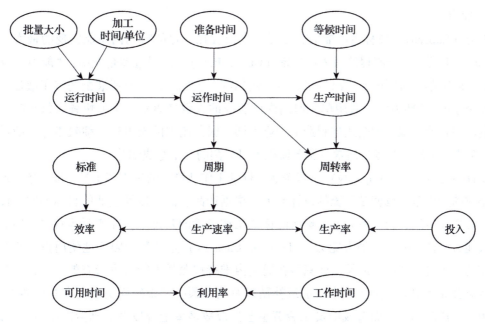

图3-1　流程分析的评估指标及其相互关联

更一般地看，对流程分析与评估的衡量内容包括以下六点，不同内容对应着不同的衡量指标。

1. 生产率

衡量投入转化为产出的有效程度的指标称为生产率（Productivity）。换言之，生产率反映了资源的有效利用程度。因此，可以把生产率定义为产出与投入之比：

$$生产率 = \frac{产出}{投入}$$

理想情况下，对于一个业务流程，可以用总产出除以总投入来求得其总生产率。但是，投入往往存在不同的表现形式，比如，一个业务流程中投入的人工是以小时度量的，投入的固定资产如办公大楼是以平方米度量的，投入的原材料是以吨度量的。所以，若将诸如小时、平方米和吨等不同量纲的度量单位的投入资源全都放在一起进行计算，最后得出的总投入结果是不合适的，除非我们能够将所有的投入资源都折算成统一的量纲（如货币）。然而，无量纲的生产率难以反映不同投入资源的有效利用程度，也不便于运营经理很好地了解运营绩效。因此，一般管理层会采用单要素生产率和多要素生产率来衡量运营流程的绩效。单要素生产率表示为单个投入资源的投入与总产出之比，多要素生产率表示为一组投入资源的投入与总产出之比，其中，"总产出"可以用"总的产出数量"和"总收益"来表示。

生产率是一个相对绩效指标，换言之，只有在进行比较时它才是有意义的。比较生产率可以通过两种方法来进行：第一种方法是一家企业可以与其同行业内的同类企业进行比较，如果条件允许的话，还可以利用行业数据进行比较；第二种方法是在同一家企业内部通过划分不同时间段来计算生产率，这样可以纵向地观察生产率的动态变化。

2. 能力

能力（Capacity）或称生产能力，是指一个流程在一定的时间内所能实现的最大产出量（Output），也就是一个流程的最大产出率（Output Rate）。在制造型企业中，"能力"这一绩效指标一般用单位时间内的产出量来表示，例如汽车装配厂每小时所装配的汽车数量；而在服务型企业中，"能力"一般用单位时间内所服务的人数来表示，例如快餐店每小时所能提供就餐的顾客数。服务型企业与制造型企业不同，服务流程的能力这一绩效指标一般需要考虑"顾客"，因为"顾客"通常是服务流程不可分割的一个组成部分。

设计能力（Design Capacity）是指企业在标准工作环境下的理想产出量，即当单位产出成本最小时的产出量，也就是系统的设计能力。根据产品、流程以及企业的目标不同，设计能力可以建立在每周5天、每天1个班次的标准工作环境的基础上。在实际运营中，还必须区分最大能力与持久能力。最大能力（Maximum Capacity）是指最大限度地使用投入资源时所能达到的最大可能产出。通常企业只能在短期内维持按照最大能力进行有效产出，因为这种运营状态会导致更高的能源成本、加班补贴以及缺少预防性维修而引起更高的机器故障率，并且由于工作时间延长而造成员工疲劳也会造成故障率上升以及劳动生产率下降。因此，短期内虽然可使用最大能力满足高峰需求，但持久能力才是维持企业长期运营的根本所在。衡量企业设计能力利用程度的指标称为能力利用率（Capacity Utilization），其定义如下：

$$能力利用率 = \frac{实际产出}{设计能力}$$

根据这个定义，能力利用率有可能超过100%，但这对管理层来说是一个预警——可能会引起额外的运营成本。

以上是从"产出"角度来衡量"能力"的，只要产品是同质的，就可以用单位时间内的产出量来衡量"能力"。然而，若产品是高度异质的，尤其当流程要求大相径庭时，从资源的"投入"角度来衡量"能力"更有必要。假设一个柔性加工中心可以加工耗时10分钟至1小时不等的零部件，那么加工中心每周的产出量会随着所需加工的零部件种类不同而出现很大的差异。在这种情况下，可以选择从资源的"投入"角度来衡量这一柔性加工中心的"能力利用率"：

$$能力利用率 = \frac{加工中心实际使用时间}{加工中心总的可用时间}$$

随着流程柔性的不断提高，企业将生产更多类型的产品，这种衡量"能力"的方式将会越来越盛行。它同时也适用于要求员工技术多样化的劳动密集型服务业。例如，外科医生的工作包括进行外科手术、提供门诊服务、参加例会等。大学教授除了课堂教学以外，还要进行科研活动、为企业和社会提供咨询服务等。很显然，在上述两例中，比较合适的能力衡量方式就是每周所投入的工作时间。

3. 质量

常用的衡量流程质量的指标是出错率（Defect Rate）。在制造型企业中，出错率指的是产品的次品率，即那些质量不过关的产品所占的比重，包括内部质量问题（在产品交付给顾客以前就发现的）和外部质量问题（由顾客发现的）。

此外，还有其他方式可以对流程总体质量进行衡量。例如，随着环境问题日益受到公众关注，流程质量的衡量将更加关注运营流程中产生的污染物排放。类似的，废料产生与原材料的浪费量也是一个值得关注的衡量指标。

4. 交货速度

现在很多企业都面临着围绕交货速度（Speed of Delivery）形成的巨大竞争压力。以前花几周乃至几个月才能交付的产品，现在要求在几天甚至几小时内交付顾客。国内的一些快递公司提供了很好的例子，如果能提供当天下单当天送达的快捷服务，那么，将有效提升企业的市场价值与发展潜力。

交货速度可从两个角度进行衡量。一是从下达订单到将产品交付到顾客手中所需的时间，这称为产品的提前期（Lead Time）。生产标准化产品的企业通过成品库存，可以明显缩短提前期。在这种情况下，成品库存往往能立即满足订单产生的即时需求。然而，生产顾客定制化产品的企业则没有成品库存的优势，这类企业的产品常常需要较长的交货时间。

二是交货时间的可靠性，在某些情况下，交货时间的可靠性比提前期更为关键。换言之，无论是中间商还是最终用户，几乎所有的客户都不喜欢不稳定的交货期，这种不稳定对作业计划安排、能力利用率甚至对流程的总效率都会产生负面影响。因此，交货时间的不稳定性越小越好。

5. 柔性

如今，很多企业都把竞争优势建立在能提供满足不同顾客需求的定制化产品上。这种能及时提供顾客定制化产品的能力通常被称为敏捷制造（Agile Manufacturing）。柔性（Flexibility）则是用来度量企业为了满足不断变化的顾客需求而对自身业务流程进行调整的有效程度的指标。

柔性可以从三个角度进行衡量。第一种柔性是指一个流程能够由生产某一种产品向生产另一种产品的转换速度。例如，很多美国汽车制造企业每年都至少会暂时关停几周，来完成不同车型的转换，这就可以反映出该领域流程的柔性程度。

第二种柔性是指一个流程对产量变化所要求的反应速度。那些能更快地适应产量波动的企业显然比那些适应相对较慢的企业更为灵活。服务型企业在这方面通常表现更好，因为它们不可能将顾客需求存储起来。所以，诸如零售商店、餐馆、康复中心等服务机构通常能更及时调整自己的供给能力，使其在短时间内既能为几个顾客提供服务，也能为几百个顾客提供服务。但是制造业中的流水线则不能达到相同效果的调整。一条流水线的产量是固定的，因此，必须寻求其他方法来保持供需平衡。例如，家电和汽车制造商通常会在销售淡季进行折扣销售来刺激需求，因为他们不大可能通过关闭整条生产线来调整产量。

运营管理
OPERATIONS MANAGEMENT

第三种柔性是指一个流程同时产出一种以上产品的能力,那些能同时生产越多种类产品的流程,其柔性越好。这种类型的柔性在生产定制化产品时显得尤为重要。例如,戴尔公司生产流程的高度柔性使其可以在很大程度上满足不同的消费需求。

6. 流程周转率

流程周转率(Process Velocity)是一种相对较新的流程绩效指标,也称为产出效率。流程周转率是指产品或服务通过整个流程的总产出时间,即产出周期(Throughput Time)与完成产品或服务本身的增值时间的比率。需要注意的是,增值时间是完成产品本身的生产或服务本身的交付所用的时间。例如,如果一个产品的产出周期为6周,而实际增值时间为4个小时,那么该产品的流程周转率为:

$$流程周转率 = \frac{产出周期}{增值时间}$$

$$= \frac{6\ 周 \times 5\ 天/周 \times 8\ 小时/天}{4\ 小时}$$

$$= 60$$

3.2.3 律特法则

在运营管理中经常会提到律特法则(Little's Law),该法则揭示出生产流程中制品(或产成品)库存、单位时间产出和流程时间三者之间的关系,即:

$$流程中平均库存 = 平均单位时间产出 \times 平均流程时间$$

式中,流程中平均库存是在某一时间切片上,系统内已经开始但尚未结束的工作项;平均单位时间产出的单位是"个/秒(分钟/小时)",也就是平均每秒(分钟/小时)能够生产多少个工作项;平均流程时间是所有工作项从开始到结束持续时间的一个平均值。

律特法则最早由麻省理工学院斯隆商学院(MIT, Sloan School of Management)的教授约翰·律特(John Little)于1961年提出与证明的。它是一个有关提前期与在制品关系的简单数学公式,这一法则为精益生产的改善方向指明了道路。

对于如何有效地缩短生产周期,律特法则已经很明显地指出了方向。一个方向是通过提高产能以降低生产节拍,另一个方向是压缩存货数量。然而,提高产能往往意味着增加很大的投入,会给企业带来巨大负担。另外,生产能力的提升虽然可以缩短生产周期,但是提升的程度总是有限的,企业难以容忍生产能力远远超过市场需求。一般来说,每个企业在一定时期内的生产能力是大致不变的,而从长期来看,各企业也会力图使自身产能与市场需求相匹配。因此,缩短生产周期的最有效方法就是压缩平均库存。

为何企业一般都采取压缩库存的方式?这是因为,在众多影响因素之中,只有平均库存能够被最有效地直接加以干预。所以,采用控制平均库存的手段,通过观测流程时间的变化来观察改进是否有效,但更重要的是整个系统是否正在向着更好的方向迈进。库存与流程时间是成正比例的,流程时间的增长会导致交付周期变长。流程时间的增长也会导致交付的可预测性下降,也就是所谓的"夜长梦多",长时间停留在某一个阶段会带来一些额外的风险。

如果企业的交付周期比需求变化周期更长，那么会导致更多的紧急任务。当然，平均库存并不是越低越好，需要控制在一个合理的范围内。如果平均库存过低的话，团队可能会产生成员空闲的现象，很大一部分产能会被浪费掉。

机场行李托运时间的分析可以用律特法则进行分析，某小型机场行李托运处登记的信息表明，从上午9点到10点，有225名乘客登机。根据排队等候的乘客数量，机场管理人员计算出等待托运行李的乘客平均数量是35人，那么平均每位乘客需要排队等候托运行李的时间是多久？

$$平均流程时间 = \frac{流程中平均库存}{平均单位时间产出}$$

$$= \frac{35}{225/60} 分$$

$$= 9.33 \text{ 分}$$

3.3 服务流程设计与流程图

3.3.1 描绘一个流程

3.3.2 服务蓝图

3.3.3 一些特别的流程设计

3.3.1 服务流程设计基本要求

服务业运作流程的特殊性在于与顾客的接触，这是服务业设计或选择运营流程方式时首先应考虑的因素。以顾客为中心，服务流程设计的基本要求如下：

（1）服务流程系统中每一个要素都与运营的核心目标相一致。例如，当运营的核心目标是提高供货速度时，流程中的每一个环节都应有助于加快速度。

（2）服务流程系统的界面是友好的，即顾客很容易与系统交流。这要求系统有明确的标志、易理解的形式以及能够解答顾客疑问的服务人员。例如，医院门诊大厅应设有导诊台，安排专门人员帮助患者导诊就医。

（3）服务流程系统应具有一定的柔性，即系统能够有效地应付需求和可用资源的变化。例如，餐饮业在每天不同时段客流量不同；商场、超市在假日和周末等黄金时段客流量会明显增加等。

（4）服务流程系统设计应尽量减少顾客的整体成本，顾客的整体成本不仅包括货币成本，还包括获得该物品或服务的辛苦和烦琐，如购买者的预期时间、体力和精神成本。其中，货币是显性成本，时间、精力和体力是隐性成本。在交付服务的时候，应尽可能使系统对时间和资源的耗费达到最小。

3.3.2 服务—流程矩阵

对于顾客与服务设施有更多直接接触的服务业，可以采用制造业的运营流程组织方式。当服务复杂而顾客的知识水平较低时，服务就必须考虑每一位顾客的需要，提供个性化的服务，因而更适合采用工艺专业化的流程方式。例如，汽车加油站的洗车服务是一种典型的产品专业化流程形式，而法律服务、牙科服务等通常采取个性化服务，可以看成是工艺专业化流程形式。当面对面服务和后台工作各占一定比例时，采用混合流程方式更好，例如在银行的营业柜台，顾客与职员发生频繁的接触，与后台工作人员几乎不接触，因此可以增加后台的批量处理工作和提高自动化水平。至于其他服务组织，如果与顾客没有直接接触，就可以采用标准化服务和大批量运作方式。上述思想可以通过服务—流程矩阵来表示，如图3-2所示。

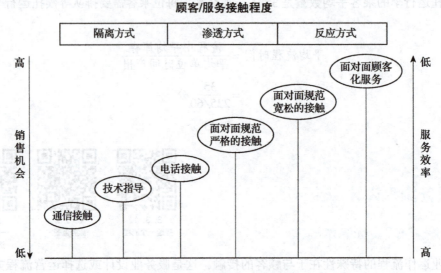

图3-2 企业服务—流程矩阵

从图中可以看出，随着接触程度的提高，服务提供的方式由通信转化为面对面的服务，然而，它们各有优点和缺点。通信接触与顾客接触比较少，工作效率比较高，与生产制造业类似，服务的营销机会比较少。反之，虽然面对面服务的工作效率低，但是工作效果比较好，销售机会比较多。作为服务型企业的管理者，更关心的是针对不同顾客接触的程度，选择一定的服务方式。同时，根据这种服务方式的需要，对整个服务系统进行设计，例如对员工的要求、对工作程序的要求、对企业的创新性要求等。所有这些要求构成了服务业运作中最终要求的服务设计矩阵如表3-1所示。据此企业决策者可以确定对服务设计要素的最佳安排。

表3-1 服务设计矩阵表

衡量、检查指标	较低接触程度	一般接触程度	高接触程度
对员工要求	文字和语言能力	手工业方面能力	良好的沟通判断能力
运作重点	文字处理一般介绍	能够控制整个流程	侧重点在于顾客
管理创新重点	计算机办公自动化	计算机辅助作用	顾客与员工沟通

3.3.3 服务流程设计过程

由服务—流程矩阵可知，服务流程设计主要包括以下过程：

（1）确定企业本身服务的类型，形成企业的核心服务。各个企业对于服务的选择是相异的,有的企业选择了规范化服务,如麦当劳快餐店;而有的则以个性化的服务作为企业的宗旨,尤其崇尚与顾客的直接沟通,如 AVON 化妆品。

(2) 根据所确定服务类型接触顾客的程度,决定企业运作过程中的要素配置与组合。对于规范性强的企业而言,要以员工按规章及时且保质保量完成任务为主,并不需要员工有太强的沟通能力;对于接触程度高的企业而言,要求员工有良好的沟通能力。

(3) 依据所确定的服务,与相关的竞争对手进行比较,确定企业与竞争对手的差异。若企业与竞争对手面对的是同一市场,则要对本企业的服务要素进行更新和组合,以保持一定的竞争力;若对手非常强大,企业就要考虑选择差别市场,避免和对手的正面竞争。

(4) 服务系统的设计动态化。运营系统设计需要有一定的灵活性,设计中应该保证设计系统能够根据变化做出恰当的反应。同时,视企业内部管理情况也可采用"柔性管理"。

3.3.4 流程图的画法

完成一项工作任务所需进行的若干项作业按照一定的逻辑关系构成一个流程,它可用流程图来表示。流程图是由作业、结点和路线组成的。在流程图中,用箭线表示作业,用圆圈及圆圈内的数字表示结点。结点是指一项作业开始或完工的瞬时状态点,即表示某一项或几项作业已经完成,而另外一项或几项作业可以开始的时间点。由于它是流程图中前后箭线之间的连接点,所以又称节点、事件。

为便于对不同性质的作业和活动进行描述,流程图中一般使用统一的标准符号,每个符号有其特定含义,如表 3-2 所示。流程图分析可从物流和信息流两条线索展开。

表 3-2 流程图分析的基本符号

符号	名称	意义
⬭	作业开始或结束(Start&End)	流程图开始 Ⓢ 和结束 Ⓔ
▭	处理(Process)	具体的任务或工作
◇	决策(Decision)	不同方案选择
→	路径(Path)	动作的逻辑顺序
▱	文件(Document)	输入或输出文件
▯	已定义流程(Predefined Process)	使用某一已定义的处理程序
⌭	归档(Pigeonhole)	文件和档案的存档
▭	注解(Comment)	表示附注说明
○	连接(Connector)	流程图向另一流程图的出口或从另一地方的入口

运营管理
Operations Management

金融机构的服务流程可以用流程图进行描述,如银行开户服务的流程图,如图3-3所示。

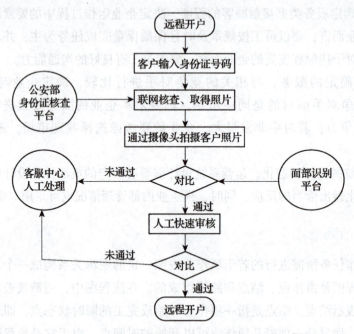

图3-3 金融机构开户流程图

案例专栏

案例1 Y银行私人银行中心业务变革

2020年的晚秋时节,Y银行总行私人银行中心正面临着一场前所未有的客户流失危机。私人银行中心的专家顾问陈逸贤陷入了沉思,之前的业务也是在当前的服务模式下有条不紊地进行,怎么现在问题频发呢?私人银行中心又该如何破局呢?

1. 业务背景

Y银行于2007年正式成立私人银行中心。当时陈逸贤刚从海外知名大学博士毕业,一身才华的他顺利进入私人银行中心成为一名专家顾问。

当时市场竞争激烈,各大商业银行都想分一杯羹,Y银行如何在这种情势下突出重围,争取客户,抢占市场份额呢?陈逸贤及其团队展开了头脑风暴,大家集思广益,最终总结出三个方面的突破口。首先,在管理体制上,陈逸贤及其团队认为可以借鉴国外的管理经验,采用垂直管理的业务体系,对各分行、支行的私人银行业务进行集中化管理,统一服务流程、服务标准、后台支持、产品研发、风险管理等方面。其次,在专业人才上,他们认为应该统一各分行、支行的招聘标准,在人才市场上多招聘那些具有不同专长和背景的专业人才,拥有国外私人银行服务从业背景者优先。第三,在客户服务上,他们认为可以借助Y集团自身的金融平台优势。Y集团旗下拥有银行、证券、保险、期货、信托、基金等机构,通过各金融机构交叉营销、密切协作、联合创新，能够有效满足私人银行中心客户的多元化金融服务需求；同时，依托境外合作机构的背景优势，拓宽服务渠道，满足客户的国际化金融服务需求。在有了突破口以后，陈逸贤带领其专家团队迅速将这些想法付诸实践。

陈逸贤本以为私人银行中心会按照当前的模式一路向好，却没想到危机悄然而至。想到近三个月客户流失的现象，他意识到问题的严重性。于是他召集总行专家顾问团代表、分行财富顾问代表，以及支行客户经理代表一起商讨破局之法。

2. 三级服务结构冗长

研讨会上，大家深入研究了现有的私人银行业务流程。客户选择私人银行业务后，由各分行为每个私人银行客户配备为之服务的客户经理，即从私人银行客户所属的支行中选取专职的个人客户经理，并为两者建立对应维护关系。然后分行财富顾问负责建立健全客户信息管理，支行客户经理负责收集信息，协助完善客户信息档案。在建立对应关系的基础上，总行专家顾问和分行财富顾问针对每名客户制订拜访计划，支行客户经理积极协助落实拜访计划。同时，分行财富顾问及时填写拜访记录，更新客户信息，并定期进行整理分析，及时发现和掌握客户各种金融需求。各级行在掌握私人银行客户金融需求的基础上，积极协调行内资源为客户提供定制化的个性方案。

可以看到，当前Y行私人银行业务的主要流程就是这样，无论是与客户建立关系还是进行客户维护，都需要从总行到分行再到支行三级之间进行协调，必然导致信息延迟。也就是说，当前，Y行采取的是"客户经理＋财富顾问＋专家团队（1＋1＋N）"的三层服务结构。当初采取该模式，一方面是因为它结构比较严谨周密，便于对各级实施严密的控制，同时成员分工明确，职责分明，稳定性程度高，能使各层级之间关系比较紧密，有利于工作任务的衔接；另一方面也是希望通过客户经理背后的N个专家团队，可以及时提供专业化补充，避免问题延续，从而使客户充分享受到私人银行差异化所带来的优质服务体验，更好地满足客户个性化需求。这种模式在私人银行中心创立之初还是颇有成效的，然而随着私人银行业务逐渐成熟，这种层层传递结构的弊端就逐渐显露出来。

陈逸贤总结了几点："首先，信息要经过三级传递，从支行到分行再到总行，传递路径过长，就难免会出现信息过滤或者信息失真的情况，沟通的时效性必然大打折扣。其次，在"1＋1＋N"服务结构下，私人银行中心通过协管模式和支行共同进行客户服务和维护，但客户仍然归属于支行。最后，也是很关键的一点，就是各级服务人员权限问题。当前的服务结构下，基层客户经理由于权利受限，在客户响应方面要逐级向上汇报审批，难免造成时间延迟，增加客户流失率。由此可见，想要在新时代延续我行私人银行业务的辉煌业绩，甚至更上一层楼，改进流程是关键。"

【案例讨论】

1. Y银行私人银行中心目前所采取的服务结构是"1＋1＋N"模式，请结合案例说明，

运营管理
Operations Management

该结构模式有哪些优缺点？

2. 请绘制客户去 Y 银行办理私人银行业务的服务流程图。

案例 2　标准化考场自动校时同步时钟

自动校时同步时钟是标准化考试的关键设备，用于不同地点的考场统一考试时间。自 2006 年自动校时同步时钟被引入标准化考场以来，受到了各地考试组织部门的重视，订单数量持续增加。洪威技防科技有限公司是目前市场上最大的几家标准化考场自动校时同步时钟的生产厂家之一，目前占有市场份额的 35% 左右。并且刚刚进行了一次工厂扩建，但是现在的生产水平仍然无法满足市场的需求。

自动校时同步时钟属于季节性产品，通常会在考试之前的很短时间内涌现大量的订单。现在市场处于淡季，随着需求由淡季向旺季的转化，市场需求变得越来越难以预测。洪威技防科技有限公司的总经理分析认为："如果市场开拓得好，今年我们也许会收到 5 万件的生产订单。因此，应该提前采购原材料。但是如果没有获得足够的订单，我们就可能面对巨大的库存。"他希望通过提高业务流程能力来应对这个矛盾，因此需要寻找一些方法来提高业务流程能力，但这些方法的实施绝对不能牺牲生产柔性和提高生产成本。洪威技防科技有限公司的自动校时同步时钟是通过一个混合批量流水线加工出来的，如图 3-5 所示。

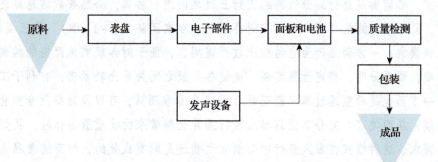

图 3-5　同步时钟生产流程图

目前工厂有 8 个工人同时生产时钟的表盘，每生产 25 个表盘就放在一个箱子内运输给下一道工序。在下一个工序有 10 名工人将集成的电子部件安装在表盘上，接下来的生产流程有 9 名工人为时钟添加发声设备，接着有 4 名工人为时钟安装面板和电池，内部组装完成的时钟交给 3 名工人，他们对时钟进行质量检测。最后，对时钟进行 2 个小时的测试后，由 2 名包装工将时钟放入包装袋中，装入便于运输的箱子。

为了分析研究流程能力，洪威技防科技有限公司的总经理和生产主管对自动校时同步时钟的各道工序及转移时间估计如表 3-3 所示。

表 3-3　各工序的加工时间

工序	加工时间/分
表盘	2
集成电子部件	2.5
添加发声设备	1.8
面板和电池	1
质量检测	0.5
包装	0.4

由于还有一些不可避免的时间间隔和休息时间,生产主管对1个8小时的班次按7小时计算实际工作时间。

【案例讨论】

1. 以目前的生产流程,1个班次可以生产多少个时钟?如果1周生产7天,1天3班,1周能生产多少个时钟?

2. 如果所有工人都按照生产主管观察的速度工作,并且假定有充足的资源投入,那么当1个班次结束时,各工序积累了多少的在制品库存?

3. 洪威技防科技有限公司应该采取什么样的运营管理措施来尽可能地满足市场需求?在作业流程的改进上,请提出2条合理建议。

本章小结

运营管理过程中必须明确产品和服务的转化流程,这是运营效率的重要保证。转化流程的效率还必须有一系列的衡量指标来监测,其中,律特法则是重要的流程绩效衡量指标。运营管理者不但要熟悉相关行业的通行运营流程,还要能采用多种方法创新设计组织的产品和服务提供流程,并据此进行流程管理。在流程设计过程中,不但要保证设计设备和流程能够使组织能力满足其顾客的需要,还要保证其流程和设备的配置在技术、特性和数量调整等方面具有一定的柔性。

思考题

1. 什么是流程管理?
2. 服务流程与产品生产流程的差异主要表现在哪些方面?
3. 流程绩效的衡量指标主要有哪些?如何应用这些指标衡量流程绩效?
4. 流程管理中是否有伦理问题?请举例说明。

自测题
第3章流程的组织

第 4 章
运营流程的改进

学习目的与要求

通过本章的学习,理解运营流程变动的原因;能够度量运营流程的变动程度;掌握约束理论的内涵,并进一步应用该理论,以及相应的排队论知识,降低运营流程的变动性。要求完成本章最后的案例讨论和思考题。

运营管理
Operations Management

4.1.1 什么是流程的变动性

4.1.2 需求与供给的矛盾

4.1 影响流程绩效的原因及其度量

企业在确定战略以后，下一步的任务就是将其具体化为企业的目标。企业目标是企业未来一段时间内需要达到的一系列具体目标的总称，它包括利润和投资收益率、市场占有率、销售额和销售增长率、产品销售地区、产品质量和成品水准、劳动生产率、产品创新和企业形象等。虽然有如此多的目标，但是企业作为营利性的组织，企业的首要目标就是赚钱。企业只有赚钱才能生存，然后才能考虑其他目标，企业的运营也必须围绕着企业的目标进行。

有目标就必然会有偏差，从运营流程的角度来看，流程存在着必然的变动性。流程变动性，可能由内部引发或者外部引起，没有绝对完全平衡的生产流程，流程的不均衡会导致生产能力的不均衡，因此只能优化生产流程。必须均衡产能才能提高整个流程的效率，流程的变动性会影响企业目标的最终实现。

4.1.1 流程变动性的来源

1. 运营流程的木桶原理

企业的管理工作是由多个环节组成的，包括人事、财务、营销、物流等多个方面，一个环节跟不上，就会影响整个战略的执行和贯彻。衡量企业的管理能力通常以企业运营流程中最弱的那个环节来确定。企业运营的流程就像是一条环环相扣的链条，企业管理的能力跟它最弱的环节有着相同的强度。而且，企业运营的链条越长，脆弱的环节也就越多。木桶原理在此得到了很好的体现：一只木桶盛水多少，并不取决于桶壁上最高的那块木板，而恰恰取决于桶壁上最短的那块木板。根据这一核心内容，"木桶原理"还有三个推论：

（1）只有当桶壁上的木所有木板都足够高时，木桶才能盛满水，只要这个木桶桶壁上的木板有一块不够高度，木桶里的水就不可能是满的。

（2）比最低的那块木板高的所有木板，其高出的部分是没有意义的，高得越多，浪费就越多。

（3）要想提高木桶的容量，就应该设法加高最低木板的高度，这是最有效的也是唯一的途径。

2. 需求不确定性带来的流程变动

德鲁克认为，未来的企业是高度不确定的，难以把握的。之所以有这样的判断，是因为消费者需求不确定性的存在。而需求不确定性的根本原因是信息不对称。目前看来，大数据的发展有助于我们更好地认识消费者的需求，但是信息不对称是无法被完全消除的。因此，需求不确定性的存在还会继续带来企业管理的不确定性，一个重要的表现就是运营流程的变动。

需求的不确定性主要表现在以下几个方面：

（1）需求数量的不确定性。消费者对企业生产的产品和提供的服务的需求是波动的，企业管理者很难准确地把握需要提供多少产品和服务给市场。而需求信息的偏差在运营流程中会逐级放大，引起供应商库存的不确定，造成物流运行呈现出层级式的效率衰减，致使运行速度缓慢，库存成本大大增加。

（2）需求质量的不确定性。消费者之间是存在诸多差异的，认知能力与水平、消费习惯和能力都从不同方面影响着消费者的需求。由于企业提供差异化的能力总是有限的，因此在满足消费者对产品和服务的需求质量上必然存在着不确定性。这种不确定性表现在企业运营流程上，就可能是存在不必要的生产流程，或是缺乏必要的服务流程，从而影响企业产品和服务的质量，最终导致收益下降。

（3）需求时间的不确定性。需求数量和质量的不确定性综合反映到企业的运营流程上，就表现为交货时间的不确定性和库存商品的损失。由于企业会基于成本效率平衡的考虑进行生产，在一定的时间窗口内，供给与需求的同步性就会进一步偏离。

4.1.2 流程能力与瓶颈

流程能力（Process Capacity）表示在给定的单位时间（如1小时）中能够生产多少产品或者提供多少服务，在过程（或工序）处于稳定状态下的实际加工能力，它是衡量工序质量的一个标志。对加工过程的工序能力进行分析，有助于随时掌握各工序质量的保证能力，从而为提高产品质量提供必要的信息和依据。

产品质量的波动大小，通常是在过程处于稳定状态下，以它所形成的概率分布的标准差 σ 来表示，分别反映流程各个要素对产品质量产生的影响。因此，σ 是流程能力大小的度量基础。

一般将 σ 作为表示变异的度量数值。显然，σ 越大，变异越大，流程能力越低；σ 越小，变异越小，流程能力越高。流程能力是过程本身客观存在的一种性质。"过程本身并不知道公差是什么"，它与公差毫无关系。当生产过程稳定时，绝大多数产品的质量特性值服从正态分布，或近似正态分布。如果用 6σ 来计量流程能力，工序具有保证生产 99.73% 合格品的能力。

流程能力可表示为：

$$B = 6\sigma$$

流程能力通常用流程能力指数（Process Capability Index）来表达，一般记为 C_p。指过程满足技术要求的能力，常用客户满意的偏差范围（用 T 表示）除以流程能力，即 C_p 来表示，即

$$T = 允许最大值(T_U) - 允许最小值(T_L)$$

$$C_p = T/B$$

流程能力指数的值越大，表明产品的离散程度相对于技术标准的公差范围越小，因而流

程能力就越高；流程能力指数的值越小，表明产品的离散程度相对公差范围越大，因而流程能力就越低。因此，可以从流程能力指数的数值大小来判断能力的高低。从经济和质量两方面的要求来看，流程能力指数的值并不是越大越好，而应在一个适当的范围内取值。流程能力指数值的判断以及应对措施见表4-1。

表4-1 流程能力指数值的判断以及应对措施

C_p 界限	判断	应采取的措施
$C_p > 1.67$	过程能力过剩	1. 修订标准，缩小公差，保证更高的质量水平 2. 降低对原材料或机械设备的要求，放宽检查，设法降低成本
$1.33 < C_p \leq 1.67$	过程能力充足	1. 采用控制图控制工序，使其处于稳定状态，并保持过程能力值不变 2. 适当简化产品检验工作，争取节约管理费用
$1 < C_p \leq 1.33$	有过程能力	1. 利用控制图来监视工序状态的变化，确保产品质量稳定 2. 调查机械能力，确认机械能力充足后，再过渡到工序管理
$0.67 < C_p \leq 1$	过程能力不足	1. 分层调查影响过程能力的各种主要因素，并采取相应措施，使其恢复正常 2. 对产品进行全数检查，进行分级筛选确保出厂成品的质量
$C_p \leq 0.67$	无过程能力	1. 不能继续生存，必须改革工艺，待确认过程能力充足后，再进行正常生产 2. 对已生产的产品进行全数检查

通常采用三种方法来测定流程能力。

1. 直接测定法

该方法是对工序使用的设备或装置的某些特性直接进行测定，以得到有关参数。例如定期检查机床的精度，使其保持良好的加工性能。

2. 测定产品法

该方法通过测量工序生产出的产品，并根据其变化情况来计算和分析流程能力。对产品质量特性值的测量，不仅能得到产品本身的质量情况，而且该值的变化也反映了工序质量的变化。通过产品质量来推测工序质量，在实际生产过程中也被认为是可行的。

3. 差错分析法

该方法通过分析操作及管理上的差错来判断流程能力是否充足。对操作工的能力等"软件"的测定，往往难于用仪器仪表来测定，但可以通过对所有差错的类型、数量的分析来推测流程能力是否充足。

与流程能力相关的还有流程的"节拍"（Cycle Time），它是指连续完成相同的两个产品（两次服务或两批产品）之间的间隔时间。换句话说，即指完成一个产品所需的平均时间。节拍通常只是用于定义一个流程中某一具体工序或环节的单位产出时间。如果产品必须是成批制作的，则节拍是指两批产品之间的间隔时间。在流程设计中，如果预先给定了一个流程每天（或其他单位时间段）必须生产的产出，则首先需要考虑流程的节拍。例如，假定一个面包厂商以每批100个的批量制作面包，各工序的节拍如图4-1所示。

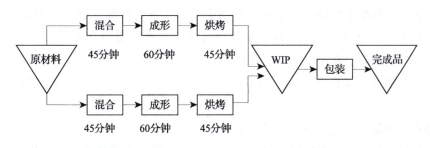

图 4-1　面包生产线各个工序的节拍

从图 4-1 可以看出，如果不考虑包装工序的节拍，生产线上混合、成形和烘烤三个工序的节拍并不相同。节拍之所以不相同，是因为受到各个工序的设备速度、必须耗时的加工时间等因素所限。这样整个生产线（不包括包装工序）的产出节拍取决于三个工序中的最慢节拍，即整条生产线的产出节拍是每 100 个 60 分钟。从这里就引出了流程中瓶颈（Bottleneck）的概念，通常把一个流程中生产节拍最慢或生产能力最小的环节叫作瓶颈。流程中存在的瓶颈不仅限制了一个流程的产出速度，而且还影响了其他环节生产能力的发挥。

更广义地讲，瓶颈是指整个流程中制约产出的各种因素。例如，在有些情况下，可利用的人力不足、原材料不能及时到位、某环节设备发生故障、信息流阻滞等，都有可能成为瓶颈。正如"瓶颈"的字面含义，一个瓶子瓶口的大小决定着液体从中流出的速度，生产运作流程中的瓶颈则制约着整个流程的产出速度。瓶颈还有可能"漂移"，这取决于在特定时间段内生产的产品或使用的人力和设备。与节拍和瓶颈相关联的另一个概念是流程中的"空闲时间"（Idle Time）。空闲时间是指工作时间内没有执行有效工作任务的那段时间，可以是设备的时间，也可以是人的时间。当一个流程中各个工序的节拍不一致时，瓶颈工序以外的其他工序就会产生空闲时间。

4.2　约束理论

4.2.1　约束理论的基本思想

4.2.1
约束理论

4.2.2
流程均衡

约束理论（Theory of Constraints，TOC）是美国物理学家、企业管理顾问高德拉特（Eliyahu M. Goldratt）博士于 20 世纪 80 年代初在其开创的优化生产技术（Optimized Production Technology，OPT）的基础上发展起来的管理哲学。TOC 先是被人们理解为，制造业进行管理、解决瓶颈问题的具体方法，后来几经改进，发展出以"产销率、库存、经营成本"为基础的指标体系，逐渐成为一种面向增加产销率而不是传统的面向减少成本的管理理论和工具，并最终覆盖到企业管理的所有职能方面。

TOC 认为，任何组织的业绩都受到各种约束条件的限制。于是，TOC 发展出一种管理约束条件的特殊方法，以促进持续改善目标的实现。根据 TOC 的观点，组织要改进业绩，必须先充分了解其所面临的各种约束条件，从而在短期内利用这些约束条件，改进组织的运营能力与效率。从长期角度考虑组织面临的各种约束条件，则要找到克服这些约束条件的方法，从而更有效地实现企业目标。约束理论中约束可分为物理约束和非物理约束（政策约束），如市场、能力等约束属于物理约束，而管理、文化、法规等约束则属于非物理约束。约束可以来源于企业内部也可以来源于企业外部。处理约束就是不断解除约束和发现约束的持续改进过程。

TOC 是在三个基本假设的基础上展开分析的：

其一，任何系统的业绩都受制于它的制约因素。需要强调的是集中与聚焦，必须区分核心问题与一般问题。

其二，局部改善并不意味着整体改善。局部优化不能用来做决策依据或个人行为的准则，所有局部行动必须有益于系统整体业绩。

其三，表现不佳并不意味着人的本性不好。对人要予以足够的尊重，要有耐心，帮助每一个人找到最适合的工作角色。

TOC 强调必须把企业看成一个系统，从整体效益出发来考虑和处理问题，TOC 的基本思想如下：

（1）企业是一个系统，其目标是在当前和今后为企业获得更多的利润。

（2）生产能力小于市场需求的资源，不一定为约束资源。

（3）一切妨碍企业实现整体目标的因素都是约束。对整个生产系统有重大影响的往往是少数几个约束。TOC 的管理思想是首先抓"重中之重"，使最严重的制约因素凸显出来，从而从技术上消除"避重就轻""一刀切"等管理弊病发生的可能。短期的效果是"抓大放小"，长期的效果是大问题、小问题都没忽略，而且企业整体生产水平和管理水平日益提高。

（4）约束资源是动态变化的，企业的管理层应动态地分析生产系统约束，寻找改进机会。因此，TOC 是使生产系统趋于完善的持续改进过程。

（5）为了衡量实现目标的业绩和效果，TOC 打破传统的会计成本概念，提出了三项主要衡量指标，即产出、库存和运行费用。比起机器效率、设备利用率、停机时间及工厂平衡，这些方法更能体现真实的系统影响。

4.2.2　TOC 常用的概念与方法

1. TOC 的常用概念

（1）瓶颈资源。瓶颈资源是指能力等同于或低于需求的资源。非瓶颈资源是指能力高于需求的资源。若资源本身是一个瓶颈，则必须采取行动减轻其负荷。适当的步骤可以是降低负荷以消除瓶颈或使瓶颈区只生产当前需要的产品。要注意因质量低下或返工而造成的生产损失是一种瓶颈。

（2）平衡。根据市场需求在整个工厂平衡产品的流动，不要将能力与需求进行平衡，工厂可以有能力生产创纪录的库存及成品，这样同时也会使工厂运行系统受阻。目标是在瓶颈区进行等同于市场需求的流动。通过只生产当前市场需求的产品，可以在有限的条件下创造更多。有可能工厂有足够多的资源来做任何事情,但必须控制价值流。

(3) 产出。系统通过销售将产品变成现金的速度,成品必须通过销售转化为现金。

(4) 库存。企业为了获得产出,在所有外购物料上投资的货币。

(5) 运行费用。系统花费的将库存转化为产出的所有资金。包括折旧、维护、报废、保管和运输成本等。

2. 约束理论应用的方法——五步法

为确定并削弱多环节系统中的约束问题,高德拉特博士开发了一系列的思考步骤:确立(改变什么)、解决(改变成什么)、实施(如何改变)。他在《绝不是靠运气》一书中,详细介绍了具体实施的若干步骤:

(1) 识别系统约束,即只有发现系统约束或最薄弱的环节时,才能有效地改善系统。如果有多个约束,则按约束的重要性排序。

(2) 想尽一切办法开发利用系统的约束,使约束尽可能高效率运行,保证瓶颈资源得到充分甚至最大限度的利用。

(3) 使其他一切事情服从以上决定,其他相关工序都必须服从瓶颈工作的安排。即使牺牲非约束资源的利用效率和效益,也在所不惜。

(4) 打破系统约束,如果产出能力不足,则需要获得更多的资源来解除约束。

(5) 如果约束被打破或被解除,改变了原有的约束排序,则回到步骤(1)。利用约束理论改善体系是一个循环过程,每次确立最关键的约束并改进,并不断重复此过程,最终达到系统的最优状态。

TOC 的方法可描述为一种苏格拉底式的方法。它通过巧妙的提问使你自己找到答案,不是直接提供答案,而是引导大家自己做出结论并形成自己的观点。总之,不要让惯性成为系统约束。在生产管理中应用 TOC,主要是试图协调企业拥有的各种资源,使之能够系统工作以实现组织的整体目标。

TOC 可以应用到任何行业,包括营利和非营利的机构。TOC 首先应用于生产管理、分销、供应链、项目管理等领域,并获得了成效。目前 TOC 还应用于航天制造、半导体、钢铁、纺织、电子、机械五金、食品等行业。TOC 也可应用于学校、医院、金融等机构。美国三大汽车厂还在 ISO 9000 中将 TOC 列为持续改善的一种方法。TOC 还可用于个人计划等。

3. 冲突图的应用

冲突图是一个必要条件图,是用来识别和陈列冲突中的各种元素和解决问题的方法。这个图包含了系统目标、必要非充分条件、冲突先决条件。在流程分析中使用该方法可以很好地分析和解决企业运营流程中的冲突问题。

冲突图的一般格式如图 4-2 所示:A 是最终目标,B、C 是实现 A 目标的两个必要条件。为了实现 B,必须采取 D 措施。同时,采取措施 D′可以实现 C。但是不幸的是 D 和 D′是互相矛盾的,不能同时采取 D 和 D′措施。这就是矛盾!为什么会产生矛盾呢?是因为我们基于假设(A-B),所以采取 D 措施就能得到 B;基于假设(A-C),所以采取 D 措施就能得到 C。

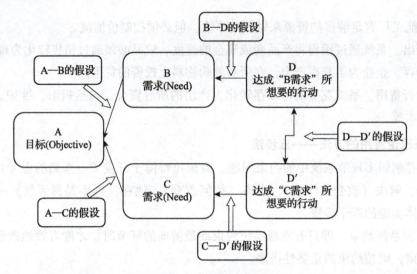

图 4-2 冲突架构图

使用冲突图时，首先要明确所面临的冲突，这不仅能确定冲突的性质，而且能清晰地描述冲突的问题。特别是能够清晰地描述冲突产生的必要条件，否则无法找到化解冲突的答案。明确冲突图的目的是帮助使用者寻找真正双赢的解决方案而不是妥协的解决方案。

4.3 降低变动性提升流程绩效

4.3.1 减少外部变动性的方法

4.3.2 减少内部变动性的方法

我们在有变动性的情况下为评估单位时间产出、流程时间和库存的关键绩效度量指标提供了一些新的方法。

4.3.1 降低到达变动性的方法

一个明显能够达到供应与需求匹配的方法是舒缓需求，使之正好对应供应的流程。这基本上就是预约系统（Appointment System）的想法。由于鼓励客户根据服务的速度到达系统，预约系统能大大降低到达过程的变动性。

但是，预约系统不能消除到达过程的变动性。客户不是完全按照排好的时间到达的［有些可能没有来，即"不出现"（No-shows）］。因此，任何一个好的预约系统都需要有处理这些情况的方法（例如客户迟到的罚金，需要额外等待等）。但是，一般这些行动实施起来非常困难，因为要考虑到"公平"和/或"可接受性"，或者由于服务时间的变动性使服务提供者没有按照计划进行服务（如果医生有权利迟到，病人为什么不能呢？）。部分可获得的服务能力需要提前保留。不幸的是，最后一分钟到达的客户通常是最重要的：医院急救室没有应用预约系统，商务旅行者宁可支付低价票 5~10 倍的价格而不愿意提前预订。

预约系统最重要的一个限制是可能降低了运营中所能看到的到达过程的变动性，但是并没有降低真正处理的需求的变动性。例如考虑一个牙医诊所的预约系统，预约系统（希望的）缩短了病人在看牙医前的等待时间。这个等待时间并不是唯一要考虑的绩效度量指标，因为病人也许在要求见牙医那天和预约那天之间已经相隔了 3 个月。因此，预约系统潜在地掩盖了更大的供应与需求之间的不匹配。除了预约系统的方法，我们还能通过为客户提供激励来避开高峰时间，努力影响客户到达过程，如：非高峰日（或季节）里宾馆的价格折扣；不同服务时间的交通价格折扣（航空、高速公路通行费）。

4.3.2 降低服务时间变动性的方法

除了通过改变客户的行为来降低变动性外，我们还应该考虑如何降低内部的变动性。但是，在尝试努力标准化活动（降低服务时间的变差系数）或者缩短活动时间时，我们需要在运营效率（呼叫时间长度）和服务质量（客户得到的礼遇）之间找到一种平衡。

图 4-3 比较了呼叫中心的员工对某个特定呼叫服务的服务质量和运营效率。我们发现操作员 NN、BK 和 BJ 的呼叫时间长度相对较短的同时，客户满意度较高（根据所记录的呼叫），而操作员 KB 虽然呼叫时间长度较短但客户满意度较低。最后那个操作员 NJ 有最长的呼叫时间并且客户满意度一般。

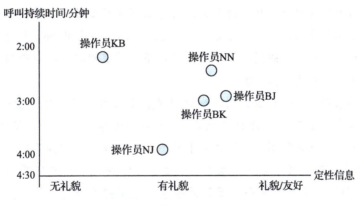

图 4-3 考虑呼叫持续时间和礼貌时的操作员表现

根据图 4-3，我们发现几个有趣的现象。第一，我们发现似乎存在刻画呼叫时间长度与客户受到的礼遇之间内在权衡的前沿。一旦服务的呼叫时间长度短于 2.5 分钟，好的客户礼遇就很难维持。第二，我们发现 NJ 与前沿离得很远，因为 NJ 的呼叫时间既不是很快，服务质量又不是很好。令人惊讶的是，这个操作员的呼叫时间具有最高的变动性，这暗示了他没有按照运营程序正确操作（在图中是不可见的）。

为了降低那些操作员远离前沿的无效率（如 NJ），呼叫中心需要在培训和技术上大量投资。例如，先进的技术使得操作员可以在与客户的沟通过程中接受实时建议。类似地，一些呼叫中心有特定的培训项目，这些培训项目要求操作员听其他操作员进行服务时的录音磁带或者让操作员之间为特定的服务要求相互呼叫。这些步骤降低了服务时间的均值和变动性，因而对运营绩效有很大的改善。

运营管理
Operations Management

案例专栏

案例1 瑞幸咖啡的运营流程创新

瑞幸咖啡（Luckin Coffee）创立于2017年年底，以提供现磨咖啡制作、零售及配送服务为主营业务，定位于"专业咖啡新鲜式"，致力于成为中国领先的高品质咖啡品牌和专业化的咖啡服务提供商，是中国新零售咖啡典型代表。自创立以来迅速发展成为中国门店数量最大的连锁咖啡品牌之一。瑞幸咖啡以"创造幸运时刻，激发美好生活热望"为使命，充分利用移动互联网和大数据技术的新零售模式，与各领域优质供应商深度合作，打造高品质的消费体验。瑞幸咖啡以"创造世界级咖啡品牌，让瑞幸成为人们日常生活的一部分"为愿景，围绕"求真务实、品质至上、持续创新、非我莫属、互信共赢"核心价值观，瑞幸咖啡正在通过产品和服务，努力渗透日常生活每一处，传递美好生活的理念。

现磨咖啡的消费在中国的出现较晚，且中国消费者尚未形成饮用咖啡的消费习惯。像星巴克、COSTA等海外知名品牌深耕中国市场多年，依旧无法完全打破水土不服的魔咒。而这样的问题可以归因于没有准确地把握中国消费者在消费中的"痛点"，不够理解什么是中国消费者想要的咖啡零售。在瑞幸咖啡出现之前，星巴克创造性地提出"第三空间"的概念，将喝咖啡这一普通的行为赋予了享受的意义，同时也将现磨咖啡的消费限制在了门店内。然而门店的辐射半径非常有限，通常可视为步行舒适的距离，即约500m。通过地图可见，即使是在相对繁华的市区，星巴克的门店也不算非常密集，考虑到相对门店较短的辐射范围，购买咖啡对于消费者而言的确不算方便。

针对现磨咖啡消费的这一痛点，瑞幸咖啡将自己定位为"新零售专业咖啡运营商"，将传统咖啡零售行业与"新零售"进行"联姻"，成为咖啡零售行业的后起之秀。概括而言，在瑞幸咖啡的定义下，咖啡新零售并不是一个静态的、一成不变的抽象概念，从瑞幸咖啡的管理实践来看，"咖啡新零售"是一个动态变化的、不断适应、不断完善的运营模式和运营理念。"线上+线下""全渠道融合"无疑是抽象而且新鲜的概念，然而，万变不离其宗的是，瑞幸咖啡的"咖啡新零售"始终具有以用户体验为中心、通过"线上+线下+物流"深度融合打破原有边界的"新零售"商业业态的特点。借助线上为线下导流是该商业模式最基本的运作形式，同时也是这种商业模式的基础。然而，所谓"线上+线下"并不只是单纯、生硬地将线上和线下的业务拼凑在一起，新零售的终极目标就是实现线上线下的协同效应，取得"1+1>2"的效果。只有线上线下的资源得到有效整合，渠道得到全面打通，才能顺利实现新零售的转型。

截至2022年6月，瑞幸咖啡全国门店数量已突破7000家，能延续此前大规模开店扩张在很大程度得益于瑞幸咖啡的加盟政策，其中自营门店数量占比超过六成，加盟门店占比三成多。近两年来，瑞幸咖啡加盟店数量增速持续超过自营店。开放加盟与其自营店战略"高度互补"。

2021年，瑞幸咖啡首个烘焙工厂正式投产，总投资2.1亿元人民币、占地面积4.5万㎡、咖啡豆年烘焙产能1.5万t，采用国际尖端技术、配备全套进口先进生豆处理设备，是国内较为领先的全产线自动化智慧烘焙基地。

新品战略是瑞幸咖啡的一把利器。当年一杯生耶拿铁让瑞幸咖啡"死里逃生",瑞幸咖啡想要复制生耶拿铁的成功无可厚非,不过,爆款产品可遇而不可求。牢牢稳住了年轻客群。以瑞幸咖啡联合椰树的新品"椰云拿铁"为例,首周即售出495万杯。爆品"生椰拿铁"自发布以来,13个月累计销量已超过1亿杯。2022年上半年瑞幸咖啡共推出68款新品,平均不到3天推出一款新产品,但只有椰云拿铁算是真正出圈。

瑞幸咖啡采用自动咖啡机制作咖啡,理由包括:一是因为制作的量太大,许多员工因制作咖啡容易患上了腕管综合征;二是客人总抱怨出品太慢;三是由于手动操作,饮品的质量参差不齐。对于一个咖啡连锁品牌而言,咖啡的最佳风味并不是瑞幸咖啡着力追求的,相反,保持稳定、高效的出品才是扩张的基础。在瑞幸咖啡的生耶拿铁火爆后,众多茶饮品牌均推出类似产品,内卷的竞争环境,只会更加考验瑞幸咖啡的运营管理能力。

【案例讨论】
1. 分析瑞幸咖啡的投入和产出。
2. 根据案例材料,介绍瑞幸咖啡的两项核心流程,分析此核心流程与竞争优先级的关系。
3. 根据案例材料,介绍瑞幸咖啡的流程选择、生产与库存策略。

案例2 自助餐厅的排队问题

餐厅运营的变动性是比较大的,在一天中的任何时候,餐厅都必须及时满足顾客的不同需求。在需求高峰期,对所有顾客都做到及时服务是几乎不可能的,一些顾客可能不得不在座位上等待片刻。由于餐厅需求变化的多样性,它是一个"非稳定状态"流程。但我们要注意到,菜单中的许多菜式是可以提前准备的。这些提前准备的菜式可以加快为顾客服务的速度,比如色拉和甜品。

对于提供自助餐的餐厅而言,为顾客提供快速服务是非常重要的。自助区的食物会不断更新,以保证食物的新鲜度。为了进一步加快服务速度,无论顾客吃了多少食物,一律收取固定价格。假设在我们设计的自助区中,顾客取用食物并用完餐的平均时间为30分钟。进一步假设顾客通常两三个人一组在一张桌子上用餐。餐厅中有40张桌子。每张桌子可以坐4位顾客。那么这个餐厅的最大服务能力是多少?

容易看出,餐厅能同时容纳160位顾客。实际上,在这种情况下以顾客群来衡量服务能力更加方便,因为这可以显示餐厅服务能力的利用程度。如果顾客群平均2.5人,那么餐厅以其目前的能力运营时,座位的平均利用率是62.5%(2.5个座位/群÷4个座位/1张桌子),餐厅的运营周期时间是0.75分钟(30分钟/1张桌子÷40张桌子)。因此,每张桌子每45秒就可以再使用,餐厅每个小时能接待80个顾客群(60分钟÷0.75分钟/群)。

餐厅目前面临的问题是,几乎所有顾客都在同一时间段要求用餐。管理人员已经收集了数据,并记录了午餐时间顾客群的到达分布,如表4-2所示,表中记录了上午11点半到下午1点半这段时间的数据。顾客最晚是在下午1点到达。

运营管理
Operations Management

表 4-2　上午 11 点半到下午 1 点半到达的顾客群

时间	到达的顾客群
11:30 – 11:45	15
11:45 – 12:00	35
12:00 – 12:15	30
12:15 – 12:30	15
12:30 – 12:45	10
12:45 – 13:00	5
顾客群总数	110

因为餐厅在午饭时间内运营两小时，每小时的服务能力是 80 个顾客群。从表面上看餐厅似乎没有什么问题，但实际上顾客的到来时间是不均衡的，这就导致了问题的产生。要分析这种情况，一个简单的方法就是以 15 分钟为一个区间，计算正在用餐的顾客数量和排队等候的顾客数量，以此计算系统中顾客流的分布特征。即以每 15 分钟为一个区间来考虑这个问题。

要理解这个分析，关键是观察累计的数目。累计到达顾客数与累计离开顾客数之差就是目前餐厅内的顾客数量（包括用餐和排队等待的顾客）。由于只有 40 张桌子，当某个时间内两者之差大于 40 时，就造成了等待。当 40 张桌子都有人在用餐时，系统满负荷运作。根据以上的计算，我们知道餐厅平均每个顾客群的周期是 45 秒（这意味着平均每 45 秒就能空出一张桌子，平均每 15 分钟就能空出 20 张桌子）。最后一个顾客群需要等到前面所有的顾客都得到桌子，因此等待的期望时间是队伍中的顾客群数量乘以周期时间。具体如图 4-4 所示。

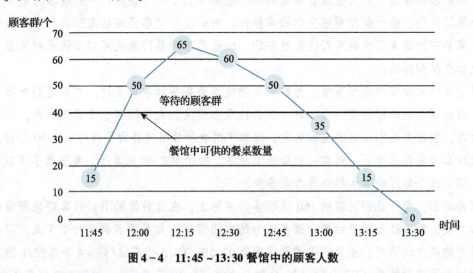

图 4-4　11:45～13:30 餐馆中的顾客人数

从图 4-4 的分析中可以看出，中午 12 点时有 10 个顾客群正在排队等待。12 点 15 分时，队伍中的顾客群数量扩大到 25 个。12 点 45 分时，等待的顾客群减少到 10 个。

【案例讨论】
我们应该怎么解决排队等待的问题呢？请给出三个以上的建议。

本章小结

运营管理过程中总会面对需求的不确定性,并表现在管理者的设备选择和产能决策组合过程中。这种客观需求与主观资源配置不会达成必然的一致性,导致运营流程中存在瓶颈,约束组织运营流程能力的发挥,影响组织运营转化的效率。约束理论是关于打开约束瓶颈的思维逻辑、理论和方法。采用约束理论等方法,降低运营变动性,可以提升组织运营流程的绩效。

思考题

1. 运营流程变动性的来源有哪些?
2. 根据所学的知识思考自己所在组织的流程变动性。
3. 扩展阅读关于约束理论的内容。可以参考阅读高德拉特的著作《目标》。
4. 运营流程的变动性与运营流程的柔性有什么关系?

自测题
第4章 流程的改进

第 5 章
项目管理

学习目的与要求

通过本章的学习,理解项目管理的基本概念;了解项目管理的主要过程和知识域;掌握关键路径法、项目计划评审技术、关键链法、挣值分析法等项目管理技术方法;学会运用项目管理提升企业运营管理的水平。并且,能够根据所学的知识,完成本章最后的案例讨论和思考题。

运营管理
Operations Management

5.1.1 项目的理解　　5.1.2 运营战略与项目管理　　5.1.3 项目管理知识体系简介

5.1 项目管理的概念

5.1.1 项目管理的起源

项目管理（Project Management）的历史可以追溯到 4500 多年前，历史上有众多的大型项目，这其中包括吉萨金字塔、帕特农神庙、古罗马竞技场、哥特式教堂、泰姬陵等。

在古埃及，法老对金字塔的建设进行管理，项目的目标（达成一致的结果）非常明确，就是当法老死后，将其埋葬于此。在时间或进度计划上，金字塔要在法老死亡之前完成。但是没有人知道法老会在什么时候死去，于是进度计划就成了要尽快（ASAP）。为实现这一进度计划需要大量资源，当人力资源变少（许多工人在工作中死去），他们会通过战争争夺其他国家的资源，同时购买奴隶来填补劳动力的缺失。对于资金资源，钱从来都不会短缺，因为法老拥有大量的货币，而且每次战争都会进行大肆掠夺。

同样，在古代中国，建造万里长城、大运河和都江堰水利工程、京杭大运河等，这些项目动用的人员、花费的金钱、消耗的时间都是十分巨大的。考验管理者智慧的，都是如何在时间、金钱以及资源约束的基础上去完成既定的目标，或完成之前确定的某个结果。它一定有一套严密的组织管理体系，有详细的工期、费用上的计划、安排和控制，也一定有严格的质量检验和控制。这些大型工程的建设过程，已经形成了朴素的项目管理思想。只是因为当时科学技术水平和人们认识能力的限制，历史上的项目管理是经验型的、不系统的，尚未形成现代意义上的项目管理。

5.1.2 项目管理的发展

现代项目管理通常被认为开始于 20 世纪 40 年代，比较典型的标志性事件是美国军方研制原子弹的曼哈顿计划。

现代项目管理的一些主要技术是在长期的实践中逐渐形成的。1917 年，亨利·甘特发明了著名的甘特图，使项目经理按日历制作任务图表，用于日常工作安排。1957 年，杜邦公司将关键路径法（CPM）应用于设备维修，使维修停工时间由 125 小时锐减为 7 小时。1958 年，在北极星导弹设计中，应用计划评审技术（PERT），将项目任务之间的关系模型化，使设计完成时间缩短了 2 年。20 世纪 60 年代著名的阿波罗登月计划，采用了网络计划技术，使这项 300 亿美元耗资、2 万家企业参加、40 万人参与、700 万个零部件被使用的项目顺利完成。

20 世纪六七十年代，项目管理的应用逐渐从传统的军事、航天逐渐推广到建筑、石化、电力、水利等各个行业，项目管理日益成为政府和大企业日常管理的重要工具。同时，随着信息技术的飞速发展，现代项目管理的知识体系和职业逐渐形成。项目管理成为第二次世界大战以后发展起来的综合性管理科学分支。1965 年，第一个专业性国际项目管理组织 IPMA（International Project Management Association）在瑞士洛桑成立。1969 年，美国成立项目管理学会 PMI（Project Management Institute）。1976 年，PMI 在蒙特利尔召开会议，开始制定项目管理的标准，形成了项目管理职业雏形。1984 年 PMI 推出两项重大创新，分别推出项目管理知识体系 PMBOK（Project Management Body Of Knowledge），以及基于 PMBOK 的项目管理专业证书 PMP（Project Management Professional）。项目管理因此作为一门学科和专业化管理职业在全球得到迅速的推广和普及。

5.1.3　项目管理的定义

那什么是项目呢？曾经有这么一个小故事，某一天，张三路过某建筑工地，看见两位工人在搬运沙石，他走上前去，问道："你们在干什么呀？"其中一位工人回答："我在搬沙石，每天如此。"另一位工人回答："我们正在建造一座前所未有的新酒店！"从两位工人的不同表述中，我们感受到，第一位工人描述的是一种简单重复、枯燥乏味的事务，而第二位工人则相反，他描述的是一个项目，有独特的、明确的目标。

人类的活动可以分为两大类：一类是重复性、连续不断、周而复始的活动，如用自动化流水线批量生产某些产品的活动；另一类是独特的、一次性的活动，如任何一项开发活动、改造活动、建造活动等，这一类活动被称为项目。在社会上，项目随处可见，小到一次聚会、一次郊游，大到一场文艺演出、一次教育活动、一项建筑工程、一项开发活动等。因此，项目管理同社会的发展息息相关。

按照通常的说法，项目是为完成某个独特的产品或服务所做的一次性任务。项目是为得到某种结果而付出的努力；是将某些相互间有联系的活动结合起来的努力；是有确定的起点和终点的努力；是一种独特的努力。

所谓项目，简单地说，就是在既定资源和要求的约束下，为实现某种目的而相互联系的一次性工作任务。一般来说，项目具有如下基本特征：

（1）明确的目标。其结果可能是一种期望的产品，也可能是一种所希望得到的服务。

（2）独特的性质。每一个项目都是唯一的。

（3）资源成本的约束性。每一项目都需要运用各种资源来实施，而资源是有限的。

（4）项目实施的一次性。项目不能重复。

（5）项目的不确定性。在项目的具体实施中，外部和内部因素总是会发生一些变化，因此项目也会出现不确定性。

（6）特定的委托人。它既是项目结果的需求者，也是项目实施的资金提供者。

（7）结果的不可逆转性。不论结果如何，项目结束了，结果也就确定了。

所谓项目管理，就是项目的管理者，在有限的资源约束下，运用系统的观点、方法和理论，对项目涉及的全部工作进行有效的管理。即从项目的投资决策开始到项目结束的全过程进行计划、组织、指挥、协调、控制和评价，以实现项目的目标。

运营管理
Operations Management

PMBOK 定义了 42 个基本的项目管理过程，从过程输入、输出以及采用的工具和技术的角度给出了项目管理过程的详细描述。所谓过程就是基于一定输入，采用相关工具和技术，产生一定输出的活动集合。

PMBOK 把项目管理过程分为五类：

（1）启动。成立项目组，开始项目或进入项目的新阶段。启动是一种认可过程，用来正式认可一个新项目或新阶段的存在。

（2）计划。定义和评估项目目标，选择实现项目目标的最佳策略，制订项目计划。

（3）执行。调动资源，执行项目计划。

（4）控制。监控和评估项目偏差，必要时采取纠正行动，保证项目计划的执行，实现项目目标。

（5）结束。正式验收项目或阶段，使其按程序结束。

同时，PMBOK 按照所属知识领域，将项目管理过程组成九个项目管理知识领域：项目范围管理、项目时间管理、项目成本管理、项目质量管理、项目人力资源管理、项目沟通管理、项目风险管理、项目采购管理和项目集成管理。每个知识领域包括数量不等的项目管理过程。

1. 项目范围管理

项目范围管理是为了实现项目的目标，对项目的工作内容进行控制的管理过程。它包括范围的界定、范围的规划、范围的调整等。

2. 项目时间管理

项目时间管理是为了确保项目最终按时完成的一系列管理过程。它包括具体活动界定、活动排序、时间估计、进度安排及时间控制等工作。

3. 项目成本管理

项目成本管理是为了保证完成项目的实际成本、费用不超过预算成本、费用的管理过程。它包括资源的配置、成本及费用的预算、费用的控制等工作。

4. 项目质量管理

项目质量管理是为了确保项目达到客户所规定的质量要求所实施的一系列管理过程。它包括质量规划、质量控制和质量保证等。

5. 项目人力资源管理

项目人力资源管理是为了保证所有项目关系人的能力和积极性都得到最有效的发挥和利用所做的一系列管理措施。它包括组织的规划、团队的建设、人员的选聘和项目的班子建设等一系列工作。

6. 项目沟通管理

项目沟通管理是为了确保项目信息的合理收集和传输所需要实施的一系列措施，它包括沟通规划、信息传输和进度报告等。

7. 项目风险管理

项目风险管理涉及项目可能遇到的各种不确定因素。它包括风险识别、风险量化、制定对策和风险控制等。

8. 项目采购管理

项目采购管理是为了从项目实施组织之外获得所需资源或服务所采取的一系列管理措施。它包括采购计划、资源的选择以及合同的管理等工作。

9. 项目集成管理

项目集成管理是指为确保项目各项工作能够有机地协调和配合所展开的综合性和全局性的项目管理工作和过程。它包括项目集成计划的制订、项目集成计划的实施、项目变动的总体控制等。

项目管理是一项综合性、系统化的工作，成功的项目管理需要在不同的项目目标之间做出权衡，这种权衡最主要表现在范围、时间、成本和质量之间的权衡，也就是所谓项目管理三角形，如图 5-1 所示。

图 5-1 项目管理三角形

项目管理三角形强调的就是范围、时间、成本这三方面的相互影响的紧密关系。为了缩短项目时间，就需要增加项目成本（资源）或减少项目范围；为了节约项目成本（资源），可以减少项目范围或延长项目时间；如果需求变化导致增加项目范围，就需要增加项目成本（资源）或延长项目时间。因此，项目计划的制订过程是一个多次反复的过程，根据各方面的不同要求，不断调整计划来协调它们之间的关系。在项目执行过程中，当项目的某一因素发生变更时，往往会直接影响到其他因素，需要同时考虑一项变更给其他因素造成的影响，项目的控制过程就是要保证项目各方面的因素从整体上能够相互协调。

5.2 项目计划

5.2.1 项目的启动

5.2.1 时间、费用与质量的转换

5.2.2 项目管理的组织结构

从古至今，我们听说过很多关于做事情要注重开头的箴言，例如"万事开头难""好的开始是成功的一半"等。做项目也是如此，"项目不是在结束时失败，而是在开始时失败！"做过项目的人大概都会对这句话感触颇深。要想顺利地实施项目，项目启动阶段的工作不容忽视。

项目启动就是项目管理班子在项目开始阶段的具体工作，包括：项目或项目阶段的规划、实施和控制等过程。只有在项目的可行性研究结果表明项目可行，或项目阶段必备的条件成熟或已经具备的时候，才可以启动。贸然启动是不可取的。

真正的项目启动应该包含三方面的重要内容：一是项目或产品初步范围确定，二是项目的目标确定,三是已经选择或委任项目经理。如果按照 PMBOK 的说法,这几个方面的内容都应该在项目章程中得到体现。项目章程也可以简化为项目启动会议纪要,但关键点都在于项目经理确定,并给予了法定的正式权力。

1. 确定项目范围

启动阶段的项目范围是一个初步的范围,但启动阶段对于整个产品的范围必须要清晰,产品范围是产品应该具备的功能特性。而项目范围是项目管理和执行过程中所做的所有事情,比如风险应对、项目内学习培训,这些属于项目范围,但不属于产品范围。有了初步范围后可以启动项目,绝对不是指产品范围。启动项目的时候,产品范围必须要清楚,产品范围不清楚将导致成本、进度等无法受控。项目范围可以初步,是说工作分解结构可以是一个粗粒度的,细粒度的任务级可以在项目计划阶段再做。

2. 明确项目目标

确定项目目标是为了保证最终产出的项目成果能够为企业或客户带来实际的价值。很多时候项目经理不会考虑为何要制定这样的目标,只知道是高层制定的,项目按照目标做就可以了。如果不知道为何而做的话,是无法把问题做好的,项目经理有必要去深究项目目标的来源。项目目标是根据项目可行性研究和项目立项后确定的。项目目标最主要的来源仍然是商业目标驱动的,真正理解了商业目标,才可能在进度、质量、成本与范围发生冲突的时候知道如何去平衡。不要简单地把项目目标理解为进度目标,项目目标必须包含进度、成本和质量三方面的目标。否则我们虽然按时完工但做出来的产品可能无法卖出去,或者预算超支,在这种情况下项目仍然是不成功的。

3. 任命项目经理

任命项目经理、建立项目管理班子是项目启动阶段完成的标志之一。一般来说,应当尽可能早地选定项目经理,并将其委派到项目上去。项目经理无论如何要在项目计划执行之前到岗。不论是项目经理和项目管理班子接受他人委托对委托人的项目进行管理,还是自己选定和发起的项目,都要十分重视项目启动阶段的工作,包括明确资金、权限、时间、要求、双方责任以及进行广泛的沟通。

项目经理在接受委托之后,必须搞清楚项目涉及的各方面内容,可以把这些不同方面的内容称为项目变数、项目变量或项目参数。有些项目的发起人或委托人往往对项目的许多方面并不是很清楚,只有一个模糊的概念,尤其是一些高科技项目。如果项目由多个人或组织发起,问题可能会更严重。他们对于项目的目的、内容、范围和行动方案的认识在大多数情况下并不一致甚至存在矛盾。所以项目经理在项目启动时一定要负责统一他们的认识,有效规避缺乏共识和项目驱动力的风险。在项目开始前,或者在项目的启动阶段,多做些工作并且把工作做踏实是非常必要的,也是提前杜绝一些可预测风险发生的一个有效手段。缺乏共识,正是项目中最常见的风险,带来的后果有时难以估量。

在现代企业中,项目经理在组织中的工作,遇到的最大障碍就是人的障碍。真正的项目经理往往将 80% 以上甚至是 90% 的时间用在了沟通和合作上,大部分有经验的项目经理都会认为项目经理最重要的是做人的工作，和所有项目相关者达成共识。所以，项目启动中的项目启动大会、以及项目小组首次会议显得非常的重要和关键。

项目启动会是万里长征第一步。召开项目启动会，是明确项目实施的意义，说明项目实施成功的关键因素，确定双方的职责的一个行之有效的办法。项目启动会的规模、方式、内容可以根据项目的具体情况来灵活选择，例如进行正式的项目签字仪式、项目动员大会等，类似于行军打仗前进行的誓师活动。

而项目小组首次会议，首先，可以初步了解项目团队中不同人的经历和特长，确定谁能或愿意执行不同的项目任务，增加成员实际接受相应任务的可能性。其次，将项目成员的个人目标、日常工作目标及项目小组工作目标三者统一起来，使其能真正投入小组工作。再次，让成员们有机会相互了解并建立信任，这也是成功团队的特征。最后，尽可能地解除项目成员心中的疑虑，让大家都能够清楚自己所从事的是一项什么样的工作，对自己能带来什么样的价值。因此，项目小组首次会议可以说是项目成功的一个基石。

5.2.2 项目的组织

组织结构是反映生产要素相互结合的结构形式，即管理活动中各种职能的横向分工与层次划分。由于生产要素的相互结合是一种不断变化的活动，所以组织也是一个动态的管理过程。就项目这种一次性任务的组织而言，客观上同样存在着组织设计、组织运行、组织更新和组织终结的寿命周期，要使组织活动有效地进行，就需要建立合理的组织结构。

在建立组织结构时，必须注意以下五个基本原则：一是组织结构必须反映的目标和计划；二是必须根据工作任务需要来设计组织结构；三是必须保证决策指挥的统一；四是必须有利于全过程及全局的控制；五是必须考虑各种报告、汇报的方式、方法和制度。

除了上述一般组织的设计原则，项目的组织结构还必须遵守以下特殊的组织原则：一是项目的性质和规模。项目组织结构是为了有效地实施项目的任务而采取的一种组织手段，所以它必须适应项目的性质与规模要求。二是项目在企业中的地位与重要性。由于企业拥有的资源是有限的，而且一般都要同时承担多个项目，每个项目对企业效益的影响不同，对于特别重要的项目，企业需要调用各方面的力量来保证其目标的实现，而对于那些重要性相对不大的项目，则可以委托某一部分人或某一部门去自行组织。

根据以上项目组织结构的设计原则，项目管理中常见的组织形式有以下几种类型：

1. 职能式组织结构

层次化的职能式组织结构是一个金字塔形的结构，高层管理者位于金字塔的顶部，中层和基层管理则沿着塔顶向下分布。一个项目可以作为企业中某个职能部门的一部分，而这个部门应该是对项目的实施最有帮助或最有可能使项目成功的部门。该部门的负责人就是这个项目的行政上级。

这种结构的优点：一是在人员使用上具有较大的灵活性，只要选择了一个合适的职能部门作为项目的上级，该部门就能为项目提供它所需要的专业技术人员，而且技术专家可以同时被不同的项目所使用，并在工作完成后又可以回去做他们原来的工作；二是在人员离开项目组甚至离开企业时，职能部门可作为保持项目连续性的基础；三是职能部门可以为本部门的专业人员提供一条正常的晋升途径。

这种结构的缺点：一是技术复杂的项目通常需要多个部门的共同合作，但这种组织结构在跨部门之间的合作与交流方面存在一定困难；二是这种组织结构使得客户得不到应有的关注，因为职能部门有自己的日常工作，所以项目和客户的利益得不到优先考虑；三是职能部门的工作方式常常是面向本部门活动的，而一个项目要取得成功，其采取的工作方式必须是面向问题的；四是调配给项目的人员工作积极性往往不是很高，项目任务不会被视为是他们的主要工作，有的甚至将项目任务当成额外的负担；五是在这种组织结构中，有时会出现没有一个人承担项目的全部责任，往往是项目经理只负责项目的一部分，另外一些人则负责项目的其他部分，最终导致协调困难的局面，这种困难局面会对客户要求的响应变得迟缓和艰难。

2. 项目式组织结构

项目式组织结构是将项目从组织中分离出来，作为独立的单元来处理，有其自己的技术人员和管理人员。

项目式组织结构的优点是：第一，项目经理对项目全权负责，因此他可以全身心地投入到项目中去，可以调用整个组织内部与外部的资源；第二，项目组织的所有成员直接对项目经理负责，每个成员只有一个上司，避免了多重领导、无所适从的局面；第三，权力的集中加快了决策的速度，使整个项目组织能够对客户的需要和高层管理的意图做出更快的响应；第四，项目的目标是单一的，项目组成员能够明确理解并集中精力于这个单一目标，团队精神能充分发挥；第五，由于项目从职能部门中分离出来，使得沟通途径变得简洁，易于操作，在进度、成本和质量等方面的控制较为灵活。

这种组织结构的缺点是：第一，当一个企业有多个项目时，每个项目有自己一套独立的班子，这会造成人员、设施、技术及设备等资源的重复配置，而且为了保证项目需要时能马上得到所需的专业技术人员及设备等，项目经理往往会将这些关键资源储备起来，使得具有关键技术的人员聘用的时间比项目需要他们的时间更长；第二，当项目具有高科技特征时，由于职能部门对于不属于本部门的项目成员不直接开放，因而调用某些专业领域有较深造诣的人员阻力较大；第三，对项目组成员来说，缺乏一种事业的连续性和保障，项目一旦结束，项目组成员就会失去他们的"家"。

3. 矩阵式组织结构

矩阵式组织结构是为了最大限度地发挥项目式组织结构和职能式组织结构的优势，尽量避免其弱点而产生的一种组织结构。它是在职能式组织的垂直层次结构上叠加了项目式组织的水平结构。

作为职能式组织结构和项目式组织结构的结合，矩阵式组织结构可采取多种形式，这取决于它需要偏向哪个极端。如若需要一个强矩阵形式，则它类似于项目式组织结构，但项目并不从组织中分离出来作为独立的单元。项目经理向项目经理的主管报告，项目经理主管同时管理着多个项目，项目中的人员根据需要分别来自各职能部门，他们全职或兼职地为项目工作。在这里，项目经理决定什么时候做什么，而职能部门经理决定将哪些人员派往哪个项目，要用到哪些技术。与此同时，职能部门一直进行着它们各自的工作。

矩阵式组织结构的另一极端是与职能式组织结构类似的弱矩阵形式。项目可能只有一个全职人员，项目经理和项目组成员不是从职能部门直接调派过来，而是利用他们在职能部门为项目提供服务，项目所需要的服务，都可由相应职能部门提供。

矩阵式组织结构的优点可以概括为：一是项目是工作的焦点，有专门的人即项目经理负责管理整个项目，负责在规定的时间、费用、质量要求等条件下完成项目；二是由于项目组织是覆盖职能部门的，它可以临时从职能部门抽调所需的人才，所以项目可以分享各个部门的技术人才储备（当有多个项目时，这些人才对所有项目都是可用的，可大大减少如项目式组织中出现的人员冗余）；三是当有多个项目同时进行时，企业可以平衡资源以保证各个项目都能完成其各自的进度、费用及质量要求；四是对客户要求的响应与项目式组织结构一样快捷灵活，对组织内部的要求也能做出较快的响应；同时，在矩阵式组织结构的项目中会有来自行政部门的人员，他们会在企业规章制度的执行过程中保持与企业的一致性；五是项目组成员对项目结束后的忧虑减少，他们一方面与项目有很强的联系，另一方面对职能部门也有一种"家"的感觉。

当然，矩阵式组织结构的缺点也是明显的，概括起来有：第一，多个项目在进度、费用与质量能够取得平衡，这既是优点，也是缺点，因为事实上，在多个项目中有主次之分，资源在项目之间流动容易引起项目经理之间的争斗；第二，在矩阵式组织结构中，项目经理主管项目的行政事务、职能部门经理负责项目的技术与资源支持，但在项目执行过程中，项目经理必须就各种问题，如资源分配、技术支持等与部门经理进行谈判，如果项目经理在这方面没有很强的能力，就会影响到项目的成功；第三，矩阵式组织结构违反了命令单一性的原则，项目组成员有两个上司，即项目经理和部门经理，当他们的命令有分歧时，会令成员感到无所适从。

4. 复合式组织结构

在一个企业中，可以同时存在职能式组织结构的项目和项目式组织结构的项目，这就是复合式组织结构。

在这种复合式组织结构中，企业可先将刚启动且尚未成熟的项目放在某个职能部门的下面，当其逐渐成熟并具有一定地位以后将其作为一个独立的项目，最后也有可能发展成为一个独立的部门。

这种复合式组织结构使企业在建立项目组织时具有较大的灵活性，但也有一定的风险。同一企业的若干项目采取不同的组织形式，由于利益分配上的不一致，容易产生矛盾。

综上所述，项目的组织结构可以多种多样，应当根据组织所在行业、项目的性质不同，考虑选择职能式组织结构、项目式组织结构或矩阵式组织结构。不同组织结构的特点如表5-1所示。

表5-1 不同组织结构的特点

分类 内容	职能式	矩阵式			项目式
		弱矩阵式	平衡矩阵式	强矩阵式	
项目经理权限	很少或没有	有限	小到中等	中等到大	很高甚至全权
全职工作人员比例	几乎没有	0~25%	15%~60%	50%~95%	85%~100%
项目经理任务	兼职	兼职	全职	全职	全职
项目经理常用头衔	项目协调员	项目协调员	项目经理	项目经理	项目经理
项目管理行政人员	兼职	兼职	兼职	全职	全职

5.2.3 项目工作分解结构

项目需要团队成员分工合作、配合完成。因此如何分解项目目标，合理分配项目工作，就成为项目开始阶段必须完成的任务。

在项目管理中，工作分解结构（Work Breakdown Structure，WBS）是一个详尽的、层次的（从全面到细节）的树形结构，由可交付成果与为了完成项目需要执行的任务组成。WBS的目的是识别终端元素（项目中实际需要完成的事项）。因此，WBS是项目计划的基础。

在进行项目工作分解的时候，一般遵从以下几个主要步骤：

1. 明确并识别出项目的各主要组成部分，即明确项目的主要可交付成果

一般来讲，项目的主要组成部分包括项目的可交付成果和项目管理的本身。在进行这一步时需要回答的问题是：要实现项目的目标需要完成哪些主要工作（一般情况下，项目的主要工作是指贯穿项目始终的工作，它在项目分解结构中主要被列在第二层）？

2. 确定每个可交付成果的详细程度是否已经足以编制恰当的成本和进行历时估算

"恰当"的含义可能会随着项目的类型而有所不同。对每个可交付成果，如果已经足够详细，则进入到第四步，否则接着进入第三步——这意味着不同的可交付成果可能有不同的分解层次。

3. 确定可交付成果的组成元素

组成元素应当用切实的、可验证的结果来描述，以便进行绩效测量。切实、可验证的结果既可包括产品,又可包括服务。这一步要解决的问题是:要完成上述可交付成果,有哪些更具体的工作要做?对于可交付成果的更小的构成部分,应该说明需要取得哪些可以核实的结果以及完成这些更小组成元素的先后顺序。

4. 核实分解的正确性

需要回答下列问题:

(1) 最底层项对项目分解来说是否是必需而且充分的呢?如果不是,则必须修改组成元素(添加、删除或重新定义)。

(2) 每项的定义是否清晰完整?如果不完整,则需要修改或扩展描述。

(3) 每项是否都能够恰当地编制进度和预算?是否能够分配到接受职责并能够圆满完成这项工作的具体组织单元(例如部门、项目队伍或个人)?如果不能,需要做必要的修改,以便于提供合适的管理控制。

一般来说,工作分解结构 WBS 的最小组成元素被称为工作包(Work Package)。一个项目,被分解为多个任务,每个任务再被分解为子任务……直至分解为工作包,形成如图 5-2 所示的层级结构。

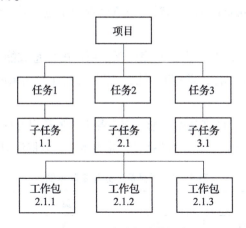

图 5-2 工作分解结构示意图

通常,人们习惯于按照两种不同路径来编制 WBS。一种是面向任务的路径,即依据完成项目需要进行的工作,逐步分解。例如,研制一辆汽车,可以分解为设计、采购、制造、测试等工作。另一种是面向可交付成果进行分解,即依据项目成果的不同部分进行分解,例如,研制一辆汽车,可以分解为发动机、车身、内饰等多个部分。关于 WBS 究竟应该是面向任务还是面向可交付成果,没有简单的划分标准,根据不同的项目特征、不同的项目团队,可以有所不同。

很多项目管理软件,例如 Microsoft Project 等,可以帮助我们绘制出高效、美观、实用的WBS。但是,在 WBS 开发的早期阶段,更重要的是团队讨论,因此,在即时贴上做笔记其实是最好的工具,因为它最有利于呈现和综合团队成员的意见。

5.2.4 项目责任分配矩阵

WBS 完成以后，还有一项与之紧密联系的工作，需要在项目计划阶段完成，那就是项目责任分配矩阵（Responsibility Assignment Matrix，RAM）。

责任分配矩阵是用来对项目团队成员进行分工，明确其角色与职责的有效工具，通过这样的关系矩阵，项目团队每个成员的角色（也就是谁做什么），以及他们的职责（也就是谁决定什么），得到了直观的反映。项目的每个具体任务都能落实到参与项目的团队成员身上，确保了项目"事有人做，人有事干"。

责任分配矩阵是一种以表格的形式来表示工作分解结构中工作包的个人责任的方法。责任矩阵表头部分填写项目需要的各种人员角色，而与活动交叉的部分则填写每个角色对每个活动的责任关系，从而建立"人"和"事"的连接。不同的责任可以用不同的符号表示，最常用的是 RACI（执行、负责、咨询和知情）。

（1）谁负责（R = Responsible），即负责执行任务的角色，他/她具体负责操控项目、解决问题。

（2）谁批准（A = Accountable），即对任务负全责的角色，只有经他/她同意或签署之后，项目才能得以进行。

（3）咨询谁（C = Consulted），即拥有完成项目所需的信息或能力的人员。

（4）通知谁（I = Informed），即拥有特权、应及时被通知结果的人员，但不必向他/她咨询、征求意见。

RACI 模型通常利用 RACI 图来帮助讨论、交流各个角色及相关责任，如表 5-2 所示。如果团队是由内部和外部人员组成的，RACI 图就显得尤为重要，以保证对角色和期望的明确划分。

表 5-2 项目责任分配矩阵示例

RACI 图	人员				
活动	李明	张华	周新	刘慧	丁清
定义	A	R	I	I	I
设计	I	A	R	C	C
开发	I	A	R	C	C
测试	A	I	I	R	I

当然，RACI 图只是 RAM 的一种类型，项目经理也可根据项目的需要，选择"领导""资源"或其他适用词汇，来分配项目责任。例如 P（Principal）表示负责人；S（Support）表示支持者或参与者；R（Review）表示审核者。用责任分配矩阵可以非常方便地进行责任检查：横向检查可以确保每个活动有人负责，纵向检查可以确保每个人至少负责一件"事"。在完成后续的项目估算工作之后，还可以横向统计每一项工作的总工作量，纵向统计每个角色承担的总工作量等。

5.3 项目进度安排

项目进度安排就是对所有的项目活动进行排序并且估算活动时间,合理分配项目时间的过程。在项目工作分解结构和责任分配矩阵的基础上,项目管理者需要明确每项活动(工作包)之间的相互关系,估算出完成每项活动(工作包)所花费的时间,进而推算出整个项目的进度。

项目进度安排是项目管理的重要工作,管理者需要依据项目进度,决定每个阶段需要投入的人力和物力,还需要根据工作所需技能的不同(例如不同的管理人员、技术人员、施工人员等)安排人力资源的投入。

5.3.1 项目计划评审技术

计划评审技术(Program Evaluation and Review Technique,PERT)源于1958年美国海军的北极星导弹研制计划,其主要目的是针对不确定较高的工作项目,以网络图规划整个项目,以排定期望的进度。计划评审技术将项目分解为多个独立的活动并确定每个活动的工期,然后用逻辑关系(结束—开始、结束—结束、开始—开始和开始—结束)将活动连接,从而计算项目的工期。PERT技术使原先估计的研制北极星潜艇的时间缩短了两年。

PERT图把项目描绘成一个由编号节点构成的网络图,编号节点代表着项目中的任务。每个节点都被编号,并且标注了任务、工期、开始时间和完成时间。根据绘制方法的不同,网络图可以分为两种:单代号网络图(Activity-On-Node,AON)和双代号网络图(Activity-On-Arrow,AOA)。单代号网络图也叫作前导法(Precedence Diagramming Method,PDM),它用方框或者长方形(被称作节点)代表活动,它们之间用箭头连接,显示它们彼此之间存在的逻辑关系,如图5-3所示。

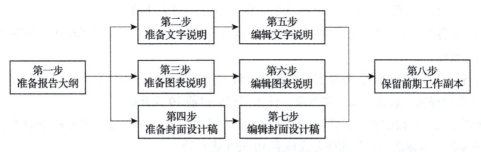

图 5-3 单代号网络图示例

双代号网络图又称为箭线法(Arrow Diagram Method,ADM),是一种利用箭线代表活动,而在节点处将活动联系起来表示依赖关系的编制项目网络图的办法,如图5-4所示。在图5-4中,编号B代表突发事件或者是源节点,它有多个子节点——子任务2、3和4。编号F代表末节点,它有多个紧前事件——子任务5、6和7。

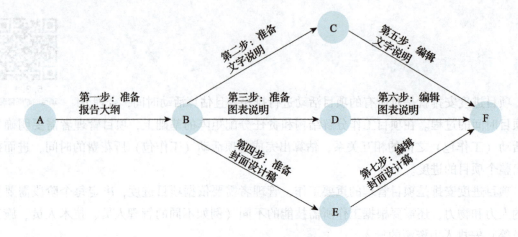

图5-4 双代号网络图示例

无论采用单代号网络图,还是双代号网络图,都反映了项目任务之间的逻辑关系。常见的逻辑关系术语包括:

(1) 优先级——展示任务的逻辑优先顺序。
(2) 紧前事件——必须要先做的工作。
(3) 后续任务——必须等待紧前事件完成后才能开始的工作。
(4) 事件联系——各项任务之间的先后顺序。
(5) 活动依赖关系——由"事件联系"决定。

并且,由上面的示例可以看出,在项目中,活动之间的依赖关系多种多样,归纳起来,主要有以下几种:

(1) 完成到开始(FS)——B活动的开始要等到A活动完成。
(2) 开始到开始(SS)——B活动的开始要与A活动同时开始。
(3) 完成到完成(FF)——B活动要和A活动同时完成。
(4) 开始到完成(SF)——B活动的完成要等到A活动开始。

在以上各种依赖关系中,两项活动之间可能存在时间间隔,即一个活动在事件联系中可能超前或延迟。

所谓超前,是指后续任务提前而改变的逻辑关系。比如,在一个完成到开始的依赖关系中有10天的提前,后续工作就能在前一任务完成后提前10天开始。

所谓延迟,是指改变了后续活动的开始时间。比如,在一个完成到开始的依赖关系中有10天的延迟,后续活动在紧前任务完成后10天才能开始。

在绘制了项目网络图之后,为了得知项目的进度和完成时间,需要了解每一个任务的开始时间和结束时间。那么,如何计算每一个任务的开始时间和结束时间呢?

5.3.2 三点估算法

在项目计划评审技术中,使用三点估算法来计算任务的完成时间。

三点估算法是指对于每一个活动，在计算每项活动的工期时都要考虑三种可能性，计算最可能的工期、最乐观的工期、最悲观的工期，然后再计算出该活动的期望工期。通过考虑估算中的不确定性和风险来界定活动持续时间的近似区间，可以提高活动持续时间估算的准确性。

最可能工期（t_m）：基于最可能获得的资源、最可能取得的资源生产率、对资源可用时间的现实预计、资源对其他参与者的可能依赖及可能发生的各种干扰等，所估算的活动持续时间。

最乐观工期（t_o）：基于活动的最好情况，所估算的活动持续时间。

最悲观工期（t_p）：基于活动的最差情况，所估算的活动持续时间。

基于持续时间在三种估算值区间内的假定分布情况，使用公式来计算期望持续时间t_e。根据贝塔分布：

$$t_e = \frac{t_o + 4t_m + t_p}{6}$$

可以看出，预期活动持续时间（t_e）表示 50% 概率的可能性在该工期完成。工期落在预期活动持续时间 1 个标准差的范围之间的概率是 68.26%，落在 2 个标准差的范围之间的概率是 95.46%，落在 3 个标准差的范围之间的概率是 99.73%。

5.3.3 关键路径法

关键路径法（Critical Path Method，CPM）是现代项目管理中最重要的分析工具之一。关键路径法是由美国 Du Pont 公司在 1950 年代末期发明的预测模型，它是一种基于数学计算的项目计划管理方法，是网络图计划方法的一种。

关键路径是由贯穿项目始终的关键性任务所决定的，它既表示了项目的最长耗时，也表示了完成项目的最短可能时间。"关键路径"这个词有时候会被人误解。其实，它不代表这条路径上的任务有多特别，只是项目进度安排的一种常态。它帮助项目管理者发现在项目进度表中哪个任务会产生最重要的影响，而哪些活动的提前或者推后不会影响到项目里程碑或者是项目结束时间。并且，在关键路径法的活动上加载资源后，还能够对项目的资源需求和分配进行分析。

关键路径法是项目进度管理中很实用的一种方法，其工作原理是：为项目网络图中的每一项活动计算工期、定义最早开始和结束时间、定义最迟开始和结束时间、按照活动的关系形成顺序的网络逻辑图，找出必需的最长的路径，即为关键路径。因此，在关键路径法中，一般有以下一些时间参数：

（1）最早开始时间（Early Start）：一项活动最早开始时间由所有前置活动中最后一个最早结束时间确定。

（2）最早结束时间（Early Finish）：一项活动的最早结束时间由活动的最早开始时间加上其工期确定。

（3）最迟结束时间（Late Finish）：一项活动在不耽误整个项目的结束时间的情况下能够最迟开始的时间。它等于所有紧后工作中最早的一个最晚开始时间。

（4）最迟开始时间（Late Start）：一项活动在不耽误整个项目的结束时间的情况下能够最早开始的时间。它等于活动的最迟结束时间减去活动的工期。

(5) 总时差（Total Float）：一项活动在不影响整体计划工期的情况下最大的浮动时间。

(6) 自由时差（Free Float）：一项活动在不影响其紧后工作的最早开始时间的情况下可以浮动的时间。

在网络图中，用方框来代表一个项目、任务或者活动，每个方框中心都直接代表项目活动，其他方格分别列出活动的最早开始时间、最早结束时间、最晚开始时间、最晚结束时间、持续时间以及时差，如图5-5所示。

最早开始时间	持续时间	最早结束时间
	活动描述	
最晚开始时间	时差	最晚结束时间

图 5-5 活动描述框

下面，我们以一个简单的项目网络图为例，介绍关键路径法的计算步骤，第一，计算每一项活动的最早开始时间和最早结束时间，如图5-6所示。

计算最早开始时间和最早结束时间（顺推算法）：

(1) 从左（最初）开始向右（结束）推导最早开始时间和最早结束时间。

(2) 在例子上边两个方格中写上最早开始时间和最早结束时间。

(3) 假设是从第0天开始的。这是你可以开始A的最早时间。如果A需要1单位时间，那么A的最早完成时间就是1。

(4) 在这个例子中，B在A之后进行。那么它的最早开始时间就是A的结束时间1。因此，B的最早开始时间就是1，因为B需要2.5单位时间，那么B的最早完成时间就是3.5单位时间（1+2.5=3.5）。

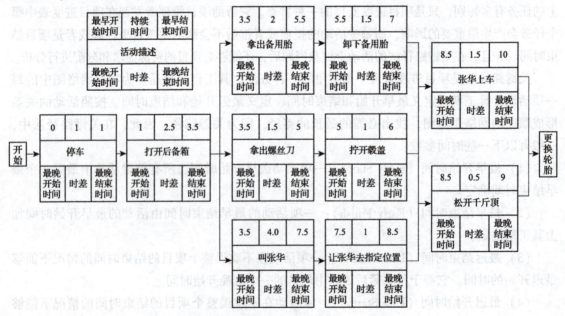

图 5-6 顺推法

第二，从网络图的最后一项活动开始，从后往前计算每项活动的最晚结束时间和最晚开始时间，如图 5-7 所示。

<u>计算最晚开始时间和最晚结束时间（逆推算法）：</u>

（1）从项目结束时间从后往前推算项目的最晚开始时间和最晚结束时间。

（2）在任务方格最下面两格中写上最晚开始时间和最晚结束时间。

（3）例子中结束时间是 10，所以例子中结束任务的最晚结束时间是 10。每个项目的开始时间应该是项目的最晚结束时间减去其运行时间。举例来说，I 的最晚结束时间是 10，最晚开始时间是 8.5，就是通过用 10 减去其持续时间 1.5 得到的。

（4）沿着箭头的反方向往前推，F 的最晚结束时间是 I 的最晚开始时间，即 8.5，这表示 F 的最晚开始时间是 7，即用 8.5 减去其持续时间 1.5 得到。

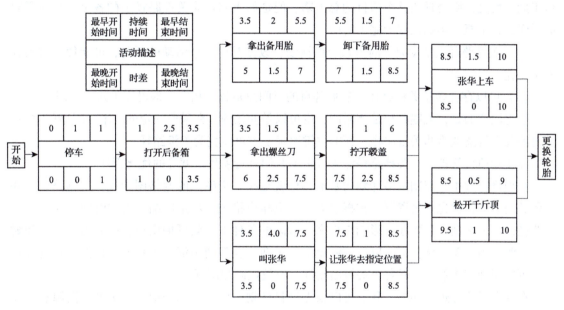

图 5-7 逆推法

第三，计算项目的时差。

<u>项目浮动时间/时差：</u>

（1）项目浮动时间就是最早结束时间和最晚结束时间的差值。

（2）项目浮动经常发生在非关键路径上。在关键路径上，最早结束时间和最晚结束时间是一样的。

（3）两个或多个任务，共用一个非关键路径，会有共有的相同浮动时间。

对于一个项目而言，只有项目网络中最长的或耗时最多的活动完成之后，项目才能结束，这条最长的活动路线就叫作关键路径，组成关键路径的活动称为关键活动。通常做法是：

（1）将项目中的各项活动视为有时间属性的节点，从项目起点到终点进行排列。

（2）用有方向的线段标出各节点的紧前活动和紧后活动的关系，使之成为一个有方向的网络图。

运营管理
Operations Management

（3）用顺推法和逆推法计算出各个活动的最早开始时间、最晚开始时间、最早完工时间和最迟完工时间，并计算出各个活动的时差。

（4）找出所有时差为零的活动所组成的路线，即为关键路径。

（5）识别出准关键路径，为网络优化提供约束条件。

项目的关键路径具有以下特点：

（1）关键路径上的活动持续时间决定了项目的工期，关键路径上所有活动的持续时间总和就是项目的工期。

（2）关键路径上的任何一个活动都是关键活动，其中任何一个活动的延迟都会导致整个项目完工时间的延迟。

（3）关键路径上的耗时是可以完工的最短时间量，若缩短关键路径的总耗时，会缩短项目工期；反之，则会延长整个项目的总工期。但是如果缩短非关键路径上的各个活动所需要的时间，也不至于影响工程的完工时间。

（4）关键路径上活动是总时差最小的活动，改变其中某个活动的耗时，可能使关键路径发生变化。

（5）可以存在多条关键路径，它们各自的时间总量肯定相等，即可完工的总工期。

值得注意的是，关键路径是相对的，也可以是变化的。在采取一定的技术组织措施之后，关键路径有可能变为非关键路径，而非关键路径也有可能变为关键路径。

在实际项目管理中，关键路径法可以帮助我们进行项目进度等的优化管理。

在项目管理中，编制网络计划的基本思想就是在一个庞大的网络图中找出关键路径，并对各关键活动，优先安排资源，挖掘潜力，采取相应措施，尽量压缩需要的时间。而对非关键路径的各个活动，只要在不影响工程完工时间的条件下，就可抽出适当的人力、物力和财力等资源，用在关键路径上，以达到缩短工程工期、合理利用资源等目的。在执行计划过程中，可以明确工作重点，对各个关键活动加以有效控制和调度。

在这个优化思想指导下，我们可以根据项目计划的要求，综合地考虑进度、资源利用和降低费用等目标，对网络图进行优化，确定最优的计划方案。下面分别讨论在不同的目标约束下，优化方案策略的制定步骤。

目标一：时间优化。即根据对计划进度的要求，缩短项目工程的完工时间。

可供选择的方案是：

（1）采取先进技术的措施，如引入新的生产机器等方式，缩短关键活动的作业时间。

（2）利用快速跟进法，找出关键路径上的哪个活动可以并行。

（3）采取组织措施，充分利用非关键活动的总时差，利用加班、延长工作时间、倒班制和增加其他资源等方式合理调配技术力量及人、财、物等资源，缩短关键活动的作业时间。

目标二：时间—资源优化。即在考虑工程进度的同时，考虑尽量合理利用现有资源，并缩短工期。

具体要求和做法是：

（1）优先安排关键活动所需要的资源。

（2）利用非关键活动的总时差，错开各活动的开始时间，拉平资源所需要的高峰，即人们常说的"削峰填谷"。

（3）在确实受到资源限制，或者在考虑综合经济效益的条件下，也可以适当地推迟工程时间。

目标三：时间–费用优化。这个目标包括两个方面。一个是在保证既定的工程完工时间的条件下，所需要的费用最少；另一个是在限制费用的条件下，工程完工时间最短。

一般来讲，工程费用可分为直接费用和间接费用两大类，其中直接费用包括直接生产的工人工资及附加费，设备折旧、能源、工具及材料消耗等直接与完成活动有关的费用。为缩短活动的作业时间，需要采取一定的技术组织措施，相应地需要增加一部分直接费用，如为了赶工增加设备或者单位时间内增加能源消耗等。因此，在一定条件下和一定范围内，活动的作业时间越短，直接费用越多。间接费用通常包括管理人员的工资、办公费等，从成本会计角度，我们把间接费用按照工程的施工时间进行直接分摊。在一定的生产规模内，活动的作业时间越短，分摊的间接费用也越少。因此，我们有以下时间—费用函数：

$$Y = f_1(t) f_2(t)$$

式中　Y——总费用；

　　　$f_1(t)$——直接费用；

　　　$f_2(t)$——间接费用。

该方程式表明，工程项目的不同完工时间所对应的活动总费用和工程项目所需要的总费用随着时间的变化而变化。假设当 $t = T'$ 时，$Y' = \text{Min}(Y)$。即工程总费用达到最低点，我们将 T' 点称为最低成本日程（我们可以用一阶导数为零，二阶导数为正来求得 T' 点）。在制订网络计划时，无论是以降低费用为主要目标，还是尽量缩短工程完工时间为主要目标，都要计算最低成本日程，从而拟定出时间—费用的优化方案。

CPM 主要是一种基于单点时间估计、有严格次序的一种网络图。它在项目管理应用中既有优点，又有其不足之处。

CPM 的优点表现为：它的出现为项目提供了重要的帮助，特别是为项目及其主要活动提供了图形化的显示，这些量化信息为识别潜在的项目延迟风险提供了极其重要的依据。

CPM 也存在一些缺点和有待改进的地方。首先，现实生活中的项目网络往往包括上千项活动，在制定网络图时，极其容易遗漏；其次，各个工资之间的优先关系未必十分明确，难以作图；再次，各个活动时间经常需要利用概率分布来估计时间点，有可能发生偏差；最后，确定关键路径目标其实质上为了确保项目按照这一特定的顺序严格执行，从而不至于使整个项目停顿、拖延，如果管理团队确实无法确定工作，就应该在项目运作的计划中进行充分的分析和重新安排，此时网络计划显得无能为力。因此，在项目中，采用 CPM 也需要同时辅助使用其他工具和方法。

5.3.4　关键链法

根据约束理论，要提高产出，首先要找到系统的制约因素。而项目的制约因素是什么呢？根据瓶颈决定系统的有效产出的原则，项目的制约因素有两个。其一是关键路线，即从项目开始到结束占用时间最长的路径。因为关键路线决定项目的工期，关键路线上的任何延误都会造成工期的延误。其二是瓶颈资源，即多个工序争夺的资源。工序之间因为共用一个资源而会产生相互依存的关系，在产能有限的情况下，有些原本平行的工序就只能先后进行，从而导致非关键路线上的非正常延误，最后影响整个工期。

将资源约束提升到与工序间逻辑依赖关系同等重要的地位，认为是各工序持续时间、紧前关系与资源供求之间的相互作用共同决定着项目总工期。这种相互作用导致一个或更多的工序序列决定了项目最早完工时间，我们将这种序列称为关键链，并将其定义为"决定项目最早完工时间的有序活动所组成的链路"。所以，关键链是项目进度的约束而非关键路径。

1. 关键链的思想和方法

（1）采用50%的概率可能完成的时间作为工序工期的估计。统计规律告诉我们，保证整个工序链在某一概率下完成所用的缓冲时间，将比单独保证每一工序在相同概率下完成所用缓冲时间之和少得多。例如，某项目有4个工序，需要保证90%的概率完成。每个工序50%概率完成的时间是1天，概率完成的时间为1天。

如果我们考虑每个工期的风险性，每个工序都以90%概率完成来估计（2天），那么总工期为8天。但如果以50%概率估计每个工序的工期（1天），并在工序链后设置2天的缓冲区，那么我们同样可以保证90%概率完成。而此时总工期为6天。

通过这样的方法能大大地缩短工期估计的时间，将原来工期估计中的水分滤掉。采用50%的概率估计，充分地考虑了在项目实际进行中人的心理、行为等因素对项目带来的影响。组织行为学理论认为，大多数人不到任务的确很紧急的时候，是不会全身心地投入到工作中去的，因此前面的时间工作效率很低。比如大学生们平时学习缺乏压力，效率不高，而考试前的两三周是效率最高的。一般来说，人们在前2/3的时间里，往往只能完成的1/3工作，而在后1/3时间内，完成的却是2/3的工作量。我们把这种情况称作"学生综合征"。如果我们一开始就能够让人们觉得任务的确很紧迫，那么人们的行动就会有很大的不同。

（2）将项目关键链而不是关键路线作为项目的约束。关键链可定义为使得项目很难更快完成的一系列有序工序的总和。在关键链里，资源依赖与工序逻辑关系依赖同等重要。关键链法有一个隐含的假设：满足潜在资源约束的可行性方法是首先找出关键路线，然后再进行资源优化配置。由于资源约束的重要性，务必用约束理论来指导项目资源配置，约束理论总是考虑到它。因此，关键链这种方法满足了工艺逻辑、资源等各种项目约束条件，并将时间最长的路线作为关键链。

（3）在关键链后设置项目缓冲区。50%的工期估计是容易出现延误的。项目关键链管理在关键链后设置项目缓冲区（PB），将延误控制在预期的范围内。项目缓冲区在项目计划中也以工序的形式出现，只是不需要任何资源配置。项目缓冲区的长短可以按如下方法设置。假设开工时所有资源都已到位，人们可以100%地投入，请求项目人员估算平均工期时间，最后用这些压缩了的工期来制定出关键链，并将低风险的估计与平均工期时间的差值作为缓冲区放在关键链后。在实际操作中，项目缓冲区的时间长度可以简化，粗略取作项目缓冲区前关键链总时间的一半。

（4）在工序链汇入处设置汇入缓冲区。关键链法为防止汇入关键链工序给关键链带来的延误，在汇入关键链工序后也设置了关键链汇入缓冲区（CCFB）。CCFB 能消化汇入关键链的工序带来的延误，如图 5-8 所示。

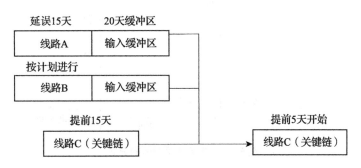

图 5-8　CCFB 能消化汇入关键链的工序带来的延误

（5）将缓冲区作为控制和衡量项目进度的有效工具。关键链法用缓冲区（包括 CCFB、PB）来评价项目工序链的实施业绩，这个过程衡量和评价方法使得项目人员向完成目标努力。

（6）使非关键链工序服从资源约束的要求。传统关键路线法（CPM），鼓励工序越早开始越好，从而减少项目延误的风险。而关键链法（CCPM）却要求非关键链工序越晚开始越好。它的优点在于减少工序返工，延迟现金流支出，使得项目启动时，人员能集中精力完成为数不多的工序，减少工作干扰，使后续工序得以顺利开展。

2. 关键链管理的主要优点

（1）关键链不仅考虑了任务间的紧前关系约束，而且考虑了任务间的资源冲突，即关键链综合考虑了任务逻辑关系和资源约束，因此更加符合实际。

（2）关键链标识了项目周期的制约因素和资源瓶颈，指出了项目中的关键因素，即关键链上的任务和瓶颈资源，有利于项目过程中资源的配置，降低了因资源而引起的进度风险。

（3）关键链为项目管理人员保证项目的如期完成提供了有效途径，即通过缓冲区的设置，大大降低了项目重计划的频率，是一种较稳定的计划方法。

（4）从系统的观点考虑问题，强调维持局部最优是无效的，必须保持系统整体的性能和最优。

（5）关键链概念更为准确、合理地体现了项目真正的关键与约束所在，使得实际管理工作更具针对性。

（6）运用概率分布理论，在计划编制和实施中考虑人的心理因素的影响，并采取相应措施克服传统进度管理方法实施过程中出现的工期过长、容易延误等缺陷。比如项目经理对项目移交的最终期限负责，鼓励客观真实的估计任务的持续时间。

3. 不确定性与任务的时间估计

墨菲法则认为"任何可能变坏的事情都会变坏"，用概率语言来描述便是事情变坏的可能性大于变好的可能性。这并非一种悲观主义论调，其实墨菲本人是一个乐观主义者。根据这种观点，关键链认为项目中任务持续时间通常都具有右倾的概率密度分布形式，如图 5-9 所示。

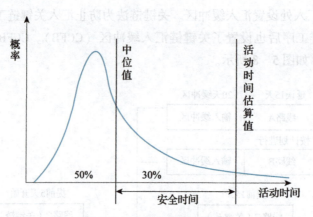

图 5-9 任务持续时间的分布

这个图较符合常识，具有一定的下限，却有可能在某些极端情况下耗费比正常时间长得多的时间。高德拉特建议采用中值即分位数作为任务持续时间的单点估计，将单个任务的风险因素放到关键链缓冲里考虑，以缩短工期估计。

4. 缓冲机制

缓冲机制是关键链的核心与精华所在，在关键链中包含有三类缓冲，分别是项目缓冲、输入缓冲和资源缓冲。关键链所编制的是一种严格的计划，同时它采用缓冲来评价项目进度的实施绩效。缓冲除了为项目变化提供保护之外，缓冲消耗的程度可充当项目进度险的传感器。它提供了一个重要的运营状况的衡量标准和预警机制。这三类缓冲也体现了 TOC 的方法，在项目进度控制中就是运用缓冲机制来实现项目的控制的。

5.3.5 甘特图

在项目管理中，简单利用项目管理工具就能在项目进度计划上起到很好的效果，人们常常使用各种图表进行时间进度和资源的计划安排，甘特图就是其中最常用的一种。

甘特图（Gantt Chart）是条状图的一种流行类型，由亨利·罗伦斯·甘特（Henry Laurence Gantt，1861—1919）于 1910 年开发，亨利·罗伦斯·甘特是美国机械工程师和管理学家，出生于马里兰州卡尔弗特郡，毕业于约翰·霍普金斯大学，并且在史蒂文斯理工学院取得硕士学位。在成为机器工程师之前，他当过教师和制图工。1887 年，他加入弗里德里克·温斯罗·泰勒（Frederick W. Taylor）在密德维尔钢铁和伯利恒钢铁的科学管理工作，一直到 1893 年。在他晚年的管理顾问生涯中，亨利·罗伦斯·甘特开发出甘特图，并以此闻名于世。甘特图用于包括美国胡佛水坝和州际高速公路系统等大型计划中，并且直到现在依然是项目管理的重要工具。

简单的甘特图如图 5-10 所示，其中，横轴表示时间，纵轴表示任务（项目）。线条表示在整个期间上计划和实际的活动完成情况。甘特图可以直观地表明任务计划在什么时候进行，及实际进展与计划要求的对比。管理者由此可以非常便利地弄清每一项任务（项目）还剩下哪些工作要做，并可评估工作是提前还是滞后，抑或正常进行。除此以外，甘特图还有简单、醒目和便于编制等特点。

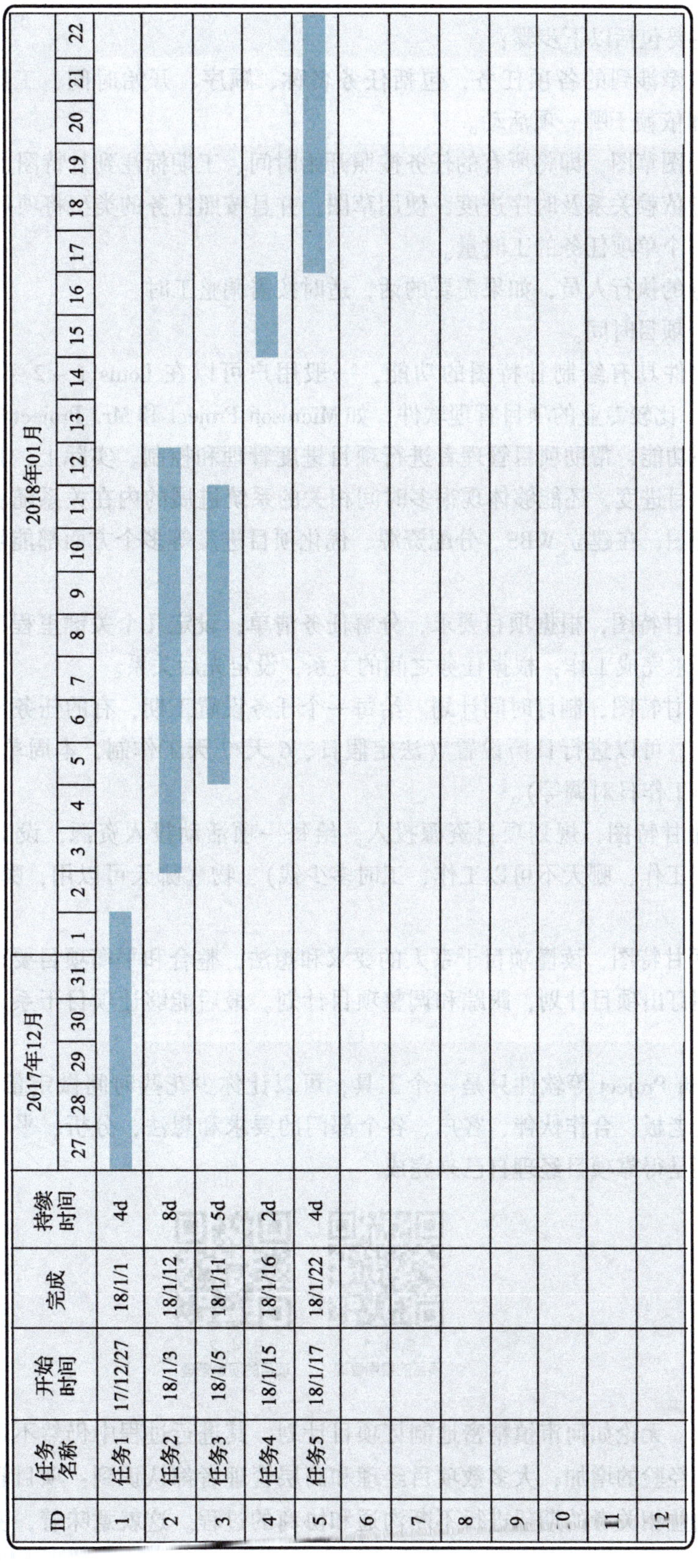

ID	任务名称	开始时间	完成	持续时间	2017年12月 27-31	2018年01月 1-22
1	任务1	17/12/27	18/1/1	4d		
2	任务2	18/1/3	18/1/12	8d		
3	任务3	18/1/5	18/1/11	5d		
4	任务4	18/1/15	18/1/16	2d		
5	任务5	18/1/17	18/1/22	4d		
6						
7						
8						
9						
10						
11						
12						

图5-10 甘特图示例

绘制甘特图主要包括以下步骤：

(1) 明确项目牵涉到的各项任务，包括任务名称、顺序、开始时间、工期，任务类型（依赖/决定性）和依赖于哪一项活动。

(2) 创建甘特图草图，即将所有的任务按照开始时间、工期标注到甘特图上。

(3) 确定任务依赖关系及时序进度，使用草图，并且按照任务的类型将项目联系起来。

(4) 计算每一个单项任务的工时量。

(5) 确定任务的执行人员，如果需要的话，适时按需调整工时。

(6) 计算整个项目时间。

现在有很多软件具有绘制甘特图的功能，一般用户可以在 Lotus 1-2-3 或 Microsoft Excel 上手动绘制。比较专业的项目管理软件，如 Microsoft Project 和 Mr. Project 等，可以提供更加强大的甘特图功能，帮助项目管理者进行项目进度管理和控制。实际上，甘特图不仅通过条状图来显示项目进度，还能够体现很多时间相关的系统进展的内在关系随着时间而发展的情况。运用甘特图，在建立 WBS、分配资源、优化项目进度等多个方面都能够给予项目管理者有效的帮助。

(1) 可以运用甘特图，根据项目要求，分解任务清单；设定几个关键里程碑，用来检验项目是否按时按要求完成工作；根据任务之间的关系，设定先后关系。

(2) 可以运用甘特图，制订时间计划。给每一个任务设置工期，有的任务需要设定特殊日期开始或者完成。可以进行日历设置（法定假日、6 天/7 天工作制，本周单休隔周双休，一段时间内周末与工作日对调等）。

(3) 可以运用甘特图，规划项目资源投入。给每一项活动投入资源，设置资源的可用性，人（哪天可以工作，哪天不可以工作，工时多少钱）、物（哪天可以用，哪天不可以用；使用费多少）等。

(4) 可以运用甘特图，读懂项目干系人的要求和想法，整合和平衡项目要求、时间、资源之间的关系，制订出项目计划，跟踪和调整项目计划。最后能够让项目干系人满意。这就是项目经理的工作。

当然，Microsoft Project 等软件只是一个工具，可以让你少花些时间做定量分析的工作。和人聊天，弄清楚老板、合作伙伴、客户、各个部门的要求和想法，分析、平衡、调整和努力实现的工作，还是得靠项目经理自己来完成。

5.4.1
项目的费用管理

5.4.2
项目的质量管理

5.4 项目控制

5.4.1 项目变更

在项目管理中，无论如何审慎精密地制订项目计划，其进行过程中仍然不可能不发生变化。随着项目管理经验的增加，大多数项目经理和高层管理者都认识到：项目管理是一个就项目目标以及各利益相关者的期望进行不断沟通和协商的过程。这就意味着，变化是贯穿于

整个项目生命周期始末的,项目变更可能来自于任何环节和任何人。最普遍的来源包括:

(1)项目外部环境发生变化。如政府发布新的政策和法规。

(2)项目范围的计划编制不够周密详细,有一定的错误或遗漏。如在设计办公自动化信息系统项目时,没有考虑到计算机网络的承载能力问题。

(3)出现了新的技术、手段或方法。如在项目进行过程中,项目内的技术人员产生了某种关键的创新,可以缩短项目时间或提高项目质量。

(4)项目组织或关键成员发生变化。如原有成员忽然离开,或者成员素质难以适应项目要求。

(5)客户对项目产品或服务的要求发生变化。如客户中途改变想法和要求,或者从外界听到他们认为好的主意从而要求在项目中加以实现。

项目经理工作的另一个主要部分是保持项目当前计划的延续性,在项目生命周期内需要发生变更时,要按照一个一以贯之的标准来更新计划。这样做可能很耗费时间,但是为了保持一个准确的项目状态,项目经理务必这样做。随着项目范围的重新划定,新需求的增加和优先级的改变,项目经理必须花时间为客户获取相关信息和分辨这些信息可能对原始时间进度和项目计划所造成的影响。

任何项目计划、时间和资源配置的变化都必须被控制(记录、评估和批准)。一旦基准计划变化了,新计划应该提交给客户和/或管理层,以获得批准。

在项目变更过程中,与客户的合作是很重要的,需要充分考虑客户正在面对以及将来可能面对的问题,并找到双方都同意的解决方案。在开展工作之初以及整个变更控制过程中,让客户参与进来可以减少客户的焦虑,增加其在项目进行过程中的舒适感与自信。

"变更管理是一个管理变化的过程,该过程包含变更需求文档,同意或者否决变更的决策,以及评估变更带来的收益或影响。"——PMBOK

5.4.2 挣值分析

很显然,项目变更管理是一个综合的过程,涉及项目的范围、进度、成本等各个方面。更重要的是,这些因素交织影响,任何一个因素的变动,都会影响到其他方面,牵一发而动全身。那么,如何评估项目变更的绩效?是成本节约了?还是进度加快了?这些都要结合项目的整体绩效来考虑。挣值分析就是一个帮助衡量项目绩效,特别是评估项目变更方案的有效方法。

挣值分析法又称偏差分析法,是一种分析目标实施与目标期望之间差异的方法。挣值分析技术根据项目的成本基准来度量和分析项目绩效,挣值分析的结果可以指出项目在成本和进度方面存在的偏差,挣值分析结合成本、进度、已完成工作等各种因素来衡量项目的绩效,并预测项目的未来绩效,因此能够同时判断项目预算和进度计划的执行情况,以预算和费用来衡量工程的进度。

在项目中应用挣值分析方法,通常需要下列三个基本数据:

PV(Planned Value):截至某一时间点的,计划投入的成本,即计划到某一时间点的预算，或写作 BCWS。

AC（Actual Cost）：截至某一个时间点，实际花费的成本，或写作 ACWP。

EV（Earned Value，挣值）：截至某一个时间点，实际完成工作应当花费的预算，或写作 BCWP。

在这些数据的基础上，项目经理可以进行一系列计算，从而评估项目的绩效。挣值分析中主要的计算指标如下：

1. CV（成本偏差）

CV = EV − AC（或写作 BCWP − ACWP），当 CV > 0 时，表示同等工作比计划少花成本，为佳；反之，表示同等工作比计划多花成本。

2. SV（进度偏差）

SV = EV − PV（或写作 BCWP − BCWS），当 SV > 0 时，表示完成工作进度比计划快，为佳；反之，表示实际完成工作进度落后于计划。

3. CPI（成本绩效指数）

CPI = EV/AC（或写作 BCWP/ACWP），当 CPI > 1 时，表示成本节省；反之，小于 1 表示成本超支。

4. SPI（进度绩效指数）

SPI = EV/PV（或写作 BCWP/BCWS），当 SPI > 1 时，表示进度超前；反之，小于 1 表示进度落后。但要注意，SPI 测量的是项目总工作量，并不一定能够真实地反应进度，只有对关键路径上的绩效进行单独分析，才能确认项目实际提早或延迟。

进而，根据以上计算结果，结合该项目的其他数据，可以做出一系列定量的预测，主要预测指标包括 BAC、ETC 和 EAC，分别如下：

原始工作总预算（Budget at Completion，BAC）：预计用于完成项目所花费的总预算。

当前剩余工作估值（Estimate to Complete，ETC）：完工尚需进行的剩余工作在当前的估算是多少。

当前估值总工作（EAC）：EAC = AC + ETC。ETC 的确定，可以用自下而上的方法手工估算，也可以用计算的方法得出。当预计未来的 ETC 可以按照预算完成时，EAC = AC + BAC − EV。当预计未来的 ETC 按照当前 CPI 完成时，则 EAC = BAC/CPI。当同时考虑 CPI 和 SPI 的影响时，EAC = AC + (BAC − EV)/SPI × CPI。当同时考虑 CPI 与 SPI 的影响，并且考虑 CPI 与 SPI 的权重时，EAC = AC + (BAC − EV)/[CPI × a + SPI × (1 − a)]，a 表示 CPI 的权重，a = [0, 1]。

挣值分析的各项数据和计算看似复杂，实际上，可以帮助项目管理者很清晰地知道项目在某一个测量时间点的工作完成情况，以及和成本、进度的项目关系。并且可以帮助项目管理者量化预测项目完成尚需要投入的成本和时间等，从而做出更符合实际情况的判断和安排。挣值管理主要变量的关系如图 5 − 11 所示。

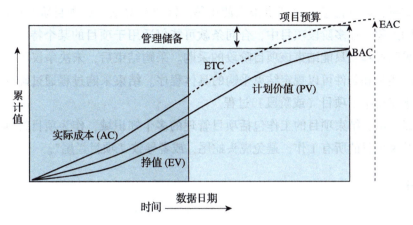

图 5-11　挣值、计划价值和实际成本

5.4.3　结束项目

在本章伊始，就介绍了项目的基本特征——项目必须具有明确的开始和结束。实际上，项目的结束和项目的启动一样，对于项目的成败具有非常重要的作用和价值。PMBOK 中明确提出，结束项目（或阶段）是完结所有项目管理过程组的所有活动，以正式结束项目（或阶段）的过程，本过程的主要作用是：总结经验教训，正式结束项目工作，为开展新工作而释放组织资源。

在结束项目时，项目经理需要审查以前各阶段的收尾信息，确保所有项目工作都已完成，确保项目目标已经实现。由于项目范围是依据项目管理计划来考核的，项目经理需要审查范围基准，确保在项目工作全部完成后才宣布项目结束。如果项目在完工前就提前终止，结束项目或阶段过程还需要制定程序，来调查和记录提前终止的原因。为了实现上述目的，项目经理应该邀请所有合适的干系人参与本过程。

本过程涵盖进行项目或阶段行政收尾所需的全部计划活动。在本过程中，应该逐步实施：

（1）为达到项目（或阶段）的完工或退出标准所必需的行动和活动。

（2）为向下一个阶段或向生产和/或运营部门移交项目的产品、服务或成果所必需的行动和活动。

（3）为收集项目或阶段记录、审核项目成败、收集经验教训和存档项目信息（供组织未来使用）所必需的活动。

（4）验收可交付成果。符合验收标准的可交付成果应该由客户或发起人正式签字批准。应该从客户或发起人那里获得正式文件，证明干系人对项目可交付成果的正式验收。这些文件将作为项目或某个阶段结束的标志。

（5）解散团队。在解散阶段，团队完成所有工作，团队成员离开项目。通常在项目可交付成果完成之后，再释放人员，解散团队；或者，在结束项目（或阶段）过程中解散团队。

（6）结束采购。结束采购过程还包括一些行政工作，例如，处理未决索赔、更新记录以

运营管理
Operations Management

反映最后的结果,以及把信息存档供未来使用等。需要针对项目或项目阶段中的每份合同,开展结束采购过程。在多阶段项目中,合同条款可能仅适用于项目的某个特定阶段。这种情况下,结束采购过程就只能结束该项目阶段的采购。采购结束后,未决争议可能需要进入诉讼程序。合同条款和条件可以规定结束采购的具体程序。结束采购过程通过确保合同协议完成或终止,来支持结束项目(或阶段)过程。

由此可以看出,结束项目的工作包括项目管理的多个知识域,作为项目管理者,务必按照要求完成结束项目的所有工作,避免虎头蛇尾,或者导致"项目烂尾"。

案例专栏

案例1 一个历经风险的房地产信托项目

一、项目背景

B公司成立于1991年12月,其前身为××土地房屋开发经营总公司,是具有国家房地产开发二级资质的国有独资企业。2003年12月,根据区人民政府关于同意《××区××土地房屋开发经营总公司改制方案》的批复,进行公司制改革,改制后,设立了现B房地产公司。2005年完成第一次增资,2010年通过转让协议将全部股权转让至一民营企业(现股东2),2011年、2012年又完成增资扩股,引入国有企业(现股东1)为控股股东。

因为历史遗留问题,B公司开发的XY房地产项目土地属"清非"用地,为完善土地相关手续,国土资源局要求再补缴土地价款5亿元,这使得公司捉襟见肘的财务雪上加霜。面对房地产行业的严冬,面对流动性缩紧的货币政策,传统的融资渠道——银行信贷已无法实现项目融资,B公司只能转向资金成本稍高的信托机构进行融资,那时,信托成了B房地产公司所剩无几的最后输血通道。

经过与多家信托公司几轮接触后,B公司决定选择与A金融机构进行合作,2012年下半年,双方踏上了XY房地产项目的信托融资之路。

二、项目尽职调查

该信托的交易结构是一个典型的房地产信托贷款类项目,增信方式为"硬抵押+强担保",具体为项目土地及在建工程做抵押,B公司实际控制人做债权连带受让担保。尽职调查需要详细了解资金运用的XY房地产项目(或"XY项目")情况、融资方B房地产公司的财务经营情况、担保方D集团的综合资信以及抵押物价值等情况。各项尽职调查情况概述如下(因篇幅所限,本部分尽职调查概述内容无法详述,不作为信托项目立项尽职调查的标准,在此仅供参考):

1. XY房地产项目尽职调查概况

XY项目位于××市城区西三环内,毗邻西三环,在××城市总体规划中属于"高新南区"。本项目占地面积252亩,总建筑面积620000m²,由B公司负责开发,于2011年二季度开工建设,并先后取得《国有土地使用权证》《建设用地规划许可证》《建设工程规划许可证》《建筑工程施工许可证》等四证。

XY项目是××市独一无二的低密度、低容积率的高端项目，项目建筑密度小于9%，整个项目绿地率占50%以上，综合容积率2.28。其中高端住宅部分容积率1.83，建筑密度7%，是整个××区乃至××市难得的配套最齐备的社区之一。项目分独立的4个地块开发（A1、A2、A3、A4地块），结合土地的规划指标要求，B公司将本项目定位为以生活、工作、购物三大空间于一体的高端生活社区，业态包括高层住宅（包括部分保障性住宅）、写字楼、酒店和商铺等，建设完成后全部出售。

项目投资预算37亿元，目前A2地块已建至29层，即将封顶，A1、A3已基本完成土方工程和基坑支护，A4地块预期将于远期进行开发。

本次信托贷款资金将仅用于项目A1、A2、A3地块，A1、A2、A3地块共占地115亩，总建筑面积360000m²，规划总投入21亿元，现已投入12亿元，各地块预计于2013年一季度起陆续获得《预售许可证》，逐步实现项目资金回笼。

区位特点：

第一，本项目毗邻××市西三环，交通状况、路网规划合理。未来轨道交通4号线和已动工的3号线都将辐射整个区域。

第二，教育资源特别集中，是典型的学区房。首先师大附中是省中学教育的第一品牌。

第三，高新产业集中，商业氛围较浓。在整个××区落户的企业约160家，产值达约550亿元，税收达40多亿元。另外，整个××区有四大支柱产业、八大基地。由此推论，××区在创业、就业方面前景乐观，商业氛围理想，符合本项目城市商、住、休闲综合体的定位要求。

2. 融资方B公司尽职调查概况

B公司注册资本为20400万元，实缴资本20400万元，两大股东出资及股权情况如表5-3所示。

表5-3 两大股东出资及股权情况

股东名称	持股比例	注册资本出资额
股东1	51%	1.04亿元
股东2	49%	1亿元

其中股东1为控股股东，其实际控股人是D集团，股东2为民营企业。

B公司成立于1991年12月，原系××区国有企业，2003年改制，2010年12月由股东2全部收购，2012年股东1进行增资扩股。经过21年的发展，先后开发建成多个小区，是××市城区房地产开发行业中的支柱企业。公司早在1992—1999年期间先后获得"市房地产开发先进企业""市建筑行业先进单位""市城区明星企业"等荣誉称号。

2012年9月末，B房地产公司总资产为16亿元，总资产中92%为存货，而存货科目余额中99%为XY项目的开发成本，0.99%为前期项目未售车库及商铺等开发产品。

2012年9月末，B房地产公司总负债为6亿元，约是2009年末负债总额的6倍，主要原因是B公司于2011年中旬取得XY项目《国有土地使用权证》后随即开始对项目进行勘察和设计工作，2012年开始施工建设后，产生了约3亿元的工程应付账款（财务分析为尽职调查的重点内容，因为篇幅所限及保密性需求，此处不提供详细的财务三表数据，只做简单的罗列和分析，下同）。

3. 担保方D集团尽职调查情况

D集团具有悠久的历史，成立至今已有120多年的历史，是中国龙头骨干企业、国家520户重点企业之一、省工业文明的摇篮、省重点培育的十大企业集团之一，具有较强的国际竞争力。

D集团是国有独资企业，省国有资产监督管理委员会持有D集团100%股权。2011年中诚信证券评估有限公司对D集团主体长期信用评级为AA。

截至2011年12月31日，D集团资产总额370亿元，负债总额278亿元，所有者权益（不含少数股东权益）总额92亿元。2011年度实现营业总收入212亿元，利润总额10亿元，净利润8亿元。截至2012年三季度，D集团资产总额达到425亿元，负债总额330亿元；2012年第一季度至第三季度实现营业收入155亿元，利润总额2亿元，净利润1亿元，公司经营水平和盈利能力较2011年有所下滑，主要系宏观经济走缓、下游需求不振、产品价格骤降所致。

D集团是一家集地质勘探、采矿、选矿、冶炼、化工、有色金属新材料、建筑建材、房地产开发、公路桥梁建设、机械制造、仓储运输、国际物流、科研设计和产业化开发、生物资源开发加工等为一体的国有特大型联合企业，业务遍布全球主要国家或地区，享有良好的国际声誉。目前产业结构基本稳定，在生产设备、技术、规模方面均保持行业领先地位，具有完善的产业链，产品品种丰富，规模优势突出，行业龙头地位稳固，多个业务板块协同发展，即使在外部环境依旧恶劣的情形下，D集团的生产经营基本面依旧可以保持稳定，有助于提高公司整体的竞争能力和抗风险能力。

D集团拥有两家下属上市公司，具备较强的资本运作能力，且与金融机构合作关系良好，授信规模大，再融资能力强。

4. 抵押物尽职调查概述

本项目的抵押物为XY项目的国有土地使用权及在建工程（A1~A4地块），根据评估报告，抵押物的总评估价值为150000万元，本项目的抵押率约为53%。

三、放弃还是设立

中国房地产市场前景一直充满着不确定性，随着房地产调控的深入，房地产信托的系统性风险也逐渐增大，2010年、2011年最火爆的房地产融资渠道——房地产信托在2012年已有明显减少，A金融机构对房地产项目的选择也越来越慎重。

虽然2012年房地产行业有回暖态势，但是××市房地产市场整体有价无市。XY房地产项目信托贷款的主要还款来源是XY项目的销售回款，就当时房地产市场行情预期，未来项目按期兑付堪忧。

融资方 B 公司由于企业历史原因造成管理不规范；D 集团作为国有企业对外提供担保，需要国资委备案，操作流程烦琐，存在一定操作风险。

基于上述原因考虑，信托项目负责人决定放弃此项目。

2013 年元旦前后，D 集团、B 房地产公司及其股东的主要领导人多次赶往北京洽谈，经过几轮面对面沟通及多次后期的电话会议讨论后，得知 XY 项目资金缺口如果不能及时解决，在春节前夕存在引发农民工讨薪事件的风险，但如果扶持其熬过这段艰难时期，便可以挽救这个国有企业。B 公司和 D 集团为促成项目达成，表示出极大的合作诚意，并表示配合 A 金融机构做信托设立前期所需要的各项手续，包括国资委备案流程等。

承诺履行连带受让该信托融资的标的债权（标的债权范围为信托贷款本金及应付未付的利息等的总和）义务的 D 集团，作为省属大型国有企业，主体信用为 AA，与金融机构保持着良好的合作关系，企业信用较高，融资渠道畅通，融资手段多样，具有良好的财务弹性，其担保能力较强。经多方面考虑及对项目风险的最终把控能力分析，信托项目负责人决定继续推进信托设立流程。

各方协助 A 金融机构完成土地及在建工程抵押登记手续，并就主要交易协议办理强制执行公证，D 集团就担保事项按规定向省国资委办理审批备案手续，以及出具董事会决议和股东会决议等文件，在所有手续文件齐备后，A 金融机构发起设立集合资金信托计划，向外部合格投资者募集信托资金。于 2013 年 2 月，XY 房地产项目信托贷款集合资金信托计划成立，信托规模 8 亿元，信托期限 2 年。

四、项目后续管理

没有一个信托项目是完美的，都存在或多或少的风险、瑕疵，所以信托项目的后续管理是至关重要的，也是体现信托公司风险管理水平的关键所在。由于房地产项目本身的风险决定了信托项目的风险始终存在，因此从信托设立起，A 金融机构便在时刻关注项目风险。具体方式如下：

（1）A 金融机构向 B 公司派出董事一名，B 公司的股权变更、质押、融资安排、资产处置等重大事项需要董事会一致通过。

（2）A 金融机构向 B 公司派驻财务人员一名，公司公章、法人章、财务章等一切发生法律效力印鉴均由 A 金融机构及 B 公司共同监管。募集资金用于 XY 项目 A1、A2、A3 地块开发建设，A 金融机构对 XY 项目的销售回款进行监控，借款人所有销售收入全部进入监管账户，并在受托人 A 金融机构的监管下使用。

（3）每个月每周，派驻的现场监管人员按时向 A 金融机构提交项目管理月报、项目管理周报，简述当地房地产市场行情及 XY 项目的建设进展以及销售进度；每个月提交财务资金预算，超预算的资金划付，需要另走公司内部审批流程。A 金融机构通过项目后续管理的层层把关，实现对 B 公司重要的运营事项监控管理。

（4）在每次支付信托贷款利息/本金日前，A 金融机构必须提前一个月以通知函的方

运营管理
Operations Management

式通知借款人B公司还款事项，并同时告知担保方D集团，履行告知义务。

但在项目运作过程中，一些不可预知的事情还是发生了。十八大以来，中央反腐力度不断加大，国企领域渐成为反腐主战场之一，担保方D集团的主要领导因贪污腐化被检察机关批捕，这一事件是否会影响到其担保效力，影响程度有多大，这给A金融机构打上了一个大大的问号。

五、风险预警与化解风险

受中央反腐倡廉工作的影响，原市财政局与B公司早期达成的房屋预售意向合作事宜化为泡影；受房地产市场和国家政策管控的影响，已建好的楼盘一直销售不理想，项目销售回款不及预期。资金不能按时到位，导致无法按时支付建设工程款，因建设资金不到位，导致其他地块的建设工期被拖延，工期的拖延，增加了工程成本，导致企业效益下降，形成了恶性循环。

作为信托主要还款来源的项目销售收入已经无法实现按期回款，A金融机构随即启动项目风险预警，多次与B房地产公司、D集团商讨以期化解风险。

为了解决项目建设的资金缺口，B公司选择了民间借贷，以欠付的工程款为限，私下与施工方签订借款协议。高昂的资金成本，越滚越大的债务雪球，使公司财务无法摆脱窘困，经营性现金流急剧恶化，公司已无法正常经营。A金融机构立即启动项目高风险预警，处于信托行业刚性兑付潜规则的重压下，A金融机构积极努力地组织B房地产公司、D集团多次约谈商讨，以共同寻找解决办法，化解项目风险。

起初，D集团没有动力参与其中，原因是：D集团原主要领导人被捕后，新上位的领导人不想与之前的项目有过多牵涉；B房地产公司已濒临破产，采取进一步行动不会获得任何利润。B房地产公司也没有表现出解决问题的积极态度，原因一：B公司作为D集团的下属单位，其行动方向与上级单位领导保持步调一致；原因二：B公司心有余而力不足，因经营不善，无法独立决策，只能听从股东安排。

面对此状，A金融机构可以采取如下方案：①说服D集团履行连带受让标的债权的义务；②向人民法院申请强制执行处置抵押物，通过抵押财产变现而获清偿。考虑客户合作关系的维护，以及方案②执行时间长会导致信托无法如期兑付，而打破信托刚性兑付将给公司带来较大声誉损失，A金融机构选择了方案①。

A金融机构不断向D集团施压，明示如不依约履行或延期履行受让标的债权义务，违约记录将进入中国人民银行征信系统；同时，协助D集团分析全部收购B公司股东2持有的股权而承担全部债务的得失，与B公司破产股东所要承担的投资资金的直接损失，以及因违约而承受降低企业信用等级造成的间接损失。经过重新入场尽职调查以及综合分析，D集团决定依约履行连带受让标的债权义务，并授权股东1完全收购B公司。

至此，A金融机构最终与D集团、B房地产公司达成解决方案，项目风险得以化解，信托于2015年2月如期完成兑付。

【案例讨论】

1. 分析房地产信托贷款项目的风险主要有哪些?
2. 信托项目尽职调查的交易对手主要有哪些?
3. 当项目风险已经发生,作为项目经理应该如何处理?
4. 比较分析本案例中担保方 D 集团选择履约和不履约各承担的损失。

案例 2　T 公司海外项目的团队管理历程

1. 项目背景

马来西亚 K 公司的钢铁项目是新建一条年产 30 万 t 高速线棒材复合生产线。整个生产线分为加热炉及加热炉前区、连轧区、线材精轧及轧后区、棒材冷床及精整区。T 公司承包范围为连轧区、棒材冷床及精整区设备的设计、供货、安装指导和调试指导。2005 年 4 月 26 日,T 公司与 K 公司签订对外合同,2007 年 9 月 9 日,该生产线投产。

本项目是 T 公司首次在海外承担的线棒材项目,也是 T 公司第一次以设备成套方式提供一条较完整的棒材生产线,是一个涉及线棒材工程设计、设备成套、项目管理以及开工、生产操作指导、考核验收等方面的综合性工程项目。

作为 EP 项目,T 公司在现场的工作重点是设备安装指导、调试指导和接受考核验收。然而,由于 K 公司和当地施工单位技术力量薄弱,T 公司成立的现场项目管理团队,积极发挥乙方作用,广泛沟通、协调,成为 K 公司完成该项目的重要支撑。为了更好地完成该项目,T 公司成立了项目部,任命罗某为项目经理,即该团队的领导者。同时确定其他团队成员角色,如调试总指挥、电气负责人、机械负责人、设备负责人、后勤负责人等,并对这些角色进行了详细的岗位职责规定。

2. 团队建设

由于此次项目是海外大型项目,为了更好地完成该项工作,为公司打响品牌战,罗某对项目组的人员进行了一系列的挑选与甄别,并在确立了人员之后,进行了系统的培训。力求通过甄选,吸收具有较高技术功底的人才以及能够让大家很好地适应此次涉外项目的团队合作。

团队组织结构如图 5-12 所示。

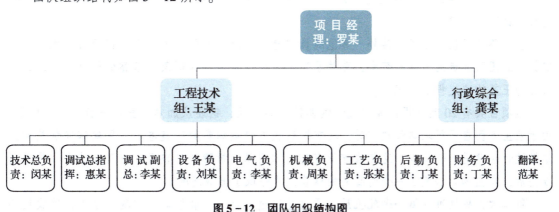

图 5-12　团队组织结构图

对于培训内容，项目经理罗某要求员工掌握以下几点内容：

(1) 弄清组织关系，明确各自的职责，既不能不负责，也不要乱负责。

(2) 学习各种规章制度，了解其对自己的各项制约。

(3) 树立良好的职业道德，工作一天，就要对公司忠诚，绝不能假公济私。

(4) 增强合同意识，加强对主合同和分包合同的了解，重视合同、文档等工作，一切从合同出发，不按老经验办事，正确认识承包商的合同地位和身份。

(5) 增强成本意识，注意在一切工作中开源节支。

(6) 注意外事礼仪，树立良好形象。

作为项目经理，罗某是公司少有的甲级项目经理之一，他忠诚、专业，有着出色的预见能力、决策能力和用人能力。同时，作为专业的研究生，他除了具备扎实的相关专业知识外，还有着丰富的经验，多次担任公司重大项目的现场项目经理。他坚信，通过整个团队的努力，该项目将会很好地在预定期限内完成。然而，在项目进展过程中，依然出现了许多意想不到的状况。

3. 自信的技术负责人

进入马来西亚后，经过短期的调整和休息，斗志高昂的项目团队迅速投入到了工作当中。然而，在项目调试阶段，出问题了。

当时，由于技术总负责人王某在国内国外工作的重叠，使他不得不经常离开项目现场，回国主持其他的项目，因此，他对项目现场的详细状况没有全面的了解。在调试的前一天与业主沟通的会议上，在没有与项目内部成员充分沟通了解调试情况的条件下，他竟然向业主保证：该项目调试，只需要五天就能通过。业主负责人尽管表示怀疑，但依然欢迎他的保证。

回到驻地后，项目经理罗某以及各技术小组负责人与王某长谈了一次，认为五天通过调试是不可能，因为虽然我方设备单体调试、技术支持等都已经到位，但是业主方面很多调试条件都不具备。最制约调试的问题就是电力供应，由于与业主另一厂房生产用电产生冲突，只能采取临时供电，或者晚上调试。而且由于该项目是业主的第一条线棒材生产线，缺乏相关操作技术工人，给调试进度也带来了不便影响。王某却坚持认为，这样的生产线在国内已经相当成熟，一般三天就能通过调试。尽管业主方面有一些条件的限制，但再多两天时间，通过调试不成问题。

会议不欢而散，除了王某外，其他成员均感到前所未有的压力。因为该项目的成败，不仅关系到团队成员的利益与荣誉，更关系到公司在海外市场的形象与信誉的标杆建立。每个人都为王某的决定捏了一把汗。

该项目共有20架轧机需要通过过钢调试。第一天，钢坯从加热炉里出来就遇到了问题。由于业主方面在另行采购加热炉时，没有按照我方提供的参数安装电机，导致钢坯加热后无法按设计速度进入轧机口，这是我方没有想到的问题。折腾了一整天，在双方技术人员千思万想后，在出钢口加装了一个耐高温的钢管，才降低了出钢速度。

第二天，钢坯进入第一个轧机后，通过导卫进入第二个轧机时，出现了窜钢，造成钢坯在第一和第二轧机之间堵集，不得不再次停机检查。更换了导卫，进一步调整了出钢速度，钢坯通过了第二个轧机后，这一天也就过去了。而后面还有18架轧机在等待通过调试。

等第10个轧机通过后，四天过去了。回到驻地开会时，王某明显底气不足。他知道，在以后调试的过程中，还有各种状况与问题等着他和团队成员去解决。而受调试不顺利的负面影响，大家的情绪低落到了最低点。

这些问题，项目经理罗某看在眼里，急在心里。他知道，如果再不把团队士气和协同精神提上来的话，别说五天，就是两个星期也不能通过调试，他决定采取措施。事情由他而起，既然跟业主做了承诺却又实现不了而影响了团队的士气和信任，那就需要他的行为表现为大家打气。罗某与王某召开紧急会议。会议上，王某首先做了自我批评，为自己的草率决定造成团队成员加班加点忙调试致歉，也为自己没有相信和采纳大家的意见和建议而感到后悔。他强调说当前任务就是通过调试，挽回公司的信誉，保证项目的利益。并表示，不通过调试，他绝不剃须。

通过开诚布公的批评与自我批评，大家的信心又重新燃烧起来。在每次调试前，每个人均反复检查自己岗位的技术参数与实际情况。尽管第五天没能按照承诺完成调试，但业主也表示理解。经过项目组全体成员的昼夜奋战，在第七天深夜两点，第一根棒材产生了。全体成员欢呼雀跃。

没有多少人能够很清楚地描述团队的"精神"，但是每一个团队成员都能感受到团队精神的存在，能够感到其令人振奋的力量。团队精神包括：团队的凝聚力，团队成员间的高度信任感和合作意识，以及团队成员高昂的士气。从一开始的低落士气，到后来的士气高涨，罗某和王某果断采取措施，使团队安全度过了信任危机，让每一个成员愿意为实现团队目标而作战。

4．民以食为天

在本项目团队磨合初期，项目经理罗某发现，设备安装过程中，安装人员总会在安装过程中出现一些问题。如：应该安在轧机前段的宽口导卫被装在了轧机中段；冷床的翻转方向被安成了逆势的；打捆机少安装了一个地脚螺栓等。罗某把涉及上述问题的安装人员召集在一起开会。罗某认为问题的出现是安装人员的马虎大意造成的，必须给他们敲响警钟，甚至还要扣罚一部分津贴。然而，会议的结果却使他颇感意外。这些安装人员反映，是饮食问题使他们身心疲惫。原来这些设备的供货厂家均是我国北方地区的公司，吃惯了面条、馒头、炖菜的他们，不习惯长时间进食米饭，以及花椒和辣椒为主要调料的麻辣菜系，因此每顿饭只是勉强吃饱。而长时间的体力劳动，耗费很大，因此，出现了工作上的一些问题。而罗某聘请的厨师，恰是川菜厨师，由于罗某本人是四川人，其他团队负责人也大多是南方人，他们自己觉得团队成员的伙食很不错，有鱼有肉，一日三餐，营养很丰富，却没想到忽略了地区和行为习惯的差异。而由于受到了项目经理的批评和惩罚，更加深了这些员工对于饮食的不满。由此，北方地区一些公司的成员就因为吃面还是吃米饭的问题与来自南方地区的公司成员起了矛盾，结成了两大派系：北方派和南方派。甚至出现过各派围攻厨房的激烈场面。

运营管理
Operations Management

对于该问题的出现，罗某需要迅速想办法解决这个问题，因为工作不认真，马虎大意，最终是要影响项目进度和完工时间的，甚至可能出现安全事故，威胁生命财产。而派系冲突更将严重破坏团队的凝聚力。可是，已经聘请好的厨师表示，做面食对于他们川厨来说，有些困难，而且做面食耗费的时间多，会影响开饭的时间。但是，如果再增加一名厨师，一是增加成本，二是再从国内招聘到现场，办理工作签证的时间很长，无法及时解决这一问题。那怎么办呢？他想到，在当地，肯定有类似中国馒头店的食品公司，是否可以直接从他们那里批发成品馒头或者花卷，直接加热就可食用？任务随后被分配给行政后勤组去联系和考察。果然，他们找到了一家可以提供这项服务的公司，馒头问题解决了。

罗某又和厨师沟通，除早餐不变外，午餐和晚餐的两荤两素一汤中，必须保证辣菜一个，炖菜一个，且一周内的菜样不要重复。当然，这需要后勤采购的配合。在解决饮食结构问题的同时，项目经理罗某还与个别闹事成员谈话，进行批评教育后，大家达成了和解，结束了派系之争。

新菜系一经采用，反响不错。营养跟上了，情绪得到了安抚，需要得到了满足，安装人员效率也提高了，大家齐心协力，奋力前行，目的只有一个，那就是尽快完工，向公司和业主交一份满意的答卷。

5. 焦躁的情绪

随着时间的推进，项目各方面的工作逐步进入正轨，大家各司其职，工作有条不紊地进行着。然而，由于工作的繁重压力，加之久居国外，项目团队中蔓延着一股思乡的情绪，尽管元旦、春节这样的节日在马来西亚也要休假，但是中秋节、劳动节、国庆节、端午节、清明节等节假日当地是没有休假的。由于我们海外项目的工作时间需要跟随当地的时间安排，因此这些在国内为法定假日的假期里，项目部全体成员必须按时上班、工作。而在这样的假期里，往往会出现心不在焉、马虎大意的员工，大家有一种很强烈的乡愁情绪，影响着工作效率和工作效果，甚至一度险些造成安全事故。

为了改善这种状况，罗某进行了细致的调查，了解了大家的需要以后，采取了相关措施。除了按假日三倍工资给员工发放加班费外，重大节日不再吃大食堂，而是组织全体成员外出会餐，而且规定可以适当饮用酒精饮料，每人每餐啤酒 750ml 或白酒 100ml。更多地关心群众生活，关心群众的精神生活和心理健康，提高员工的情绪控制力和心理调节力，努力营造一种相互信任、相互关心、相互体谅、相互支持、互敬互爱、团结融洽的氛围。加强团队成员之间的感情沟通，通过情感交流，让团队成员可以感受到被尊重，从而可以保持良好的情绪，激发对待工作的热情，为各团队成员提供一个自由、宽松、和谐的物质环境和信任、尊重的人文环境，使他们得到充分发展个人能力的空间，时刻保持良好的心态、积极的态度和昂扬的斗志，高效率地保证目标的实现。

6. 文化冲突

在此次项目中，很多文化冲突显现出来，来自陌生国家的文化、思维方式、生活习惯和行为方式与大家迥然不同，在与之交往的过程中不可避免地会出现文化冲突的现象，包括价值观、信仰、宗教、行为习惯（如时间观、餐饮习俗等）。同时，尽管英语是世界主流语言，但团队成员并不是人人精通英语，在沟通上依然存在语言障碍。

为解决跨文化特殊差异带来的问题，罗某进行了详细的文化教育、语言培训等。同时通过很多其他的方法来缓解这种地域带来的文化冲突。

(1) 保持通信畅通并给予适当的通信补贴。离开家人和故乡，在一个陌生的环境里工作，想家的情愫会时刻伴随着驻外工作人员的生活。这时候的通信显得尤为重要。项目部为每个成员配备了一个当地手机号，并每月发放 30 元的电话费，同时，要求成员必须 24 小时开机，用于工作和生活的沟通与联络。

(2) 母国特色的娱乐文化不能少。一天劳累的工作之后，如何办好娱乐节目也成为项目经理应该考虑的问题。因为如果缺乏必要的娱乐节目，一是不利于成员的充分放松与休息而影响工作效率，二是势必造成一些自控力差的成员擅自外出，留下安全隐患。因此，项目驻地专门花费资金安装了电视和有线频道，开通了中央四套和凤凰卫视等收费频道，便于大家了解实事。此外，还从国内带了一些积极健康的电影 DVD，每周播放两次电影；一些卡拉 OK 专用带，每两周唱歌一次。

(3) 利用补贴弥补因工作环境差异带来的落差感。在高温炎热的工作环境下，项目部准备了茶水茶叶，供给成员们饮用。并按照每人每天 5 美元的标准发放高温补贴，尽最大努力解决因环境差异带来的问题。

(4) 团队成员的饮食也要照顾。项目部专门从国内采购一批物资，包括午餐肉、花椒、大料，甚至是瓶装酒等，跟随设备运到现场，为团队成员改善伙食，增添家乡味道。

在海外项目中，情感冲突的缘由大都是因为环境引起。长时间在异国他乡的陌生环境里工作，没有家人在身边的体贴照顾，没有畅所欲言的沟通，没有合乎自己口味的饭菜，没有喜爱的中文电视剧，甚至有时候还要面临异国他乡社会的动荡不安而造成的人身安全，这些问题的爆发就容易引起团队成员之间的情感冲突。情感冲突不仅使团队成员的心理缺乏安全感，自我认同程度低，而且会造成成员对团队的满意度下降，集体责任感缺失，创造性匮乏，因此就会导致怠工、返工、磨洋工等行为的出现。面对这些问题，项目经理要通过经验和仔细地观察来发现、分析和解决问题，并着重注意及时进行总结，判断问题是否真正地解决了。只有不断地总结，才能更好地团结团队，完成任务，或者提前预防可能发生的问题。

7. 有效沟通

作为一个有经验的项目经理，罗某深深知道有效沟通的重要性，沟通活动是使企业的活动统一起来的重要手段之一，无论企业和个人，彼此的信息交流都是绝对必要的，任何一个管理者都必须对沟通活动高度重视，对沟通的性质有正确的认识。对企业内部来说，沟通时使企业成员团结一致、共同努力来达到企业目标的重要。如果没有及时沟通，一个群体的活动也就无法进行，即不可能实现相互的合作，也不可能做出必要而及时的变革。因此沟通对于协调企业内部、外部以及各个部门，从而有效地完成组织目标，有着重要意义。通过有效的沟通，可以使企业内部分工合作更为协调一致，保证企业统一指挥，统一行动，实现高效

运营管理
Operations Management

率的管理；也可以使企业与外部环境做到更好的配合，增强应变能力，从而保证企业的存在与发展。所以良好的沟通是企业达到协调状态的重要基础，是企业完成项目目标的必要条件。

因此罗某在团队管理中使用大量的沟通策略和方法，使团队管理问题及时得到反馈。他建立了一条合理而有效的沟通网络。先确定了沟通方式，包括召集会议、发送电子邮件以及书面、口头沟通等；而后又确认了各个小组的负责人为联络人，在每天的工作正式开始前，公布工作计划，以便成员间协助工作；在召集会议时，必须有提前的会议通知，要有明确的会议主题和详细的会议记录；联络人要按时填写联络日志，以备留存管理等。许多项目成员也会利用电子邮件、私人信件、移动等手段进行交流。在有效的沟通环境中，沟通不仅是信息的单向传递，而且更是交流双方的双向联系，罗某通过与团队其他成员的双向交流，把握项目成员反馈信息真正的意图，实现了迅速快捷的沟通和对成员思想动态的掌握。

项目团队建设的好与坏，团队管理的成与败，团队管理的得与失都应由良好的反馈渠道反馈到项目经理手中。当存在这样一个顺畅的信息反馈路径时，企业管理层和项目经理便都能够通过它及时发现本团队的问题，发现团队建设问题产生的根源，以便于寻找有利于解决问题的途径。

【案例讨论】

1. 如果您是项目经理，该如何处理技术总负责人引起的士气低落？
2. 如果您是项目经理，对项目团队成员的饮食冲突有什么其他的解决方式？对于已产生的派系之争该如何解决？
3. 面对来自异国的文化冲突，如何在保证项目任务顺利进展的同时，加强团队与当地人的文化交流？
4. 如果你是项目经理，用什么样的方法与你的团队保持良好的沟通？又用什么方法激发团队成员的斗志？

本章小结

项目管理是运营管理的重要组成部分。尤其在互联网时代，越来越多的企业以项目的方式来组织企业运营活动。因此，学习项目管理，是从事企业运营工作的必经之路。

项目管理是一项综合性非常强的工作，既需要具备一般的管理知识，又需要掌握项目管理的专门方法和技能，包括项目管理思维、项目管理知识以及项目管理经验等。其中，项目管理思维是首要条件。什么是项目管理思维呢？无论细小或重大的工作都是有既定目标以及规格，在规定时间内完成的，需要有步骤计划执行的项目。计划应该由宏观的目标、微观的细化规格相互影响而制定。为何是思维而非管理知识最重要呢？因为思维是活的，而针对个人从书中读取的知识，在更新前都是固定而统一的。因此，要利用活的思维不断地去更新自己掌握的管理知识，不断地增加自己的经验。

对于项目管理知识，本章进行了比较全面的阐述，包括项目的启动、项目的计划、项目范围管理、项目进度管理、项目成本管理、项目的收尾和结束等。当然，详细的项目管理知识，还包括很多，在 PMBOK 中概括为 9 大知识域，都有详细的解说，这里就不重复了。希望同学们不仅能学习和掌握本章内容，有兴趣的同学还可以结合 PMBOK 进行学习，并且，在实际工作中遇到问题时，有针对性的查阅本书和 PMBOK 等项目管理经典书籍，温故而知新，从而不断丰富自己的项目管理经验。

项目管理经验是在实际工作中不断累积的，这需要时间和耐心的积淀，其中还包括一些沟通技巧等，就像本章中的案例 2 所描述的项目，及时而有效的沟通，能够让项目管理变得更加有效，促进项目的成功。

思考题

1. 什么是项目管理？项目管理和运营管理的关系是怎样的？
2. 项目管理的知识主要包括哪些方面？这些知识是如何体现在项目管理的不同阶段的？
3. 在项目的进行过程中，如何衡量和评估项目的绩效状况？如果需要进行项目的变更，如何预测变更之后的项目进度和成本情况？
4. 在传统的职能型组织结构中，项目经理如何处理与职能经理的关系，从而保证项目的顺利进行，并且有利于企业的总体发展？
5. 在制订项目进度计划时，项目网络图的绘制主要有哪两种方法？

自测题
第 5 章项目管理

第 6 章
运营质量

学习目的与要求

通过本章的学习,理解质量的定义、内涵;把握服务质量的维度、差距分析模型和测量方式;掌握质量管理的发展阶段及统计分析方法;了解精益生产及精益流程开发。学会运用质量管理的相关分析工具全面提升企业产品和服务的质量。并且,能够根据所学的知识,完成本章最后的案例讨论和思考题。

运营管理
Operations Management

6.1.1 什么是质量

6.1 质量

6.1.1 质量的定义

杰克·韦尔奇说:"没有质量,等于死亡。"松下幸之助说:"对于产品来说,不是 100 分就是 0 分。"可见,质量在通常意义上是指卓越或高水平。具体可以从四个方面对质量进行说明:从制造方法角度,质量是指"无差错"或"符合设计要求";从客户角度,质量是指产品或服务是否适用最终用户;从产品角度,质量是"可度量的特征";从价值角度,质量是可以以成本和价格来评价的。

对于质量的定义,休哈特(Shewhart)认为质量是产品"好"的程度(Goodness of a Product);朱兰(Juran)认为质量是产品适用性(Fitness for Use);田口玄一认为质量是"社会损失"(Cost to Society)。本书基于质量经济学角度,给出质量的定义:质量是指反映实体满足明确或隐含的需要的能力特性总和,是适用性,是满足消费者需求的。质量的定义有以下五个要点:

1. 实体

可单独描述和研究的事物,即有关质量工作的对象,可以是产品,也可以是组织、体系和人,还可以是上述的组合。

2. 需要

包括消费者的需要、社会的需要和第三方的需要。

3. 明确需要

明确需要是指在合同、标准、规范、图样、技术要求和其他文件中已做出规定的需要。

4. 隐含需要

隐含需要是指消费者或社会对实体的期望,或指那些虽未通过任何形式明确规定但为人们普遍认同、无须申明的需要。

5. 适用性

基于产品的适用性体现在以下八个方面(David A. Garvin):

(1) 性能(Performance):产品的技术特性和规定的功能。

(2) 附加功能(Features):为使消费者更加方便、舒适等所增加的功能。

(3) 可靠性(Reliability):产品完成规定功能的准确性和概率。

(4) 一致性(Conformance):符合产品说明书和服务规定的程度。

(5) 耐久性(Durability):达到规定使用寿命的概率。

(6) 维护性(Serviceability):是否容易修理和维护。

(7) 美学性（Aesthetics）：外观是否具有吸引性和维护性。

(8) 感觉性（Perceived quality）：是否使人产生美好联想甚至妙不可言。

6.1.2 质量的内涵

根据控制客体（对象）的不同，质量可分为：

1. 产品质量

产品质量是指产品适合一定用途，满足社会和人们一定需要所必备的特性，如：

(1) 内在特性，如结构、性能、精度、化学成分等。

(2) 外在特性，如外观、形状、色泽、气味、包装等。

(3) 经济特性，如成本、价格、使用费用、维修时间等。

(4) 商业特性，如交货期、保修期等。

(5) 其他方面的特性，如安全、环境、美观等。

2. 工程质量

工程质量又称工序质量，是指工序能够稳定地生产合格产品的能力，通常用工序能力指数表示。

工序质量是由操作者（Man）、机器设备（Machine）、原材料（Material）、工序方法（Method）、检测手段（Measure）和环境（Environment）等五个因素（5M1E）综合作用于加工过程的质量。

3. 工作质量

工作质量是指企业为保证和提高产品质量，在经营管理和生产技术工作方面所达到的水平。可通过企业各部门、各岗位的工作效率、工作成果、产品质量、经济效益等反映出来，并用合格品率、不合格品率、返修率、废品率等一系列工作质量指标来衡量。

4. 服务质量

服务质量是服务产品所具有的内在特性，包括时间性、功能性、安全性、经济性、舒适性、文明性。

产品质量有赖于工序质量，是工序质量的综合反映；工序质量又依赖于工作质量，是工作质量的综合反映；服务质量直接决定着对产品质量、工程质量、工作质量的感知。

6.1.3 质量的重要性

在市场经济快速发展的今天，企业间竞争日趋激烈，质量的重要性也日益明显，产品质量的高低是核心竞争力的体现之一，也是能够持续经营的重要保障。

1. 质量是企业的生命线

质量是企业的生命和灵魂，任何一个企业要生存和发展就必须要千方百计地提高产品质量，不断创新和超越，追求更高的目标。提高质量可以全面提高企业素质和员工素质，是企业在竞争中取胜的保证，是企业经济效益不断增长的保证。

2. 质量是构成社会财富的物质内容

提高质量，注重质量管理，可以促进企业资源优化和合理利用，从而实现全社会各类资源的有效配置和合理利用，进而提高整个社会的经济效益，增加社会财富。

3. 提高质量是消费者满意的保证

产品质量是人类生活和安定的保证，作为消费者，当然希望买到质量好的产品；作为企业，高质量的产品不仅可以带来丰厚的利润，更能为自身赢得好的口碑以及好的品牌形象，这是一笔无形的资产。消费者满意也是质量管理的主要目标。

6.2 服务质量

6.2.1 什么是服务质量　　6.2.2 如何对服务质量进行测量

6.2.1 服务质量的概念

服务质量的研究始于20世纪70年代末期，早期的研究主要集中在服务营销领域，后来逐步扩展到服务作业、人力资源管理等相关领域，呈现出多学科交叉研究的特点。20世纪80年代初，北欧学者对服务质量的内涵和实质进行了开创性的研究，成立了服务质量研究机构，一批颇具影响的研究成果陆续问世。

尽管学者们很早就认识到在有形商品与服务之间存在着差异，也提出了各种各样的看法，但真正提出消费者感知服务质量并对其内涵进行科学界定的学者当属芬兰瑞典经济与工商管理学院的格罗鲁斯教授。

格罗鲁斯认为服务质量是一种感知服务质量，即消费者对服务期望（Expectation）与实际服务绩效（Perceived Performance）之间的比较。实际服务绩效大于服务期望，则消费者感知服务质量是良好的，反之亦然。服务质量又分为技术质量和功能质量，技术质量是指提供给消费者"什么"，功能质量是指"如何"提供服务，消费者感知服务质量模型如图6-1所示。

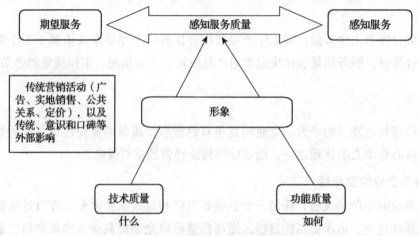

图6-1　消费者感知服务质量模型

格罗斯认为模型核心是"质量是由消费者来评价的",实际上是要求服务厂商从消费者的角度来评价和管理服务质量,顺应了"以消费者为中心"的现代市场营销潮流,这在市场竞争越来越激烈的服务市场中有特别重要的指导意义。

可见,从消费者角度而言,服务质量是消费者对特定产品和服务所感知的质量,从组织角度而言,服务质量是服务能够满足行业规定和消费者需求的服务特征的总和。服务质量必须经过消费者的认可,并被消费者识别,故服务质量包括以下内容:

(1) 服务质量是消费者感知的质量,具有极强的主观性,也具有极强的差异性。

(2) 服务质量需要客观方法加以规定和衡量,更多的是按照消费者的主观认识加以衡量和检验。

服务质量发生在服务生产和消费过程中。服务质量的提高需要企业内部形成有效的管理和支持系统。

6.2.2 服务质量的维度

由于服务质量的内涵与有形产品质量的内涵有区别,且消费者对服务质量的评价不仅要考虑服务的结果,而且会涉及服务的过程,故服务质量的评价维度也有别于有形产品。

PZB(学者 Parasuraman、Zeithaml 和 Berry 的研究,简称 PZB)研究发现,服务质量的决定因素包括可靠性、响应性、能力、可接近性、礼貌、沟通、可信度、安全性、了解消费者等多个方面,经过简化后,形成服务质量的五个维度:可靠性、响应性、保证性、移情性和有形性。

1. 可靠性

可靠性是指可靠地、准确地履行服务承诺的能力。可靠的服务行为是消费者所期望的,它意味着服务以相同的方式、无差错地准时完成,实际上是要求企业避免在服务过程中出现差错,因为服务差错给企业带来的不仅是直接意义上的经济损失,而且可能意味着失去很多的潜在消费者。例如,消费者可能会提出的疑问:如果律师说他将在 15min 后给我回电话,他是否会做到?我的电视是否一次就能修理好?

2. 响应性

响应性是指帮助消费者并迅速有效提供服务的能力。让消费者等待,特别是无原因的等待,会对质量感知造成不必要的消极影响。对于消费者的各种要求,企业能否给予及时的满足将表明企业的服务导向,即是否把消费者的利益放在第一位。例如,消费者可能会提出的疑问:如果出了问题,企业是否会立即予以解决?有线电视公司是否能够告诉我安装工人到来的具体时间?

3. 保证性

保证性是指员工所具有的知识、礼节以及表达出自信和可信的能力。它能增强消费者对企业服务质量的信心和安全感。保证性包括如下特点:完成服务的能力、对消费者的礼貌和尊敬、与消费者有效的沟通、将消费者最关心的事放在心上的态度。例如,消费者可能会提出的疑问:银行出纳员是否能够熟练地处理我的交易?牙医是否很专业?

4. 移情性

移情性是指设身处地地为消费者着想和对消费者给予特别的关注。移情性有以下特点：接近消费者的能力、敏感性和有效地理解消费者需求。例如，消费者可能会提出的疑问：搬运公司是否愿意适应我的时间安排？航空公司是否有 24h 免费订票电话？我的医生是否可以避免使用医学术语？

5. 有形性

有形性是指有形的设施、设备、人员和沟通材料的外表。有形的环境是服务人员对消费者更细致的照顾和关心的有形表现。例如，消费者可能会提出的疑问：酒店的设施是否有吸引力？水暖工在踏上我家地毯前是否脱掉了他沾满泥浆的鞋子？

上述五个维度又有 22 个细分指标，如表 6-1 所示。

表 6-1 服务质量维度细分指标表

维度	22 个细分指标
可靠性	1. 企业对消费者所承诺的事情都能及时地完成
	2. 消费者遇到困难时，能表现出关心并提供帮助
	3. 企业是可靠的
	4. 企业能准时地提供所承诺的服务
	5. 企业能正确记录相关的服务
响应性	6. 不能指望员工告诉消费者提供服务的准确时间
	7. 期望员工提供及时的服务是不现实的
	8. 员工并不总是愿意帮助消费者
	9. 员工因为太忙以至于无法立即提供服务，满足消费者的需求
保证性	10. 员工是值得信赖的
	11. 在从事交易时消费者会感到放心
	12. 员工是有礼貌的
	13. 员工可从企业得到适当的支持，以提供更好的服务
移情性	14. 企业不会针对不同的消费者提供个别的服务
	15. 员工不会给予消费者个别的关怀
	16. 不能期望员工了解消费者的需求
	17. 企业没有优先考虑消费者的需求
	18. 企业提供的服务时间不能符合所有消费者的需求
有形性	19. 企业有现代化的服务设施
	20. 企业服务设施具有吸引力
	21. 员工有整洁的服装和外表
	22. 企业的设施与他们所提供的服务相匹配

消费者从这五个方面将预期的服务和享受的服务相比较，最终形成自己对服务质量的判断，期望与感知之间的差距是服务质量的量度，既可能是正面的也可能是负面的，如图 6-2 所示。

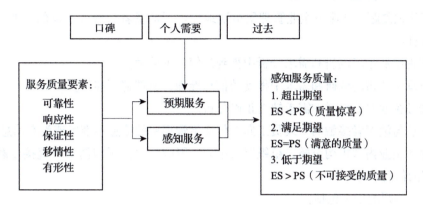

图 6-2　消费者对服务质量的感知和评判流程图

6.2.3　服务质量的差距

当消费者对服务质量的期望和感知不一致时，就会存在服务质量差距，测量服务期望与服务感知之间的差距是那些服务领先的服务企业了解消费者反馈的经常性过程，服务质量差距分析模型如图 6-3 所示。

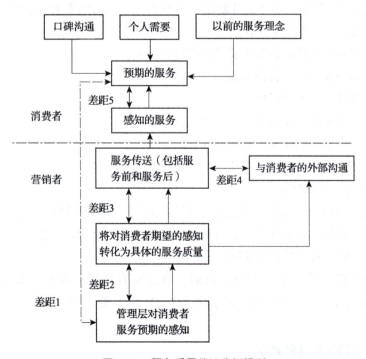

图 6-3　服务质量差距分析模型

在模型中,消费者的服务期望与服务感知间的差距被定义为差距5,它依赖于与服务传送过程相关的其他4个差距的大小和方向。

1. 差距1——管理层认知差距

管理层认识差距是指服务企业管理层错误地理解了消费者对服务质量的预期。导致这一差距的原因有:

(1) 管理层从市场调研和需求分析中得到的信息不准确。

(2) 管理层从市场调研和需求中得到的信息准确,但理解不准确。

(3) 服务企业对消费者的需求缺乏正确分析。

(4) 企业与消费者接触的一线员工向上传递给管理层的信息不准确或没有信息传递。

(5) 服务企业内部机构重叠,组织层次过多,影响或歪曲了与消费者直接接触的一线员工向管理层的信息传递。

缩小这一差距的措施包括:

(1) 服务企业需要改进市场调查方法,在调查中侧重服务质量问题。

(2) 要求高层管理者克服客观上的限制,抽出时间亲临服务现场,通过观察与交流,了解消费者需求,或通过电话、信函定期与消费者联系,从而更好地理解消费者。

(3) 采取必要的措施,改进和完善管理层和一线员工之间的信息沟通渠道,减少组织层次以缩小认识差距。

2. 差距2——服务质量规范的差距

服务质量规范的差距是指服务企业制定的服务质量规范与消费者对管理层的质量预期的认知不一致。导致这一差距的原因有:

(1) 企业对服务质量规划管理不善或规划过程不完善。

(2) 管理层对企业的规划管理不善。

(3) 服务企业缺乏清晰的目标。

(4) 最高管理层对服务质量的规划缺乏支持力度。

(5) 企业对员工承担的任务不够标准化。

(6) 企业对消费者期望的可行性认识不足。

缩小这一差距的措施包括:

(1) 确立服务目标,可以使提供服务的员工真正理解管理者希望传递的服务是什么。

(2) 服务目标必须具有可接受性、可衡量性、挑战性和全面性,包含具体的各项服务质量的标准或规范,从而缩小服务质量规范的差距。

(3) 服务企业的一线员工也应该认识到,自己有责任严格按照服务规范操作。还要注意,服务规范太具体、太细致,也会制约一线员工的主观能动性,从而影响服务质量。

3. 差距3——服务传送的差距

服务传送的差距是指服务在生产和供给过程中表现出的质量水平,未达到服务企业制订

的服务规范,导致这一差距的原因有:

(1) 质量规范或标准制订得过于复杂或太具体。

(2) 一线员工不认同这些具体的质量标准,或严格按照规范执行,员工可能会觉得需要改变自己的习惯行为。

(3) 新的质量规范或标准与服务企业的现行企业文化如企业的价值观、规章制度和习惯做法不一致。

(4) 服务的生产和供给过程管理不完善。

(5) 新的服务规范或标准在企业内部宣传、引导和讨论等不充分、使职工对规范的认知不一致,即内部市场营销不完备。

(6) 企业的技术设备和管理体制不利于一线员工按服务规范或标准来操作。

(7) 员工的能力欠缺,无法按照服务质量规范提供服务。

(8) 企业的监督控制系统不科学,对员工依据其服务表现而非服务数量进行评价的程度不足。

(9) 一线员工与消费者和上级管理层之间缺乏协作。

缩小这一差距的措施包括:

(1) 改变营运系统,使其与质量规范或标准一致。

(2) 加强员工培训,使员工认识到他们的权限,即在企业允许的范围内提倡独立思考、自主判断,提供消费者服务的最大灵活性。

(3) 在技术上进行更新和对营运体系进行适当变革,支持质量标准的正确执行;或者加强对员工的培训和内部营销管理,达到缩小服务传送差距的目的。

(4) 制定严格的操作规程和服务项目内容细则,同时加强对员工的培训,尽可能提高企业内部运作效率,使消费者得到满意的服务。

4. 差距4——市场信息传播的差距

市场信息传播的差距是指企业在市场传播中关于服务质量的信息与企业实际提供的服务质量不一致的程度。导致这一差距的原因有:

(1) 企业的市场营销规划与营运系统之间未能有效地协调。

(2) 企业向市场和消费者传播信息与实际提供的服务活动之间缺乏协调。

(3) 企业向市场和消费者传播了自己的质量标准,但在实际提供服务时,企业未能按质量标准进行。

(4) 企业在宣传时夸大了服务质量,消费者实际体验的服务与宣传的质量有一定的距离。

缩小这一差距的措施包括:

(1) 在服务企业内部建立一套有效的机制,加强服务企业内部的水平沟通,即在企业内部、部门内部和部门之间加强横向信息流动,使部门之间、人员之间相互协作,实现企业的既定目标。

(2) 对市场信息传播进行计划管理和实施严格监督，选择思维稳健的人员来管理广告策划，不盲目向市场和消费者承诺。

(3) 企业的管理层要负责监督信息传播，发现不适当的信息传播要及时纠正，减少负面影响。

5. 差距5——服务质量感知差距

服务质量感知差距是指消费者体验和感觉到的服务质量与自己对服务质量的预期不一致，多数情况是消费者体验和感觉的服务质量较预期的服务质量差。消费者出现感知差距将导致以下后果：

(1) 消费者认为体验和感觉的服务质量太差，比不上预期的服务质量，因此，对企业提供的服务持否定态度。

(2) 消费者将自身的体验和感觉向亲朋好友等诉说，导致企业服务口碑较差。

(3) 消费者的负面口头传播破坏企业形象并损害企业声誉。

(4) 服务企业将失去老消费者并对潜在的消费者失去吸引力。

差距分析模型能够指导企业管理者发现引发质量问题的根源，并寻找适当的消除差距的措施。明确这些差距是制定战略、战术以及保证期望质量和现实质量一致的理论基础，以使得消费者给予质量积极评价，提高消费者满意程度。

6.2.4 服务质量的测量

由于服务自身独特的性质：无形性、异质性和不可分离性，使得大多数服务都难以被统计和测量，更难以在生产之前对其进行检验，当前对服务质量进行测量的工具主要是SERVQUAL 评价法。

SERVQUAL 为英文"Service Quality"（服务质量）的缩写，是1998 年由PZB 提出，是用来衡量消费者感知服务质量的一种工具。它建立在服务质量五个维度的基础上，通过对消费者服务预期（应当怎样）与消费者服务体验（实际怎样）之间差距的比较分析（即前面所说的期望差距分析）来衡量。

具体来说，SERVQUAL 评价法是根据以消费者"绩效—期望"差距模型为理论基础，设计了包括有22 个问项的调查表，也称为SERVQUAL 量表，然后配对测算，绩效分和期望分相减，差值大于等于0，就是高服务质量；差值小于0，就是低服务质量。

具体的评估步骤分为以下两步：

1. 进行调查问卷，由消费者打分

进行服务质量调研的企业/公司会准备如表6 - 2 的调查问卷，问卷共有22 个问项，旨在了解消费者对该企业/公司服务的看法。

表 6-2　服务质量调查问卷

调查问卷		分值 (1 2 3 4 5 6 7)
P1	×公司有最新的设备和技术	
P2	×公司的设备有视觉上的吸引力	
P3	×公司的员工穿着得体、整洁	
P4	×公司有形设备的外观与所提供的服务相适合	
P5	×公司承诺了在一定的时间内做某事就会做到	
P6	当您遇到问题时，×公司给予您帮助并尽力使您消除顾虑	
P7	×公司是可信赖的	
P8	×公司遵守承诺的时间提供服务	
P9	×公司准确地进行情况记录	
P10	×公司没有向它的消费者通报什么时候开始提供服务	
P11	您没有从×公司的员工那儿得到迅速及时的服务	
P12	×公司的员工并不总是乐于帮助消费者	
P13	×公司的员工很忙以至于不能及时回应消费者的要求	
P14	您信任×公司的员工	
P15	在您与×公司的员工交往时您有安全感	
P16	×公司的员工态度礼貌	
P17	服务人员从×公司那里得到足够的支持以做好服务工作	
P18	×公司没有给予您特别的关照	
P19	×公司的员工没有给予您针对您个人情况的关照	
P20	×公司的员工不知道您的需求	
P21	×公司不了解什么是您最感兴趣的	
P22	×公司不根据不同的消费者需要调整服务的时间	

在填写问卷时，当消费者认为提供这种服务的企业在多大程度上符合以上陈述所描述的特征，就从每个陈述后面的 7 个数字中选出他认为最合适的。完全同意选 7，完全不同意选 1，如果感觉适中，就选择中间的数字。

2. 计算服务质量的分数

当服务质量的五个维度（可靠性、响应性、保证性、移情性、有形性）同等重要条件下，SERVQUAL 的计算公式为：

$$SQ = \sum_{i=1}^{22} (P_i - E_i)$$

式中　SQ——感知服务质量；

P_i——第 i 个问题在消费者感受方面的分数；

E_i——第 i 个问题在消费者期望方面的分数。

但由于在现实生活中，消费者对服务质量的每个维度的重要性看法是不同的。因此，通过消费者调查后应确定每个服务质量维度的权重，再加权平均就得出了更为合理的 SERVQUAL 分数，其计算公式为：

$$SQ = \sum_{j=1}^{5} W_j \sum_{i=1}^{22} (P_i - E_i)$$

式中 W_j——第 j 个维度相应权重。

最后将调查中所有消费者的 SQ 分数加总再除以消费者数目 m 就得到某企业该项服务产品的平均 SQ 分数,即:

$$SQ = \frac{\sum_{i=1}^{m} SQ_i}{m}$$

式中 m——调研的消费者数目。

6.3 质量管理

6.3.1 质量管理的概念

6.3.1 什么是质量管理

6.3.2 质量管理的发展阶段

6.3.3 什么是全面质量管理

管理是在一定环境和条件下通过"协调"活动、综合利用组织资源以达到组织目标的过程,是由一系列相互关联、连续进行的活动构成。管理过程包括计划、组织、领导和控制人员与活动,其职能主要是指计划、组织、指挥、协调和控制。

质量管理(Quality Management)是指确定质量方针、目标和职责,并通过质量体系中的质量策划、控制、保证和改进来使其实现的全部活动,包括:制定质量方针和质量目标、质量策划、质量控制、质量保证和质量改进。

1. 制订质量方针和质量目标

质量方针是由组织的最高管理者正式发布的该组织总的质量宗旨和质量方向。质量目标是组织在质量方面所追求的目的,是对质量方针的展开和具体体现。

2. 质量策划

质量策划致力于制订质量目标并规定必要的运行过程和相关资源以实现质量目标,包括质量管理体系策划、产品实现策划以及过程运行策划。

3. 质量控制

质量控制致力于满足质量要求,是一个设定标准、测量结果、判定是否达到预期要求、对质量问题采取措施进行补救并防止再发生的过程,如制订 BPR、过程自检、专检等。

4. 质量保证

质量保证致力于提供质量要求得到满足的信任,是在订货之前建立起来的,对达到预期质量要求的能力提供足够的信任,保证质量、满足要求是质量保证的基础和前提,质量管理体系的建立和运行是提供信任的重要手段。例如,第三方认证证明、合格声明等。

5. 质量改进

质量改进致力于增强满足质量要求的能力,涉及组织的质量管理体系、过程和产品。

质量控制是消除偶发性问题，使产品质量保持在规定的水平，即质量维持；质量改进是消除系统性问题，在对现有质量水平控制的基础上加以提高，重点提高质量保证能力。

质量改进共有八个基本步骤：选择课题、掌握现状、分析原因、拟定对策、按对策实施、确认效果、防止再发生和标准化、总结不足和继续改进，如图 6-4 所示。

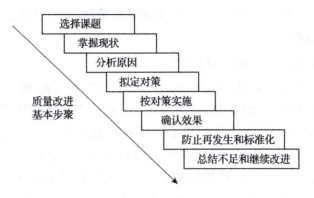

图 6-4　质量改进基本步骤

质量管理如同医生看病，"治标不能忘固本"，许多企业都悬挂着"质量是企业的生命"的标语，而现实中往往存在"头疼医头、脚疼医脚"的质量管理误区。造成"重结果轻过程"现象的原因是：结果控制者因为改正了管理错误，得到员工和领导的认可，而默默无闻的过程控制者不容易引起员工和领导的重视，最终导致管理者对事后控制乐此不疲，而对预防式的事前控制和事中控制敬而远之。

6.3.2　质量管理的发展阶段

质量管理发展至今，经历了三个阶段：

1. 质量检验阶段（1920—1940 年）

质量检验（Quality Inspect）的思想源远流长，但是作为一种科学的管理方式，形成于 20 世纪初至 20 世纪 30 年代。20 世纪前，产品质量主要依靠操作者本人的技艺水平和经验来保证，属于"操作者的质量管理"。20 世纪初，以泰勒为代表的科学管理理论的产生，促使产品的质量检验从加工制造中分离出来，质量管理的职能由操作者转移给工长，是"工长的质量管理"。随着企业生产规模的扩大和产品复杂程度的提高，产品有了技术标准，公差制度也日趋完善，各种检验工具和检验技术也随之发展，多数企业普遍设置了专职的检验部门，配备了一定数量的专职检验人员，制订了产品检验制度，添置了必备的检验仪器，用一定的检验手段负责全企业的产品检验工作，因而又被称为"检验员的质量管理"。

这种"检验员的质量管理"是以半成品、成品的事后检验为主的质量管理方式，对于防止不合格品出厂，保护出厂产品质量和消费者利益是完全必要的，但是这种事后把关型的管理，不能避免不合格品的产生，而且出了质量问题相关者又可能推诿责任。随着生产规模的扩大，其缺陷越来越突出，比如：

（1）解决质量问题缺乏系统的观念。

（2）只注重事后的结果，缺乏预防。

（3）它要求对成品进行100%的检验，在大批量生产的情况下往往难以实现。

无论是"操作者的质量管理"，还是"工长的质量管理"或"检验员的质量管理"，都属于事后检验的质量管理方式。

2. 统计质量控制阶段（1940—1960年）

统计质量控制（Statistical Quality Control）形成于20世纪的30年代，1924年，美国数理统计学家休哈特提出控制和预防缺陷的概念，他运用数理统计的原理提出在生产过程中控制产品质量的"6σ"法，绘制出第一张控制图并建立了一套统计卡片。与此同时，美国贝尔研究所提出关于抽样检验的概念及其实施方案，成为运用数理统计理论解决质量问题的先驱，但当时并未被普遍接受。以数理统计理论为基础的统计质量控制的推广应用始自第二次世界大战，美国国防部为保证军火生产的质量，进行了统计质量控制的专门研究，制定了"战时质量管理标准"，强制要求生产军需品的各军工企业推行统计质量控制，保证并改善了军工产品的质量，战后又把它推广到民用工业中，给企业带来了巨额利润。

在没有提出统计质量控制以前，产品的质量是在每件产品完成后进行检查，以判别它是否合格。在大批量、快速生产的现代工业中，如再采用这种检查方式，可能不合格品已大量形成，及至发现已为时太晚，于是迫切需要一种监测、预报的手段，使不合格品在即将形成或刚开始形成时能及时发现，予以阻止。并且，由于现代工业生产通常是按照同一设计、采用同样的原料、在相同的设备和操作条件下进行的，产品质量在一定程度上是均匀的，若没有系统性因素的作用，则产品质量特征是服从一定的概率分布的，这使数理统计方法有可能应用到质量管理中去，从而产生了统计质量控制的理论和方法。统计质量控制主要包括以下三方面的内容：

（1）控制图：用于对生产过程进行分析和监测，以及时发现异常因素，从而避免不合格品大量出现。

（2）抽样检验：即对一批产品进行抽查，以对整批产品做出接收或拒收判断。

（3）可靠性理论和方法：它研究产品的失效规律和寿命分布，以评定和提高产品完成其规定功能的能力。

利用数理统计原理在生产工序间进行质量控制，可以预防不合格品的大量产生，也标志着事后检验的观念转变为预防质量事故的观念。但由于过分强调数理统计，使员工感到深奥，误以为"质量控制是工程师的事，与自己无关"，从而限制了这些方法的进一步推广。

3. 全面质量管理阶段（1960年至今）

全面质量管理（Total Quality Management）于20世纪60年代提出，至今仍在不断的发展和完善当中。20世纪50年代以来，随着社会的发展，人们对产品质量的要求越来越高，不仅注重其性能，而且增加了耐用性、可靠性、安全性和经济性等要求。同时，随着"保护消费者利益"运动的兴起和市场竞争尤其是国际市场竞争的加剧，各国都开始重视"产品责任"和"产品保证"问题，开始强调人在管理中的作用，并把质量问题作为一个系统工程加以综合分析研究。最早提出全面质量管理概念的是美国的费根堡姆，1961年，他发表了《全面质量控制》一书，该书强调质量职能应由全体人员承担，质量管理应贯穿于产品产生、形成的全过程。

全面质量管理是在统计质量控制的基础上发展起来的，它重视人的因素，强调企业全员参加全过程的各项工作研究质量问题，它的方法、手段更丰富，从而把产品质量真正管理起来。20世纪60年代以后，全面质量管理的观点在全球范围内得到了广泛的传播。各国都结合自己的实践进行了创新并不断完善提高，特别是日本，提出了全公司质量管理（CWQC），全面质量管理取得了辉煌的成就。

全面质量管理具有以下几个基本特点：

(1) 把过去的以事后检验和把关转变为预防和改进。

(2) 把过去的以就事论事、分散管理转变为系统的观点进行全面的综合治理。

(3) 将管结果转变为管因素，把影响质量的诸因素查出来，抓住主要矛盾，发动全员，全部门参与，依靠科学管理的理论、程序和方法，使生产、作业的全过程都处于受控状态，以达到保证和提高产品质量和服务质量的目的。

比较质量管理发展的三个阶段。从管理深度而言，是从单纯检验到检验与预防，再到控制与提高；从管理广度而言，前两个阶段局限在制造过程，而第三阶段向前延伸到设计与试制过程，向后延伸到使用过程。

6.3.3 全面质量管理

1. 全面质量管理的定义

费根堡姆对全面质量管理（Total Quality Management，TQM）的定义为：为了能够在最经济的水平上，并考虑到充分满足消费者要求的条件下进行市场研究、设计、制造和售后服务，把企业内各部门的研制质量、维持质量和提高质量的活动构成一体的一种有效的体系。其基本内容概括起来就是"四个全面"，即全面的质量管理、全过程的管理、全员参与质量管理、全面综合管理；"四个一切"，即一切为用户、一切以预防为主、一切依据事实与数据、一切按规范办事。

全面质量管理是一种由消费者的需要和期望驱动的管理哲学，是以质量为中心，以全员参与为基础，目的在于通过让消费者满意和本组织所有成员及社会受益达到长期成功的管理途径。全面质量不仅包括产品质量，同时也包括与产品质量形式有关的工作质量和工程质量（包括人、机器、材料、方法、检测、环境六个方面，即5M1E），全面质量管理对企业的发展有着重要作用。全面质量管理示意图如图6-5所示。

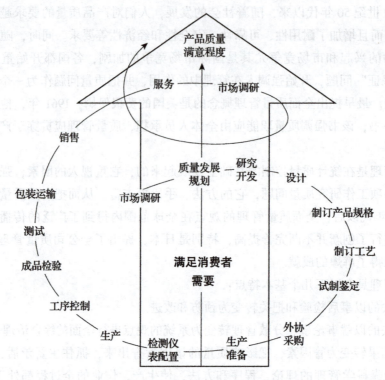

图 6-5 全面质量管理示意图

全面质量管理涵盖以下含义：

(1) 强烈地关注消费者。从现在和未来的角度来看，消费者已成为企业的衣食父母，"以消费者为中心"的管理模式正逐渐受到企业的高度重视。全面质量管理注重消费者价值，其主导思想就是"消费者的满意和认同是长期赢得市场、创造价值的关键"。为此，全面质量管理要求必须把以消费者为中心的思想贯穿到企业业务流程的管理中，即从市场调研、产品设计、试制、生产、检验、仓储、销售、到售后服务的各个环节都应该牢固树立"消费者第一"的思想，不但要生产物美价廉的产品，而且要为消费者做好服务工作，最终让消费者放心满意。

(2) 坚持不断的改进。全面质量管理是一种永远不能满足的承诺，"非常好"还是不够，质量总能得到改进。"没有最好，只有更好"，在这种观念的指导下，企业持续不断地改进产品或服务的质量和可靠性，确保企业拥有对手难以模仿的竞争优势。

(3) 改进组织中每项工作的质量。全面质量管理采用广义的质量定义。它不仅与最终产品有关，还与组织如何交货、如何迅速地响应消费者的投诉、如何为消费者提供更好的售后服务等都有关系。

(4) 精确的度量。全面质量管理采用统计度量组织作业中的每一个关键变量，然后与标准和基准进行比较，以发现问题、追踪问题的根源，从而达到消除问题、提高品质的目的。

(5) 向员工授权。全面质量管理吸收生产线上的工人加入改进过程，广泛地采用团队形式作为授权的载体，依靠团队发现和解决问题。

2. 全面质量管理的内容

全面质量管理过程的全面性，决定了全面质量管理的内容应当包括设计过程、制造过程、辅助过程、使用过程等四个过程的质量管理。

（1）设计过程的质量管理。产品设计过程的质量管理是全面质量管理的首要环节。这里所指的设计过程，包括市场调研、产品设计、工艺准备、试制和鉴定等过程（即产品正式投产前的全部技术准备过程）。

其主要工作内容包括通过市场调查研究，根据消费者要求、科技情报与企业的经营目标，制订产品质量目标；组织销售、使用、科研、设计、工艺、制度和质管等多部门参加的审查和验证，确定适合的设计方案；保证技术文件的质量；做好标准化的审查工作；督促遵守设计试制的工作程序等。

（2）制造过程的质量管理。制造过程是指对产品直接进行加工的过程。它是产品质量形成的基础，是企业质量管理的基本环节，该过程的基本任务是保证产品的制造质量，建立一个能够稳定生产合格品和优质品的生产系统。

其主要工作内容包括：组织原材料质量检验工作；组织和促进文明生产；组织质量分析，掌握质量动态；组织工序的质量控制，建立质量监控点等。

（3）辅助过程的质量管理。辅助过程是指为保证制造过程正常进行而提供各种物资技术条件的过程。它包括物资采购供应、能源保障、设备维修、工具工装制造、仓库保管、运输服务等。

其主要工作内容包括：做好物资采购供应的质量管理，保证采购质量，严格入库物资的检查验收，按质按量按期地提供生产所需要的各种物资（包括原材料、辅助材料、燃料等）；组织好设备维修工作，保持设备良好的技术状态；做好工具制造和供应的质量管理工作等。

（4）使用过程的质量管理。使用过程是考验产品实际质量的过程。它是企业内部质量管理的继续，也是全面质量管理的出发点和落脚点。使用过程质量管理的基本任务是提高服务质量（包括售前服务和售后服务），保证产品的实际使用效果，不断促使企业研究和改进产品质量。

其主要工作内容包括：开展技术服务工作，处理出厂产品质量问题；调查产品使用效果和消费者要求。

3. 全面质量管理的工作方法

企业进行全面质量管理的基本方法是 PDCA 循环，PDCA 循环又称质量环，是计划（Plan）、实施（Do）、检查（Check）、处理（Action）的简称，是全面质量管理反复经过的四个阶段。

PDCA 循环的过程，就是企业在认识问题和解决问题中使质量和质量管理水平不断呈阶梯状上升的过程。

（1）PDCA 循环的步骤。每一个 PDCA 循环可概括为四个阶段、八个步骤，如图 6-6 所示。

P 阶段：

第一步，寻找质量问题。

第二步，寻找产生质量问题的原因。

第三步，从各种原因中找出对质量影响最大的因素，即主要原因。

第四步，针对原因，研究措施，制订对策和计划。

D 阶段：

第五步，按预定计划的对策，认真执行。

C 阶段：

第六步，检查执行效果。

A 阶段：

第七步，巩固成绩，进行标准化。

第八步，寻找遗留问题，为下一个 PDCA 循环提供依据。

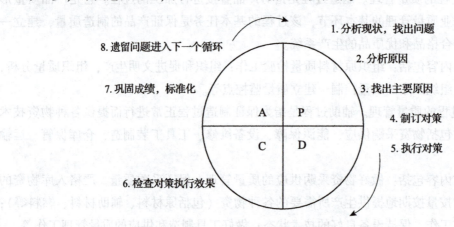

图 6-6 PDCA 循环工作步骤

（2）PDCA 循环特点：

1）特点 1：大环套小环、小环保大环、推动大循环。PDCA 循环作为质量管理的基本方法，不仅适用于整个工程项目，也适应于整个企业和企业内的科室、工段、班组以至个人。各级部门根据企业的方针目标，都有自己的 PDCA 循环，层层循环，形成大环套小环，小环里面又套更小的环。大环是小环的母体和依据，小环是大环的分解和保证。各级部门的小环都围绕着企业的总目标朝着同一方向转动。通过循环把企业上下或工程项目的各项工作有机地联系起来，彼此协同，互相促进，如图 6-7 所示。

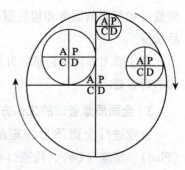

图 6-7 PDCA 循环特点 1

2）特点 2：不断前进、不断提高。PDCA 循环就像爬楼梯一样，一个循环运转结束，生产的质量就会提高一步，然后再制订下一个循环，再运转、再提高，不断前进，不断提高。

3) 特点 3：门路式上升。PDCA 循环不是在同一水平上循环，每循环一次，就解决一部分问题，取得一部分成果，工作就前进一步，水平就提高一步。每通过一次 PDCA 循环，都要进行总结，提出新目标，再进行第二次 PDCA 循环。PDCA 每循环一次，品质水平和治理水平均更进一步。

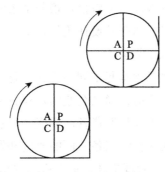 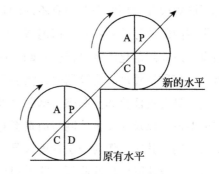

图 6-8　PDCA 循环特点 2　　　　图 6-9　PDCA 循环特点 3

在质量管理中，PDCA 循环得到了广泛的应用，并取得了很好的效果，因此有人称 PDCA 循环是质量管理的基本方法。之所以将其称之为 PDCA 循环，是因为这四个过程不是运行一次就完结，而是要周而复始地进行。一个循环完了，解决了一部分的问题，可能还有其他问题尚未解决，或者又出现了新的问题，再进行下一次循环。"策划—实施—检查—改进"的 PDCA 循环的管理模式，体现着科学认识论的一种具体管理手段和一套科学的工作程序。PDCA 管理模式的应用对提高日常工作的效率有很大的益处，它不仅可以在质量管理工作中运用，也适合于其他各项管理工作。

4. 提高企业全面质量管理的有效途径

质量对于现代社会经济发展有着重要作用。当今世界科学技术发展日新月异，市场竞争日益激烈。归根到底，竞争的核心是科学技术和质量。毋庸置疑，科学技术是第一生产力，而质量则是社会物质财富的重要内容，是社会进步和生产力发展的一个标志，所以质量不仅是经济、技术问题，还关系到一个国家在国际社会的声誉。目前，我国企业的成本管理、资金管理和质量管理还存在一些薄弱环节。企业应如何提高自身素质，在市场经济的大潮中生存、发展呢？这离不开有效质量体系的建设。

(1) 建立有效的质量体系。建立质量体系是全面质量管理的核心任务，离开质量体系，全面质量管理就成了"空中楼阁"。质量体系是指为实施质量管理所需的组织结构程序、过程和资源。企业为实现其所规定的质量方针和质量目标，需要分解其产品质量形成过程，设置必要的组织机构，明确责任制度，配备必要的设备和人员，并采取适当的控制办法，使得影响产品质量的技术、管理和人员的各项因素都得到控制，以减少、清除，特别是预防质量缺陷的产生，所有这些项目的总和就是质量体系。

要建设一个好的质量体系，首先，企业必须保证质量体系建立过程的完善，其步骤通常包括：分析质量环、研究具体组织结构、形成文件、全员培训、质量体系审核、质量体系复审等几个步骤；其次，企业要抓住质量体系的特征，保证质量体系设立的合理性，使全面质量管理有效地发挥作用；最后，企业要保证质量体系在实际生产中得到有效的实施。

（2）制订全面质量管理的战略计划。在推行全面质量管理时，首先应当制订相应的战略计划，当然不同规模和类型的企业会有不同的计划。战略计划可包括：培养全组织的质量观念；建立与供应商的伙伴关系；建立以消费者需求为依据的产品设计质量标准；实施质量管理培训和教育；建立规范化的测量指标；确立质量达标的成本。

在部署和实施质量管理战略计划时，需要各层管理者承担起不同的责任。首先，作为最高管理者，应当具有责任感和使命感，阐明企业存在的价值，确立企业的发展目标，建立组织内外的沟通渠道，以及在质量控制与消费者对质量的要求和消费者期望值之间建立密切的联系和起桥梁作用。其次，作为中层管理人员，应当推动企业在各方面的改进和发展，应当肩负重任，成为企业获得成功的柱石，并承担具体项目的管理责任，负责跨职能部门的交流，以及确保企业内部的工作质量符合或超过标准。

（3）全面质量管理要联系经济效益。质量问题和企业的经济效益密切相关，质量问题从本质上应理解为商品产生之初到消亡的全过程对社会和消费者所造成的损失。对应企业管理而言，无质量就无经济，无质量就等于失去了商品的使用价值，数量即使再多也不会产生经济效益。因此，解决企业的质量问题无论如何不能忽视经济效益这一质量的根本特性，用经济效益去驱动质量管理的进一步发展，相比较于其他的技术方法而言更加直观，也更具影响力和号召力。

质量经济效益分析关注的是质量与经济效益的内在联系和数量关系，加强企业质量管理的经济效益分析可以从以下几方面着手。

1）通过研究质量经济效益确定出企业的最佳质量水平。通过对质量经济效益的分析，使提高产品质量与提高企业经济效益达到最完美结合，确定出质量形成各个环节最经济的或最适合的质量水平，并用以指导企业的生产经营活动，从而保证提高产品质量与提高经济效益的最佳结合。这种最佳结合既可保证产品质量符合质量标准，又可使企业和社会获得尽可能大的经济效益。

2）将质量经济效益分析作为评价质量管理有效性的重要手段。质量管理是否有效，必须以企业经济效益是否提高作为最终评价标准。企业在开展质量管理活动时，如果企业和全社会经济效益都提高了，那么质量活动就是有效的；反之，如果企业在开展质量管理活动时不能给企业和社会创造经济效益，那么这样的质量管理就是无效的。由于质量经济效益专门研究质量和经济效益的相互关系，因而开展质量管理是否能带来经济效益，是否有效，便很容易理解。

3）通过研究质量经济效益促进产品质量的改善和提高。仅仅依赖于研究和推行质量控制与质量管理，片面注重技术方法和技术手段，很难取得预期的效果。将技术和经济两大方面加以综合研究，可以更有效地改善和提高产品质量。

4）通过研究质量经济效益来迅速提高社会经济效益。研究质量经济效益正是要从理论上和数量上研究质量与经济效益的关系，通过这种研究，可以使相关人员掌握质量与经济，以及质量与经济效益的内在联系，并由此迅速提高和改善全社会的经济效益。

6.3.4 质量管理统计分析方法

质量管理统计分析方法，是根据数理统计原理对产品质量实行统计质量控制的科学的质量管理方法。目前使用较广的质量管理统计分析方法包括：排列图法、因果分析图法、直方图法、分层法等。

1. 排列图法

排列图是对于不良、缺点等事情发生的结果，按照其产生的原因或现象进行分类，再按类别大小顺序排列，以图表的形式表达的图，是定量找出影响产品质量的主要问题或因素的一种简便有效的方法。其示例如图6-10所示。

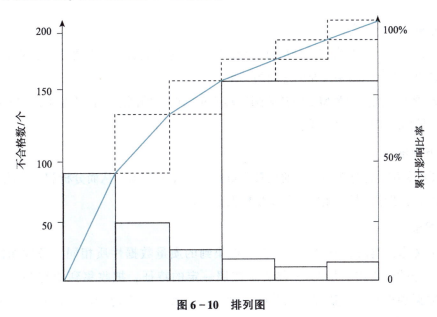

图6-10 排列图

根据帕累托80/20原则，与累计百分比数0~80%对应的为A类因素，它是影响产品质量的主要因素；与累计百分比数80~90%对应的为B类因素，它是影响产品质量的次要因素；与累计百分数90~100%对应的为C类因素，它是影响产品质量的一般因素。

2. 因果分析图法

因果分析图，又称鱼刺图、特性要因图，是一种主要用来分析质量特性（结果）与可能影响质量特性的因素（原因）之间关系的一种工具。目的在于明示问题的结果和原因之间的因果关系，以利于找到问题的症结所在，从而采取针对性的措施解决问题，通过对要因的重点标示，可以决定分析解决问题的优先顺序。因果分析图示例如图6-11所示。

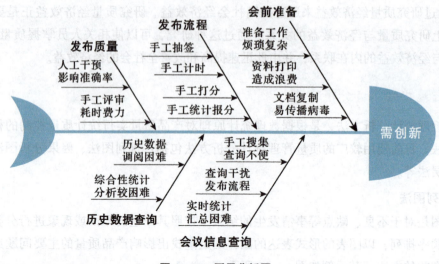

图6-11 因果分析图

因果分析图分为两类:

(1) 原因追求型。此类型是列出可能会影响过程的相关因子,以便进一步从中找出主要原因,并以此图形表示结果与原因之间的关系。

(2) 对策追求型。此类型是将鱼刺图反转成鱼头向左的图形,目的在于追求问题点应该如何防止,目标结果应如何达成。

3. 直方图法

直方图法又称质量分析图,是通过对质量数据的加工整理,从而分析和掌握质量数据的分布情况和用于工序质量控制的一种质量数据分析方法。

4. 分层法

分层法又称分类法、分组法,它把所搜集到的质量数据性质相同、条件相同的归为一组,把划分的组叫作"层"。分层法是按照一定的特征,把收集到的有关某一特定主题的统计数据加以归类、整理和汇总的一种方法,目的在于把杂乱无章和错综复杂的数据加以归类汇总,清楚地反映产品质量波动的原因和变化规律,以便采取措施加以解决。

分层法的应用步骤包括六步:确定研究主题和收集数据的范围、设计表格并收集数据、选择分层标志、按不同的分层标志对数据分类、画分层数据表和分层数据观察分析。

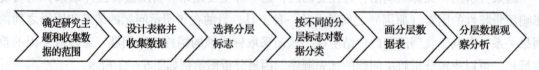

图6-12 分层法应用步骤

6.4 精益系统

6.4.1 什么是精益生产

6.4.2 如何开发精益流程

6.4.1 精益生产

1. 精益生产的定义

精益生产（Lean Production，LP），又称精良生产，其中"精"表示精良、精确、精美，"益"表示利益、效益等。在供应链领域，精益生产就是尽可能地减少浪费，供应链中不必要的移动、步骤和多余的库存都是精益过程（Lean Process）改进的对象，精益生产可以说是制造和服务过程中实施绿色战略的最佳方法之一。

精益生产源于丰田生产方式，20世纪80年代，美国麻省理工学院数位国际汽车计划组（IMVP）的专家对以日本丰田汽车公司为代表的汽车制造商进行了为期10年的调查，发现日本汽车企业在生产管理方面有许多独到的生产方式，正是这些生产方式的实施，使日本汽车企业能通过低成本、高品质占领国际汽车市场。他们将这些生产方式进行总结，并称之为"Lean Production"，即精益生产。

总体来说，精益生产是一组活动的集合，旨在利用最少量库存的原材料、在制品以及产成品实现大批量的生产。它把目标确定得尽善尽美，通过不断地降低成本、提高质量、增强生产灵活性、实现无废品和零库存等手段确保企业在市场竞争中的优势。同时，精益生产把责任下放到组织结构的各个层次，采用小组工作法，充分调动全体员工的积极性和聪明才智，把缺陷和浪费及时地消灭在每一个岗位上。精益生产体系架构模式如图6-13所示。

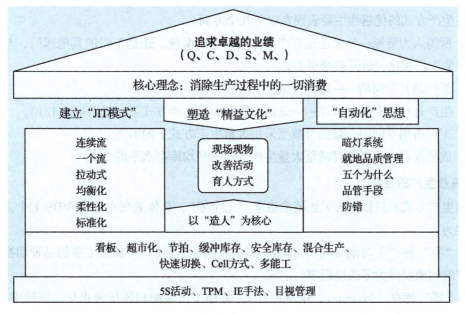

图6-13 精益生产体系架构模式

2. 精益生产的核心和优势

精益生产的核心是消除一切无效劳动和浪费，根据丰田生产方式创始人大野耐一的观点：减少一成浪费就相当于增加一倍的销售额。如果假定商品售价中成本占90%、利润占10%，把利润提高1倍的途径有：

(1) 销售额增加1倍。

(2) 从90%总成本中剥离出10%不合理因素（即无谓的"浪费"）。

从消费者角度而言，消费者价值（Customer Value）作为精益生产的主体，即是消费者愿意花钱购买的东西。增值活动是可以将原材料和信息转换为消费者所想要的产品；而非增值活动不仅消耗资源，而且还不对消费者想要的产品做出直接贡献。可见，就生产过程而言，浪费就是不能增值的部分，比如残次品、过量生产、多余操作等。表6-3是生产过程中的七大浪费。

表6-3 生产过程中的七大浪费

生产过程的浪费	说明
库存的浪费	成品、中间品、原材料的库存浪费
生产过剩的浪费	在不必要的时候制造不必要的产品
等待的浪费	人、机械、部件在不必要时发生的各种等待
搬运的浪费	物料搬运的浪费
动作的浪费	步行、放置、大幅度的动作
不良的浪费	制造不良的浪费，之后还有进行检测的浪费
加工的浪费	与产品价值核心的功能不相关的加工与作业等浪费

精益生产方式的优越性主要表现在以下几个方面：

(1) 所需人力资源——无论是在产品开发、生产系统，还是工厂的其他部门，与大量生产方式下的工厂相比，最低能减至1/2。

(2) 新产品开发周期——最低可减至1/2或2/3。

(3) 生产过程的在制品库存——最低可减至大量生产方式下一般水平的1/10。

(4) 工厂占用空间——最低可减至采用大量生产方式下的1/2。

(5) 成品库存——最低可减至大量生产方式下平均库存水平的1/4。

3. 精益生产的目标

精益生产方式的目标是永无止境地追求"七个零"，具体表现在PICQMDS七个方面，其目标细述为：

(1) "零"转产工时浪费（Products，多品种混流生产）。将加工工序的品种切换与装配线的转产时间浪费降为零或接近零。

(2) "零"库存（Inventory，削减库存）。将加工与装配相连接流水化，消除中间库存，变市场预估生产为接单同步生产，将产品库存降为零。

(3)"零"浪费(Cost,全面成本控制)。消除多余制造、搬运、等待的浪费,实现零浪费。

(4)"零"不良(Quality,高品质)。不良不是在检查位检出,而应该在产生的源头消除它,追求零不良。

(5)"零"故障(Maintenance,提高运转率)。消除机械设备的故障停机,实现零故障。

(6)"零"停滞(Delivery,快速反应、短交期)。最大限度地压缩前置时间(Lead time)。为此要消除中间停滞,实现"零"停滞。

(7)"零"事故(Safety,安全第一)。人、工厂、产品全面安全预防检查,实行SF巡查制度。

精益生产方式既是一种最大限度地减少企业生产所占用的资源和降低企业管理、运营成本为主要目标的生产方式,又是一种理念、一种文化。实施精益生产方式就是决心追求完美、追求卓越,就是精益求精、尽善尽美,为实现"七个零"的终极目标而不断努力。它是支撑个人与企业生命的一种精神力量,也是在永无止境的学习过程中获得自我满足的一种境界。

6.4.2 精益流程的开发

1. 价值流图概述

企业在产品开发、生产制造、管理及服务消费者整个流程中实施精益生产所产生的巨大优势,已通过20世纪80年代的丰田汽车公司、90年代的戴尔公司以及其他一些企业的巨大成功,为世界所公认。但许多企业在导入精益生产理念和方法后,很少认真地对整个产品的价值流进行分析,就很快进入了大规模的消除浪费活动,这些改进活动虽然可能改善了产品价值流的一小部分,但最终仍然没有降低成本,甚至有所增加。如果仅仅局部实现了精益,那么改进效果的持续性就会受到限制,不能实现如大野耐一所说的"在全过程中减少浪费",进而导致精益生产的实施无法进行下去。

那企业在实施精益的过程中,应该从哪里、如何实施改善活动?这就需要有一个有效的工具或方法,能够让企业找出浪费及其原因之所在,然后将其消除,这个工具就是价值流图分析技术。

价值流图(Value Stream Mapping,VSM)是一种用于精益流程开发的特殊流程图工具。通过作图的方法,不仅能将产品在各个加工工序上的流动过程可视化,而且还能显示伴随加工的信息流以及用于控制加工的信息,进而帮助企业考虑整个产品价值流的流动,而不是只考虑孤立的过程,使企业能够对其整个价值流进行持续的、系统化的改进,提高企业的效益和在市场中的竞争力。

利用价值流图分析技术,不仅能够消除浪费,还可以消除产生浪费的根源,使之不至于卷土重来。价值流图分析技术已为全球很多企业所接受和采用,而且对实施精益生产起到了良好的效果。

2. 价值流图分析技术

在介绍价值流图分析技术之前,首先需要明确什么是价值流。所谓价值流,是当前产品通过其基本生产过程所要求的全部活动。这些活动包括给产品增加价值和不增加价值两部分，包括了从产品最基本的原材料阶段一直到产品交付消费者的全部过程，如一辆汽车的制造，包括了从消费者要求到概念设计、产品设计、样车制造、试验、定型、投产到交付后的使用、信息反馈和回收过程，会经历很多车间、工厂、企业，甚至可能经历多个国家和地区。

采用价值流图分析技术，企业可以使纷乱复杂的价值流变为可视的一张价值流现状图，使得价值流中的问题显现出来，从而设定改善方向以及行动计划，从全盘看待问题，而不是集中于某个单独的过程。价值流图的示例如图 6-14 所示。

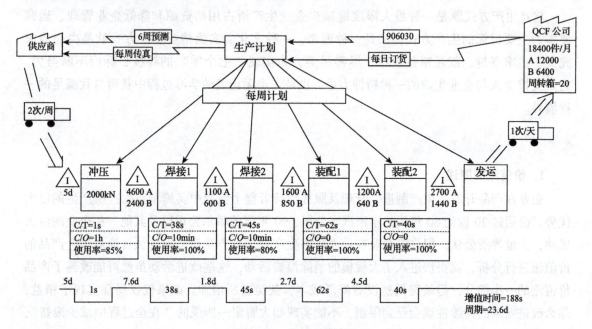

图 6-14 价值流图示例

价值流图分析的主要过程包括两个：从原材料到产品交到消费者手中的生产流程（物流）；从概念到投产的设计流程（信息流）。

价值流图分析技术建立在 5W1H 的基础上：

(1) Who。确定谁来做，需要一位了解产品价值流而且能推进其改进的人，这个人具有领导职责（价值流经理），由他来领导一个小组进行价值流图分析工作。

(2) What。确定做哪些产品的价值流图分析，即正确选择，通常我们首先按照 80/20 原则，选择对影响企业最大的产品进行价值流图分析。

(3) When。确定何时做，应在实施改进之前对价值流进行分析，以确定应首先改进哪些过程。

(4) Where。确定在哪里做，即如何获取真实、正确的数据信息，只有在现场收集的数据才能真正反映价值流的状况。

(5) Why。为什么做价值流图析？明确价值，消除浪费。

(6) How。在之前五个步骤的基础上，进行价值流图分析，价值流图采用的基本图标如

图 6-15 所示。当然，企业可以根据自身情况增添一些与自己生产产品相关的图标信息，但整个企业各类图标信息的含义必须一致。

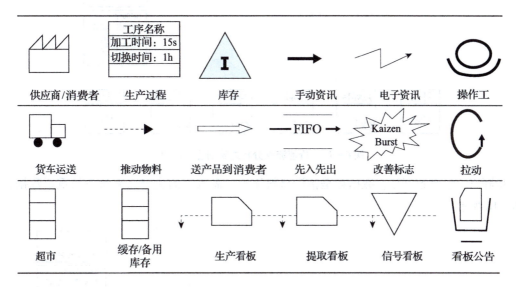

图 6-15　价值流图基本图标

绘制价值流图的基本步骤如下：
(1) 了解消费者需求。
(2) 绘制基本生产工序。
(3) 设定要收集的数据及输入数据。
(4) 绘制库存，标注库存量。
(5) 设定供应商数据。
(6) 加入资讯流。
(7) 计算现况的状态。

3. 价值流图分析技术示例

下面我们采用示例来详细解析价值流图析技术：

国家大道装配厂采用两班制，消费者每月使用 18400 件转向盘支架，并要求每天送货，一般每月需要 12000 件"左置"支架和 6400 件"右置"支架。要求一只周转箱内放 20 件支架，每一个集装箱最多放 10 个周转箱。

步骤一：明确并简化消费者要求，如图 6-16 所示。
步骤二：绘制基本的生产过程（即生产流程）。
材料流的绘制在图的下半部分由左向右进行，如图 6-17 所示。在该工厂，转向盘支架需要进行六个过程：冲压、点焊 1 工位、点焊 2 工位、装配 1 工位、装配 2 工位、发运。

图 6-16　价值流图分析之明确消费者需求

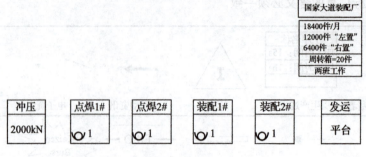

图 6-17　价值流图分析之绘制生产流程

步骤三：绘制数据箱，数据箱是指沿材料流动，需收集的决定未来状态的重要数据，如图 6-18 所示。

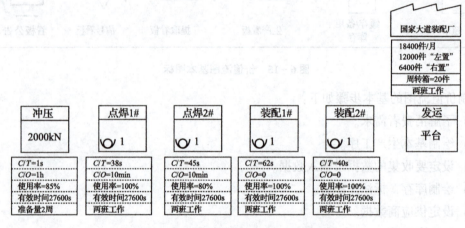

图 6-18　价值流图分析之绘制数据箱

步骤四：绘制库存，标注"库存量"（同时用数量和时间标记），如图 6-19 所示。

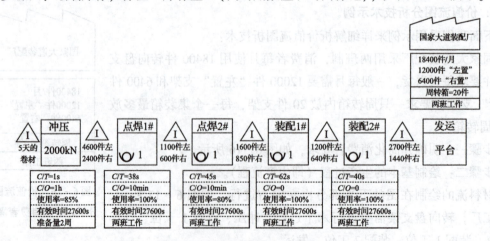

图 6-19　价值流图分析之绘制库存

步骤五：一头绘制成品运达消费者，另一头绘制供应商供货情况，如图6-20所示。

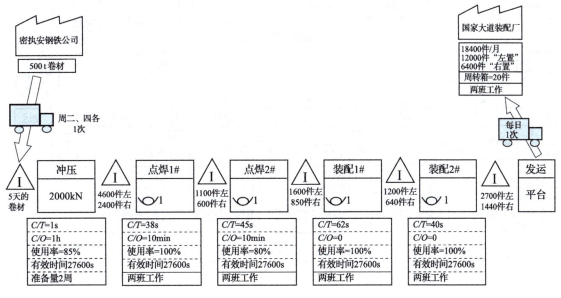

图6-20 价值流图分析之绘制物流

步骤六：绘制信息流，在图的上半部从右向左依次绘制，如图6-21所示。

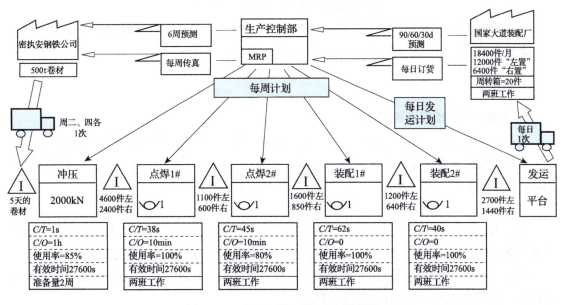

图6-21 价值流图分析之绘制信息流

步骤七：绘制时间线，如图6-22所示。

运营管理
Operations Management

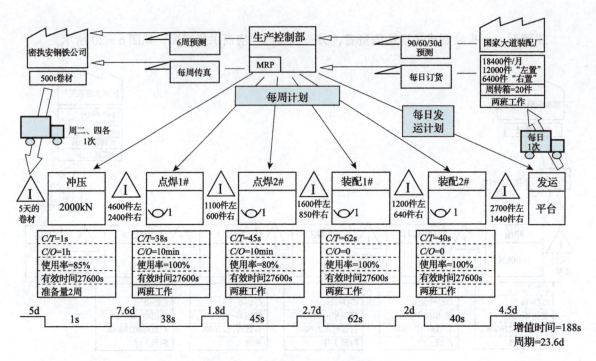

图 6-22 价值流图分析之绘制时间线

绘制完价值流图后，可以通过计算发现流程中的浪费：

$$\frac{188s}{23.6d \times 24h \times 60min \times 60s} = 0.0092\%$$

即 188s 的生产时间只占整个周期时间 23.6d 不到 1%，大量的时间浪费在库存和等待上了，而这些浪费就是非增值活动，是改善针对的主要对象。

6.4.3 精益供应链

1. 精益供应链的定义和特征

精益供应链（Lean Supply Chains）来源于精益管理，是将从产品设计到消费者得到产品，整个过程所必需的步骤和合作伙伴整合起来，快速响应消费者多变的需求，其核心是减少、消除企业中的浪费，用尽可能少的资源最大限度地满足消费者需求。

精益供应链具有以下特征：

（1）复杂性。供应链节点企业组成的跨度（层次）不同，供应链往往由多个、多类型甚至多国企业构成，所以精益供应链结构模式比一般单个企业的结构模式更为复杂。

（2）动态性。供应链管理因企业战略和适应市场需求变化的需要，其中节点企业需要动态更新，这就使得供应链具有明显的动态性。

（3）面向消费者需求。供应链的形成、存在、重构，都是基于一定的市场需求发生的，并且在供应链的运作过程中，消费者的需求拉动是供应链中信息流、产品/服务流、资金流运作的驱动源。

（4）交叉性。节点企业可以是这个供应链的成员，同时又是另一个供应链的成员，众多的供应链形成交叉结构，增加了协调管理的难度。

2. 精益供应链的组成部分

精益供应链要求上下游共同努力，消减整个流程的成本和浪费情况。单个的行业能够在内部实施精益生产，但精益供应链要求上下游企业共同合作，并不是简简单单将诸如存货和成本推给供应商就万事大吉。实际上，这是所有供应链参与者协调一致的努力结果，只有合作才能建立精益供应链。

精益供应链的各个组成部分和相应的精益聚焦点如下：

（1）精益供应商。精益供应商是指能应对变化的供应商。他们能提供低于一般水平的价格，因为有高效的精益过程；他们的质量改善恰到好处，这样下一环节的检测工作就可免除。精益供应商能准时送货，他们的宗旨就是持续的改进。想要发展精益供应商，企业就应当把供应商划入到价值流规划之中，从而为问题的解决和成本的节约提供帮助。

（2）精益采购。精益采购的一个核心就是自动化。电子采购（E-Procurement）是指在网络应用的基础上进行自动交易、采购、投标和决标，消除人工交易并整合企业各类财务报告。精益采购的关键是可视化：供应商应当"看清"消费者的操作；消费者也必须能"看清"供应商的操作。从终端消费者来看，二者之间重叠的部分应当进行优化以达到价值的最大化。

（3）精益物流。精益思想可以应用到系统中所有与物流移动相关的行为，其中比较常见的有：优化方法的选择和订单的汇集、需要在多个地点卸货的运输的整合、路线优化、交叉配送、进出口运输以及回运的最小化，这些物流操作需要通过消除非增值活动并提升增值活动进行优化。

（4）精益消费者。精益消费者对自己的业务需求有深刻的认识并能提出详细而有意义的需求。他们看重速度、灵活度，并倚重高水平的配送。精益消费者会精心建立与供应商的合作伙伴关系。精益消费者重视所购买商品的价值并致力于向自身的客户提供价值。

精益供应链最大的优势在于对消费者需求反应的提升。商业环境的不断变化使得供应链需要应对动态变化的需求，最理想的状态是能满足各种迅速变化的需求。精益供应链内库存的降低能减少因过时而出现的废弃，还能降低增值过程的流程时间。成本的降低以及消费者服务的提升为应用精益供应链的企业在市场上赢得了竞争优势。

3. 精益供应链的建立原则

精益供应链的建立需要一个能够整合各参与者的系统方法。供应必须与生产设施的需求相匹配，而生产则必须与消费者对产品的需求紧密相连，对消费者需求反应的速度、稳定性以及持续性再怎么强调也不为过。

Womack 和 Jones 在他们的重要著作《精益思想》（Lean Thinking）中为实现精益供应链提出了以下建议：

（1）产品价值的确定要结合其目标成本，并以最终消费者对价值的理解为基础。

（2）价值流上的所有企业必须得到足够的相关投资收益。

运营管理
Operations Management

（3）供应链上的企业必须一起合作，鉴别并消除浪费，从而达到各自目标成本和投资收益目标。

（4）当成本目标实现后，价值流上的企业将立即着手进行新的分析以发掘仍然存在的浪费，并设置新的目标。

（5）供应链上的企业协作检查浪费，因此每个企业都有权核查与价值流相关的任何企业的任何活动。

总而言之，为了实现精益，供应链上的所有企业必须同心协力，才能最大化消除浪费和提升消费者服务质量。

案例专栏

案例 1　龙腾集团的服务质量问题

龙腾集团成立于 1978 年，是一个专营中高档汽车销售及售后服务的汽车营销集团。集团成立 40 多年来，在贺自强董事长的带领下，取得了辉煌的成就。目前集团下属 25 家一级 4S 店，主要分布在以宁波为中心的华东地区和以深圳为中心的华南地区。董事长是一位实干家，从当年一名机修学徒到现在拥有 60 亿固定资产的企业家，一步一步将公司发展成为跻身全国一流的汽车营销集团，集团固定资产达到 60 亿元，年销售额超过 50 亿元，当年被权威机构评选为"全国十佳汽车营销集团"，分公司网点遍及全国 15 个城市。然而，规模不断扩大却带来了销售额和利润的不增反降，以及管理的巨大压力。

这一年 10 月 10 日下午 2 点，深圳龙腾集团总部会议室正在召开集团管理部会议。龙腾集团 CEO 贺自强首先发言："各位，相信上个月的经营管理报表你们都看了吧，新车销量创了今年新低，已经连续 4 个月下降。销售毛利率保持相对稳定，但越来越少的销量致使销售利润逐月下降。车辆入厂维修台次略有增加，但是毛利率没有上升，制造费用反而大幅增加，导致净利润进一步减少。金九银十，你们都知道，这个月是汽车销量的黄金月份，并且在过去两个月的时间里，我们投入了大量的广告费用，也参加了大型国际车展，但公司销量却没有起色，你们都说说是什么原因造成的？"

针对董事长的发问，与会者展开了深入的研讨，大家意识到：现在公司业绩每况愈下，但是各分公司在应对集团公司检查的时候，却都表现出一派热火朝天，热情服务客户的场景，为什么这种景象不能转化为销售收益呢？

实际上，各分公司是知道集团管理部会定期到店检查工作，所以他们的销售顾问把自己的客户都约在集团检查工作的那几天来店看车，这样就造成了一个假象，集团每次去检查的时候，每个销售顾问都很忙碌，签单的签单，交车的交车，看起来店里门庭若市，车水马龙，很多时候客户谈判室都坐满了人，实在不行就到客户休息区甚至会议室去签单，一派生意红火的景象，找不到丝毫的破绽，每个销售员都是面带微笑、彬彬有礼。而检查工作的人走了后，公司又是怎样的景象可想而知。这是一种恶性循环，检查人员在的时候是一种态度，不在的时候又是另一种态度。"这是应付上级的心理",销售总监王烽说道,"我根据他们6月~到9月到店客户的统计表做了一个清单(见表6-4),进行了简单分析。"

表6-4　6月~9月客户到店统计

首次到店客户批次（FU）	236
预约客户批次（PU）	50
回头客户批次（BB）	113
通过老客户介绍到店客户批次（RF）	27
老客户批次（RP）	6
客户到店批次总计	432

"公司一线销售顾问20人,平均每人每天接待客户批次P:(FU + PU + BB + RF + RP)/ 30/20 = 0.72。按每天8h工作时间,平均接待一批客户花费时间(TS)2.4h,每个销售顾问平均每天用于接待客户的时间T1:TS × P = 1.73(h)。每个销售员每天除接待客户外剩余的时间是:8 - T1 = 6.27(h)。在这6.27个小时里,他们需要做的基本事情是:预约客户、接受客户咨询、回访老客户;部分较为积极的销售顾问另外做的事情是:加强业务学习、调查竞争产品资料、主动寻找潜在目标客户等等。部分较为消极的员工就处理自己的私事,每天至少有4小时是在混日子。我们这样的管理是缺乏效率的……"

面对当前的问题,贺自强陷入了思索,如何提升服务质量,才能为集团公司的持续发展保驾护航呢?

【案例讨论】

1. 目前龙腾公司的管理存在什么问题?是否适应当前形势下的发展?
2. 推行精细化管理能改善当前的管理质量么?
3. 企业应该从哪些方面提升分公司的服务质量?

案例2　基金公司的六西格玛管理

黑马私募基金管理公司（简称黑马基金）是一家中型私募基金管理人,成立于2015年5月,公司位于北京市朝阳区国贸腹地,在职人员15人,目前主要部门为:投资管理部、风险管理部、运营管理部、人力行政部及财务部,核心人员均来自国内985、211高校,公司本科生占比20%,硕士生占比60%,博士生占比20%,从业人员整体素质较高,专业能力较强。

自成立以来,黑马基金共备案成立4只证券投资基金,总资产管理规模达到1亿元人民币,基金产品的主要资金来源为公司自有资金,其余小部分资金来源于外部高净值客户,截至2020年6月30日,4只产品的净值基本为正值,客户收益较为稳定。

同时,为了提高运营管理能力,积极拓展对外合作,黑马基金与将近300多家国内外知名的证券公司、基金公司、银行信托机构等建立日常沟通及后续潜在合作的探讨。黑马基金

运营管理
Operations Management

始终在运营管理上严守合规底线，积极响应、遵守证监会、基金业协会的各项政策及法规条例，不断谋求运营管理的新发展。

但是经过多年的发展，黑马基金在投资管理这一核心工作中未有更大的突破。一方面，由于监管趋严，各金融机构收紧投资资金，对投资的基金公司提高筛选标准，整个私募基金行业"二八"分化越来越严重，更多的资金方寻求稳定、长久的大型私募基金合作，致使目前市场中的中小型私募基金生存越来越困难，作为中小型私募基金的一员，黑马基金对外募集变得更加困难，导致新发产品推迟、基金管理规模迟迟未增加；另一方面，由于黑马基金内部的投资工作流程问题较多，投资工作中许多重点环节没有得到完善的处理，致使公司核心竞争力不足，最终体现在产品的投资业绩不理想。久而久之员工的工作积极性始终处于较低水平，公司整体运营能力较差，员工与公司的发展规划不一致，导致最近一年的核心人员流动率偏高，很多创始人员相继离职。

张经理作为黑马基金的运营经理，切身参与和见证了企业初创至今的发展，尤其参与了包括投资产品设立、现有投资业务流程梳理、核心人员更迭等一系列对公司有重大影响的运营工作，目前更是与企业一同面临发展缓慢的困境，也深感企业转型升级迫在眉睫。

1. 投资理念分歧

黑马基金目前主要的投资范围为国内的股票、商品期货市场，为了保证资金的流动性，还引入了债权作为投资标的。可以说目前主流的投资产品黑马基金都有涉及。但是在布局众多的投资标的中，黑马基金目前还没有形成一个统一的投资理念，几位负责基金产品投资的投资经理，只是按照自己的方向与研究重点分别进行投资，这样就导致了产品在进行资金分配、投资标的筛选等前期工作时，各投资经理相互争论，没有形成统一的投资理念。

因为投资经理间投资理念的不同，市场部在宣传公司市场核心策略与竞争力上，不止一次地出现了无法明确公司核心投资理念的情况。因此，市场部张经理决定找投资经理们认真谈一次话。他希望通过有效的沟通，和投资经理们商讨出一个比较明确的方向，用于之后的市场推广。

上午10点，投资经理孙帅、邓军准时走进了市场部办公室。张经理邀请他们坐下，助理也及时地端上来了三杯热茶。"知道两位都是大忙人，实在是我们市场部有事需要和两位商量，就麻烦你们跑一趟了。那我就长话短说了，孙总、邓总，我来是想跟你们俩商量一下咱们投资理念的事情，一直没办法统一，我们很难向外面宣传啊。去年老是有客户问我：'你们这两个产品投资策略不一样啊，业绩看上去倒是不错，你们公司的核心投资理念是什么？'我总是觉得不好解释啊。"

听了市场部经理的话，孙帅与邓军对视了一眼，叹了口气，先打破了沉默："小张啊，我知道你为难的地方，可是我们俩的投资理念确实是不一样啊。我这么多年都是坚持价值投资，成绩你也看到了，在现在的市场形势里保持这个业绩，不正是证明了价值投资理念的正确性吗？"张经理点点头："孙总您说的没错，您的那几只产品客户的回馈一直都不错的。"

然后转头看向邓经理:"邓总,您有什么想法呢?"。投资经理邓军放下手中的茶杯,不紧不慢地开口:"小张,我来公司比较早,这几年你的付出我们也都看到了,咱们公司宣传上确实需要一个核心的投资策略来凸显公司的特色与竞争力,但是在这点上我也不能退让啊。现在中国的股票投资市场还处在发展期,跟美国那一套不是一种玩法啊。而且这几年比较流行的,也证明了业绩效果的,还是技术面分析啊。我觉得还是应该以技术面分析作为咱们公司的核心理念,这样也符合市场趋势,有助于提高咱们的投资能力,客户也会比较接受。"这次没等市场部经理回话,孙帅就沉不住气了:"邓总,你现在不要跟我说什么趋势、什么主流,市场是这么容易就摸得清楚脾气的吗?这么一个复杂的系统,仅仅想要靠技术是无法驾驭的啊。我承认现在国内的市场跟美国不一样,可是这么多年,国内也摸索出了一套适用于中国市场的价值投资方法啊。这套方法拿到美国市场,他们还用不了呢,国情不一样嘛。都说实践是检验真理的唯一标准,这套方法论也是经过了检验的。你可不能一棒子打死啊!"邓军也严肃了起来:"孙总,我也不是说你那套方法不行,但是国内市场确实变数太大,就说今年吧,全球的经济形势都不明朗,今年也不知道会有什么新的变数,谁知道形势会怎么样呢。在这种情况下坚持价值投资,风险有点大啊。就算是一个很有前景的企业,在大的经济形势面前,也是很脆弱的。我想说的是现在的这种形势下,用技术面分析,可以为咱们规避更多的风险,在未来几年咱们也能发展得稳健一点。"

市场部经理看到原属于三个人的讨论渐渐变成了两个投资经理间的辩论,深感无奈。谈话到了这个地步,自己又不是专业做投资的,就算有一些想法也不合适说。眼前愈演愈烈的对话不禁让他回忆起以前例会上进行过多次的关于投资理念的讨论。之前讨论了这么多次,公司决策层不也定不下来嘛,看来这件事情今天是无法解决了,还是向领导汇报,让高层协调出结果吧。想到这里,他推了推两位投资经理面前的茶杯:"孙总、邓总,喝茶喝茶,投资上的事情我没你们理解得深,你看说着说着我就听不懂了。我看今天就到这儿吧,咱们以后从长计议,从长计议。"

送走了两位投资经理,张经理脸上明朗的神色褪去,一下子又变得满面愁容。一个完整的投资流程包括事前、事中和事后三个步骤,涉及的主要人员至少包括研究员、投资经理、风险管理经理。在整个流程中任何一个环节的沟通都必须做到充分且及时。然而,黑马基金人员由于投资管理规定中要求所有决策都必须首先经过各级人员汇总上报给主管负责人,负责人再汇总整理,然后在统一时间进行上报讨论。如此烦琐的沟通机制,导致了在投资流程中信息的极度落后,例如往往研究员需要确定的问题,当汇总整理并上会讨论时,该问题已经发生了变化,或者已经错过了最好的投资时机,是否需要继续讨论已经变得没有意义。

2. 关键结点不明

自成立以来,黑马基金共备案成立4只证券投资基金,总资产管理规模达到1亿元人民币,基金产品的主要资金来源为公司自有资金,其余小部分资金来源于外部高净值客户,截至2019年12月31日,4只产品中,旗舰一号私募基金和追风一号私募基金两只产品均为公

运营管理
Operations Management

司自有资金投资,作为公司最早成立同时也是最具有期望的两只产品,均以公司的核心投资策略"期货多品种多周期主观投资"为主要投资理念,运行三年间最高收益20%,但最大回撤达到30%,属于高收益高波动性产品。量化一号私募基金和稳健一号运行已超过两年,投资策略为股票与期货主观投资,产品年化收益在5%左右,最大回撤不超过1%,总体来说收益不高但波动较小,适合风险偏好低的外部高净值客户。旗舰一号私募基金和追风一号私募基金两只产品作为现阶段的核心产品,主要的投资方式为主观投资,即由A公司的投资总监为主要负责人,分别设置两名研究人员和两名交易人员,总体运用多品种、多策略、多周期组合的投资方式进行投资。

目前,黑马基金投资管理部将重心均放在两只产品的投资管理工作上。但经过三年多的运行,产品收益率与同期同策略比较并无优势,产品波动率较大。

在整个流程中,黑马基金目前是"西瓜芝麻一起抓",所有环节均要严格监管,任何投资流程中的工作,各负责人需要做每日总结。按照总经理的要求,每一位员工在工作结束后需要按照指定好的汇报表格进行当日工作总结。但目前实施的工作汇报表中,不能突出当日投资流程的关键节点分析,仅仅是对所有流程的一个回溯,没办法在投资流程中寻找影响工作的关键因素,从而导致了每日投资工作做完,不能进行合理分析,优化当日工作重点。

通过与国内TOP10的私募基金公司的投资流程相比较,发现黑马基金目前在产品投资流程上存在很多缺陷,主要表现在以下几点:

(1) 投资管理部同事对于投资管理中出现的异常波动情况不重视,在遇到较大回撤时不能及时发现问题并与相关人员沟通。

(2) 在投资管理中发现问题时,只是按照当时情况去规避问题,而不是深入探讨研究出现该问题的原因,没有系统解决问题。

(3) 投资管理问题出现及解决的过程没有有效的监控和记录,对问题解决的结果没有有效测评。

3. 引入六西格玛管理

为了全面提高公司的投资运营质量,公司董事长和冯总经理经过商议,委托市场部经理组建一个项目优化小组,并负责提出优化建议。重任在肩,小张感受到了压力。小张组织小组成员一起开展了深入的调查研究,最终向董事会提出了引用六西格玛管理中的DMAIC模型来提升运营质量的建议,并且提出由冯总担任六西格玛小组组长,全面领导和推进公司的六西格玛质量改进项目。

在组建了六西格玛小组之后,张经理在冯总经理的授权下,制定了改进计划,并在六西格玛小组成员的配合下开始稳步推进。

(1) 投资业务流程定义。定义阶段作为六西格玛DMAIC改进模型的首要步骤,为改进过程提供所需资料,起到了为整个项目启动做准备的作用。

(2) 流程的测量。因为第一阶段了解到投资产品波动率过大是客户关心的核心问题,六西格玛小组通过理论知识与市场实践相结合的方式,在充分调研之后,确认了此次改进流程中的四个关键绩效测量指标:夏普比率、索提诺比率、最大回撤比与最长连续盈利/亏损月数。

(3) 流程的分析。借助系统化的分析工具,六西格玛小组确定了可能的变量。六西格玛小组成员来采用循环的方式分别在小组里分享观点,后期六西格玛小组分类整理了所有观点,并通过因果图展示出来,开展量化分析。

(4) 流程改进。根据以上实际情况,六西格玛小组专门制定了一套以修正止损数值为主、优化止损操作为辅的改进方案。

(5) 流程的控制。为了能够保证改进方案有效运行,六西格玛小组建立了以 X – bar Chart 管控图和数据收集表为主的投资流程监控系统。通过实时监测交易动作,收集交易记录方式,对每一笔交易流程进行监控,从而保证改进工作的持续进行。

【案例讨论】
1. 黑马基金的运营遇到了什么问题?公司为什么要成立六西格玛小组?
2. 如果你是黑马基金的六西格玛小组的总负责人,你认为小组人员应如何配置?
3. 你认为在黑马基金,DMAIC 每个阶段的工作重点分别是什么?
4. 如果你是黑马基金六西格玛小组的成员,你认为六西格玛管理有哪些基本属性?

本章小结

质量是指反映实体满足明确或隐含的需要的能力特性总和,是适用性,是满足消费者需求的。根据控制客体的不同,质量可分为产品质量、工程质量、工作质量、服务质量。

从消费者角度而言,服务质量是消费者对特定产品和服务所感知的质量,从组织角度而言,服务质量是服务能够满足行业规定和消费者需求的服务特征的总和。服务质量必须经过消费者的认可,并被消费者识别。服务质量的维度有五个:可靠性、响应性、保证性、移情性、有形性。当消费者对服务质量的期望和感知不一致时,就会存在服务质量差距,测量服务期望与服务感知之间的差距是那些服务领先的服务企业了解消费者反馈的经常性过程。服务质量的测量采用 SERVQUAL 评价法。

质量管理是指确定质量方针、目标和职责,并通过质量体系中的质量策划、控制、保证和改进来使其实现的全部活动。其发展经历了质量检验、统计质量控制和全面质量管理三个阶段。全面质量管理是一种由消费者的需要和期望驱动的管理哲学,是以质量为中心,以全员参与为基础,目的在于通过让消费者满意和本组织所有成员及社会受益而达到长期成功的管理途径。质量管理统计分析方法包括:排列图法、因果分析图法、直方图法、分层法等。

精益生产起源于丰田生产方式,是一组活动的集合,旨在利用最少量库存的原材料、在制品以及产成品实现大批量的生产。开发精益流程通常采用价值流图分析技术,即通过作图

运营管理
Operations Management

的方法，将产品在各个加工工序上的流动过程可视化，寻找减少浪费的途径。精益供应链是将从产品设计到消费者得到产品，整个过程所必需的步骤和合作伙伴整合起来，快速响应消费者多变的需求，用尽可能少的资源最大程度的满足消费者需求。精益供应链的组成部分包括：精益供应商、精益采购、精益物流和精益消费者。

思考题

1. 什么是质量？质量的内涵包括哪些？
2. 什么是服务质量？服务质量的维度有哪些？
3. 请结合实际谈谈你对服务质量的差距的理解，以及企业应该如何对服务质量进行测量。
4. 怎样理解质量管理和全面质量管理？质量管理的统计分析方法包括哪些？
5. 请简要概括精益生产，以及企业应该如何开发精益流程、消除浪费。

自测题
第6章 运营质量

第 7 章

运营系统建模

学习目的与要求

通过本章的学习，了解运营管理的动态复杂性和系统性；理解系统的定义和内涵；掌握系统动力学建模的方法与基本建模过程；了解典型模型的应用。在系统动力学的工具和方法的帮助下，能够对实际运营管理问题进行系统分析，并且据此完成课后的案例讨论和思考题。

运营管理
Operations Management

7.1.1 运营系统的涵义

7.1.2 运营系统的特性

7.1 运营管理系统

7.1.1 企业运营管理的环境

企业运营管理环境是影响管理者决策的重要因素，对企业运营管理环境问题的研究尤为重要。

在经济国际化、市场全球化的进程中，当今企业运营管理环境最大的特点体现在"变"。具体表现在以下四个方面：

（1）快速变化的政治、社会、经济和技术等宏观环境的变化加速了市场的全球化浪潮、技术的交叉渗透和相互融合、企业边界和组织结构的变革等。

（2）快速变化的市场环境，激烈的市场竞争和消费者的多样化及个性化需求改变了企业竞争的内涵：速度取代成本与价格，创新与学习取代秩序与纪律，全方位竞争取代局部竞争，竞争焦点向价值链终端聚集等。

（3）快速变化的企业运作环境使得多维企业生态系统中的竞争互动日渐复杂，引发了企业间的互动、企业利益相关者的互动、企业内资源与能力的互动、联盟网络与虚拟企业的盛行等。

（4）快速变化的企业外部运作环境加速了企业组织内部变化的不确定性。例如，由市场变革所带来的企业边界重构，业务流程再造；由竞争互动带来的文化整合等。

罗宾斯（Robbins）认为环境是对组织绩效起着潜在影响的外部结构或力量；巴纳德（Bernard）指出："管理者必须审视环境，然后调整组织以保证与环境的平衡状态。"企业运营环境正变得愈加复杂。商业环境的多样化、变化速度和相互连接程度前所未有，可预测性也大大降低。

对于企业领导者，这些意味着什么？

首先，他们需要更务实地面对他们能进行预测和控制的范围：那些不可预测，甚至极端性的自发事件有可能通过组织底端的行为产生连锁反应。2007—2008年的金融危机是一个典型的例子，美国房地产市场次贷借款产生的风险演变为一场金融灾难，席卷了全球金融市场。

其次，他们要超越所在企业包含和控制的范围，监控并应对外部的复杂性。企业CEO必须保证，企业在从系统中获取足够利益的同时，要对整个系统做出正向贡献。那些无法为外部系统中利益相关方创造价值的企业，将会被边缘化。同样，如果一个商业生态系统无法为内部成员提供利益，那么它最终会遭到背叛。以索尼公司为例，索尼的电子阅读器比Kindle早问世三年，最终却惨败给亚马逊，并在2014年退出了市场。其背后原因是索尼无法为出版系统中的关键参与者——作家和出版社提供具有吸引力的价值主张。因此，当索尼的电子阅读器面世时，只有800部书籍。与之相反，亚马逊一开始就牺牲了自身的利润，以低于付给出版商的价格向读者销售书籍，Kindle首发时就有8.8万部电子书可供下载。

最后，领导者必须直面一个无奈的现实：试图直接控制系统底部的参与者往往会在系统上层产生适得其反的后果，例如战略受阻，甚至是生态系统的崩溃。他们必须放弃简单的因果逻辑模型，不要再妄图对个体参与者进行直接控制，而应该去塑造参与者的周边环境，从而影响其行为。例如在塑造集体行为中，促进协作，扩大权限，调动员工的积极性，这比从上至下的控制更为有效。

7.1.2 运营管理和系统

如今的商业环境正变得愈加复杂，然而，很多企业在经营管理方面仍固守着所谓的经典方法。这些方法诞生于过去较为稳定的商业环境下，聚焦于企业的短期业绩分析和规划，而非基业长青。那么这些企业如今的表现如何呢？有研究表明，今天企业消失的速度超过了以往任何时候。例如在美国，1/3的上市公司在5年内由于倒闭、清算和并购等原因退市，这一比例是40年前的6倍。尽管人们普遍认为企业是能历久弥新的组织，然而它们的平均寿命远远短于它们的员工。企业的高死亡率不因规模、年限和行业有所区别，规模和经验都于事无补。我们相信，企业早夭的原因是它们无法适应周边环境与日俱增的复杂性。很多企业误读了环境，选择了错误的战略制定方式，或者无法用正确的行为方式和能力来支持其战略。因此，了解企业运营管理环境的特征，系统分析企业运营管理，首先需要了解结构和行为之间的关系是什么，究竟什么是系统，系统是如何运作的，以及如何让系统转向符合人们预期的行为模式。

那么，什么是系统呢？系统论创始人贝塔朗菲将系统定义为："所谓系统，是指相互作用、相互依靠的所有事物，按照某些规律结合起来的综合。"由此可以看出，系统是一组相互连接的事物，在一定时间内，以特定的行为模式相互影响。例如，你的消化系统包括牙齿、酶、胃、肠等要素，它们通过身体血液的流动和一系列化学反应产生相互的连接；消化系统的功能是将食物转化为人体所需的基本营养成分，并将这些营养成分输送到血流中（另一个系统），同时通过新陈代谢，排出各种废物。同样，大到一个社会、一个国家，小到一个家庭、一台机器、一个人，乃至一个细胞、一个分子，都是具有一定特征的系统。那么是否所有事务都是一个系统呢？其实并非如此，没有任何内在连接或功能的随机组合体就不是一个系统。反之，对于系统来说，如果你更换了其中的要素，系统就被改变了。例如，将你消化系统中的某些器官进行了一些调整，那么它们就不是原来的那个系统了。

在对系统进行考察时，不仅要对系统内部的静态对象和动态运行规律进行考察，更需要对它们之间的相互作用进行分析。大量的事实和研究成果告诉我们：系统各部分之间的相互作用（而非各部分自身的运行行为）决定了系统总的动态行为特征。对于一个系统来说，整体大于部分之和。任何一个系统都包括三种构件：要素、内在连接、目标（功能）。系统具有适应性、动态性、目的性，并可以自组织、自我保护与演进。其中，构成系统的要素是比较容易发现的，因为它们多数是可见、有形的事物，例如一所大学是一个系统，它由建筑物、

运营管理
Operations Management

学生、教师、管理人员、图书馆、图书、计算机等众多要素构成。当然，要素并不一定是有形的事物，一些无形的事物也可以是系统的要素，例如一所大学中，学校的声誉和学术能力就是该系统中至关重要的要素。如此，很多人发现，要罗列出一个系统的所有要素，几乎是一项不可能完成的任务，很快你就会迷失在系统中，正如"只见树木不见森林"。

为了避免这种情况，你应该从关注要素本身转向探究要素之间的内在联系关系，也就是研究那些把要素整合在一起的关系。在一个大学系统中，内在联系包括知识的交流、入学标准、学位要求、考试和分数、预算和现金流、人们的闲谈等。系统中这些连接，有些是实实在在的物质流，有些是信息流，有些是与系统的功能和目标有关的连接。只有通过系统分析的运作，才能表述出系统的功能或目标。在很多情况下，系统中各个要素的目标是不一致的，并都会或多或少地对系统整体行为产生影响。最终，系统所呈现出来的结果，和所有个体或要素的预期都不一样。例如，一所大学的目标是创造和保护知识，并将知识代代相传。其中，学生们的目标可能是取得好的分数，教授们的目标或许是成名，而管理人员的目标可以是保住饭碗。这些个体的目标有可能和系统目标冲突，例如学生们可能为了获得高分而在考试中作弊，教授们可能忽视教学而一心只顾着发表论文，管理者可能会解聘优秀教授以节省学校开支。因此，仅关注于系统中的这些要素，并不能推导出系统的运行，也就是说，要素的变化对于系统的影响是非常小的。大学的学生每年都在不断流动，教授和管理人员也在发生着变化，甚至可能更换了所有的成员，但它仍然是一所大学。只要不触动系统的内在连接和总目标，即使替换了所有的要素，系统也会保持不变，或者只是发生缓慢的变化。相反，如果内在连接改变了，系统就会发生巨大的变化。如果在一所大学中，不是让教授给学生打分，而是让学生给教授打分，或者争论时不是以理服人而是以暴取胜，那么这个组织（系统），就不是原来的大学了。

总而言之，系统包括三个构件：要素、内在连接和目标（功能），三者必不可少，相互联系，各司其职。一般说来，系统中最不明显的部分，即目标或功能，才是系统运行最为关键的决定因素。内在连接也至关重要，因为改变了要素之间的连接，通常会改变系统的行为。虽然要素是我们最容易注意到的部分，但它对于定义该系统却常常是最不重要的，除非是某个要素的改变导致连接或目标的改变。

企业的运营管理，就是具有以上所有特性的典型的复杂的动态系统，总体来说，运营管理系统具有系统的四个基本特征：

（1）该系统具有明确的目标或功能。

（2）该系统的结构由其所属对象和流程定义。

（3）对于该系统的观察可以通过输入和输出来进行，输入通过系统内部的处理和加工后，形成输出离开系统。

（4）该系统的不同部分之间相互作用。

对于一个系统来说，某个外部事件可能引发某些行为，而同一事件对于不同系统，其结果可能迥然不同。如今，世界持续快速发展变化，并且日益复杂，企业运营系统呈现出明显的动态性和复杂性等特征。当发生外力触发、驱动、冲击或限制，系统对这些外力的影响产生反馈，这种反馈方式就是运营管理系统的基本特征。并且，这些反馈往往是非常复杂的，因此称之为动态复杂系统，或者系统的动态复杂性。

7.1.3 系统思考

系统科学方法论的指导思想是系统思考。系统思考就是系统的思维方法，它是指唯物辩证法所体现的物质世界普遍联系及整体性的思想，是关于事物整体性的观念、互相联系的观念和演化发展的观念。

1. 传统思考

传统思考方式，又称为"线性思考"或"因素思考"。第一个特点是只能用于较小的时空范围，或者时空范围虽然比较大，但是变化十分缓慢的情况下。因此，传统思考方式产生的解决方案在往往只能在短期和小范围内有效，而就长期效果来讲却常常是有害的。例如房地产开发商看到楼市火爆，有利可图，就投资房地产开发，等两三年之后，房子建好了，市场却出现疲软，房子卖不出去。这是因为，开发商只依据当时的情形做出决策，没有充分考量从建房到卖房的时间延迟过程，也就是说，没有充分考量房地产开发系统的动态变化。

传统思考方式的第二个特点是根据直接因果关系（或线性地）观察和思考问题。例如，面对企业产品滞销，管理者就多招聘销售人员进行推销，从直接因果关系上看，更多的销售人员去市场上推销产品，可以在一定数量上增加售卖。但是，新招聘的销售人员需要更多的培训和人工成本，新进入者还可能挤走原有销售人员的市场份额，从而导致内部恶性竞争和人才的流失等。于是，一系列决策者意想不到的问题不断产生，系统的反应完全背离决策的初衷。

总之，传统思考的特点是：

(1) 序列性的因果逻辑关系，这些关系呈线性和静态特征。
(2) 观察问题的时空范围小。
(3) 只根据直接原因做出决策，决策是反应式的。

2. 系统思考

与传统思考不同，系统思考方式是用系统的观点，在长时间和大空间范围内，动态地看问题。正因为系统行为由系统结构所决定，所以系统思考关注系统结构的复杂性，表现为非线性、反馈回路、时间延迟等。对于上述房地产和企业销售的例子，如果运用系统思考的方式，扩大时空的范围，把问题放在系统结构上思考，并关注到系统的"杠杆点"，由此产生的决策就会更加正确或有效。认识动态复杂性、建立基础模式和找出"杠杆点"是系统思考的三大要点。

因此，系统思考可以定义为一种按照复杂系统的观点观察世界的能力，从而理解系统结构和系统行为之间的联系。系统思考具有以下特点：

(1) 系统性、动态性、复杂性和观察问题的时空范围大。

(2) 系统结构决定系统行为。

(3) 决策时提出的解决方案具有可操作性。

7.2 系统动力学

7.2.1 系统方法论

7.2.2 系统动力学

7.2.1 系统动力学的产生

系统动力学（System Dynamics，SD）诞生于20世纪50年代，美国麻省理工学院的福瑞斯特（Jay W. Forrester）教授在其卓越的计算机相关领域成就的基础上，感觉到工业系统、生态系统、社会系统和经济系统的复杂性，逐步从研究技术问题转到研究社会经济领域的复杂问题，于1956年创立了系统动力学。他的学生们，以大家非常熟悉的彼得·圣吉（Peter M. Senge）和约翰·斯特曼（John D. Sterman）等为代表，将系统动力学应用于经济决策领域，从而发现，决策离不开人的思维方式，于是把系统动力学应用于思维模式的研究，建立了系统思考理论。后来，彼得·圣吉以系统思考为核心创建了五项修炼（个人超越、心智模式、共同愿景、团队学习、系统思考），进而以五项修炼为基础建立了学习型组织。而约翰·斯特曼则以系统思考为基础建立了商务动力学（Business Dynamics）。因此，系统动力学是系统科学理论与计算机仿真紧密结合，研究系统反馈结构与行为的一门科学，是系统科学与管理学的一个重要分支。

系统动力学认为，系统的行为模式与特性主要取决于其内部结构；只有把整个系统作为一个反馈系统才能得出正确的结论。所谓反馈，是指X影响Y，反过来Y通过一系列的因果链来影响X，我们不能通过孤立分析X与Y或Y与X的联系来分析系统的行为。

系统动力学研究处理复杂系统问题，采用定性与定量相结合、系统综合推理的方法，其建模过程是一个学习、调查、研究的过程，系统动力学模型的主要功用在于向人们提供一个进行学习和政策分析的工具，并且使得决策群体或整个组织逐步成为学习型组织。因此，系统动力学模型可以作为实际系统，特别是社会、经济、生态复杂大系统的"实验室"。

7.2.2 系统模型

1. 模型

模型一词，最初是用来描述实物的模仿，用以代替一种事物或者系统。随着系统研究的发展，模型的概念得到了进一步的推广和应用，很多时候我们会采用数学模型、模拟模型以及计算机模型等来代替一个具体的研究系统，从而通过该模型可以进行近似的分析、设计和控制。通过对模型分析所获得的结论，将之应用于系统的控制和调整上，这是一种非常自然和朴实的思路。

模型的定义也多种多样。福瑞斯特（Forrester）教授认为"描述某些事物的一组法则与关系就是该事物的模型。人们的想法都依赖于模型"。戈登（Gorden）教授认为"模型是为了进行系统的研究，用来收集与系统有关信息的物体"。凯德（Kade）教授认为"模型是人类直觉的一种简明的间接尺度,它是各种理论形式规则的复制"。

与系统一样,对构成要素来说,一个模型的构成要素可能有无数个。但是,随着计算机的普及,数学模型逐渐成为许多系统研究和应用的主要方法。从数学建模角度来说,模型由变量、参数和函数关系三项要素构成。一般情况下,变量分为内生变量、外生变量和状态变量。内生变量是指系统输入作用后在系统输出端所出现的变量,属于不可控变量;外生变量是一个可控变量,形成系统的输入;而状态变量是系统内全体属性的一个表征量。一般来说,将所有状态变量在某个时点的取值视为系统当时的状态。系统的环境设置可以通过参数来描述,而系统内各要素之间的关系可以采用函数表示。此外,一些变量既可以是时间变量的函数,也可以用来表示要素在系统中不断演化的效果。

2. 模型与系统的关系

建立模型并不是要完全重构原现实系统,而是要研究者选择一种适当复杂程度的模型,根据现实问题出发,选择合适的变量,并根据需要来量化他们之间的关系。但是,既然模型是对系统的简化和抽象,因此在建模过程中,必须仔细评估模型的效果。一般来说,需要从以下三方面进行考虑:

(1) 近似性,即模型和所模仿的现实系统的相似程度。

(2) 可靠性,即模型对现实系统的数据复制的精度。

(3) 目的适度,即说明模型和建模目的之间的符合程度,这通常反映了模型构建者对模型分析理解的合理程度。

上述三个方面分别强调了建模时所需侧重的三个重点,在满足这三方面要求的前提下,所建模型应该越简化越好。这里"简化"有三层含义:

(1) 简化的模型意味着模型中的元素更少,相互之间的关系相对简单,从而使模型便于理解和分析。

(2) 如果在满足上述三方面的要求后还能简化,则说明建模者把握住了解决问题所需的现实系统中的关键要素,而并不是模糊地将非关键的要素也纳入模型中。那样不但使模型不必要地复杂化,而且还可能会影响后续的分析和理解。

(3) 简化的模型意味着建模的成本降低。

7.2.3 系统动力学建模

在实践中,作为一名建模者,第一步是找出真正的问题是什么,以及真正的客户是谁。最初的联系人可能并不是客户,而仅仅是将你介绍给客户的企业成员。

随着建模项目的进展,可能发现客户群在扩展或改变。假定已经成功地找到了组织问题的切入点并辨认出了最初的客户是谁,那么该如何开展工作来建立一个能帮助他们解决问题的模型呢?

1. 系统动力学建模步骤

成功的建模并没有固定的方法,没有什么步骤可以保证一定能得到一个有用的模型。建模的本质是创造性的，不同的建模者有不同的风格和方法。但是所有成功的建模者都遵循一个包含下列活动的严格步骤：

(1) 明确地表达要解决的问题，确定系统的边界。
(2) 提出关于问题因果关系的一个动态假说或理论。
(3) 写方程来测试动态假说。
(4) 测试模型，直到你满意，认为它已经达到你的目标。
(5) 政策设计与估计。

表 7-1 列出了这些步骤，同时给出每步包含的一些问题和使用的主要工具。

表 7-1 建模的步骤

建模的步骤	包含的一些问题和使用的主要工具
(1) 明确问题，确定系统的边界	① 选择问题：问题是什么？为什么这是一个问题？ ② 关键变量：关键变量是什么？必须考虑的概念是什么？ ③ 时限：问题的根源应追溯至过去多久？应考虑多远的将来？ ④ 参考模式：关键变量的历史行为是什么？将来它们的行为会怎样？
(2) 提出动态假说	① 现有的理论解释：对存在问题的行为，现在的理论解释是什么？ ② 聚焦于系统的内部：提出一个由于系统内部的反馈结构导致动态变化的假设 ③ 绘图：根据初始假设、关键变量、参考模式和其他可用的数据建立系统的因果结构图，这一过程中可使用的工具包括系统边界图、子系统图、因果回路图、存量流量图、政策结构图以及其他可利用的工具
(3) 写方程	① 明确决策规则 ② 确定参数、行为关系和初始化条件 ③ 测试目标和边界的一致性
(4) 测试	① 与参考模式比较：模型能完全再现过去的行为模式吗？ ② 极端条件下的健壮性分析：在极端条件下模型的行为结果符合现实吗？ ③ 灵敏度：模型的各个参数、初始化条件、模型边界和概括程度的灵敏度如何？ ④ 其他测试
(5) 政策设计与评估	① 具体化方案：可能产生什么样的环境条件？ ② 设计政策：在现实世界中可以实施哪些新的决策规则、策略和结构？它们怎样在模型中表示？ ③ "如果—则"分析：如果实施这些政策，其效果如何？ ④ 灵敏度分析：在不同的方案和不确定性条件下，各种政策的健壮性如何？ ⑤ 政策的耦合性：这些政策相互影响吗？相互抵消吗？

模型是基于从现实世界中收集的信息和我们的心智模式而构建的。在现实世界中使用的策略、结构和决策规则可在模型代表的虚拟世界中被表达和测试。模型中所做的实验和测试反过来改变我们的心智模型，并导致新策略、新结构和新决策规则的设计。接着，这些新的策略在现实世界中实施，它们的反馈效果引出新的洞察方向，并使人们对定量模型和心智模式进行进一步改进。建模不是产生绝对答案的一次性活动，而是在模型代表的虚拟世界和行

动代表的现实世界之间的持续循环过程。图7-1显示了有效的建模是在现实世界与虚拟世界之间不断反复实验和学习的。

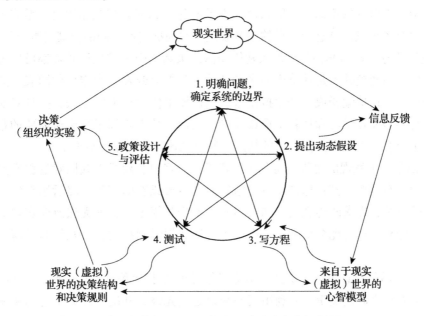

图7-1 建模过程内含在系统的动态变化中

2. 系统动力学建模的基本原则

在建立和运用系统动力学模型的过程中，需要遵循以下原则：

（1）不要为了建模而建模，开发一个模型是为了解决特定问题。一个模型必须有一个清晰的目的，而这个目的必须是为了解决客户关心的问题。建模者必须排除所有与问题不相关的因素，以确保项目范围的可行性以及结果的时效性。目标是要改善客户所定义的那个系统的表现，要关注结果。

（2）从一开始就把建模与整个运营改进工作整合起来。建模过程的价值早在对问题进行定义的这个阶段就开始了。建模过程要将注意力集中在对系统结构的诊断上，而不是在对结构进行决策的人。

（3）系统动力学并不是孤立的，在适当的时候需要配合使用其他工具和方法。大多数系统建模只是一个更大的工程的一部分，而这个更大的工程还涉及传统的战略和业务分析，包括标杆分析、统计工作、市场研究等。有效的建模取决于强大的数据资源和对问题的充分了解。建模工作在与其他工具相互补充而不是纯粹地取代其他工具时，效果最好。

（4）尽快建立可用的初步模型，然后逐步加入必要的细节。尽快建立一个可行的模拟模型。在模拟模型形成之前，不要试图搭建详尽的概念模型。概念模型只是假设，而且必须接受检验。定性和模拟通常能揭露概念图的不足之处，从而提高我们的理解。模拟试验的结果提供了概念上的理解，并且帮助建立对结果的信心。最初的结果为客户提供了即时的价值，而且向他们证明值得为该模型继续投入。

（5）宽广的模型边界比大量的细节更重要。模型必须在两方面取得平衡，一方面是要对客户所处的机构和可用的杠杆政策做出有用且可操作的表述，另一方面是要捕捉那些在客户的心智模型中未被解释的反馈。一般来说，当系统各组成部分交互作用时，系统就会出现动态变化，这比对各组成部分进行大量的细节表述，并捕捉它们之间的反馈要重要得多。

（6）邀请业务专家而非初学者加入建模团队。虽然高中生或执行总裁都可以轻松掌握所需用到的软件，但建模并不是计算机程序设计，不可能只开发一个定性的图表，然后就将它交给程序设计员，请他编译成一个模拟模型。建模要求使用严谨的方法，并且对业务有深入的了解，同时还需要在学习和经验中形成技能。因此，从专家那里得到所需要的帮助，从而获得建模队伍及客户组织中其他成员的技能，其效果比邀请初学者更好。

（7）建模是一个发现的过程，避免黑箱建模。当客户和建模者共同对过程反复提出质疑的时候，建模最有效果。其目标是要对问题如何产生形成新的理解，然后用新的理解来设计高杠杆作用的政策，以求改善现实。如果客户看不到建模过程，就无法改变客户的行为。应该让客户尽可能早、尽可能多地融入建模过程，让他们看到模型，鼓励他们对模型亲自检测并提出意见。

（8）从一开始就留意决策的实施。实施工作必须从建模第一天就开始。经常问一下，模型将如何帮助客户来制定决策？要利用模型来设定优先级，并决定政策实施的顺序。利用模型来回答，我们如何从这里到达那里？在考虑采用各种政策杠杆时，仔细想想现实世界的问题。对政策产生的所有成本和收益进行量化，而不仅仅考虑现有会计系统已经报告的信息。

（9）务必对模型进行检验，这是一个持续的过程。模型的完成并不能证明它的正确性，也不能仅凭一个测试。例如，检测模型对历史数据的拟合能力，也不能证明它的正确性。客户和建模者需要寻找机会来挑战模型再现各种历史经验的能力，通过让模型不断面临数据和专家意见（建模者自己和其他专家）的挑战，逐步建立起对它的信心。在这个过程中，专家的看法和模型都会发生改变和深化。

（10）模型的实施不因一个单一项目的结束而结束。建模工作在初始项目结束之后仍会持续产生影响，还可以适用于其他系统中相同的问题。在处理相关问题和客户的时候，建模者积累了技术专长，他们带着这些技术专长，带着在处理事物过程中所获得的见解，有时候甚至带着新的思考方法进入新的职位或组织，模型的实施因此成为个人、组织和社会变化中的一个长期过程。

7.3　系统动态反馈模型

7.3.1
飞轮效应：
运营增强回路

7.3.2
突破约束：
运营调节回路

7.3.3
牛鞭效应：
运营时间延迟

7.3.1　动态系统的行为与结构

动态系统的运行虽然有许多形式，但实际上大多数只有少数几种行为模式如指数增长或振荡的不同表现而已。最基本的行为模式就是"指数增长""寻的"和"振荡"。而且，每种模式都产生于简单的反馈结构：指数增长产生于正反馈结构；寻的行为产生于负反馈结构；

振荡产生于回路中带有时滞的负反馈结构。其他基本的行为模式，包括 S 形增长、带有超调的 S 形增长，是由基本反馈结构的非线性相互作用产生的。

1. 指数增长

指数增长由正（自我加强）反馈结构产生。数量越大，其净增长越大，进一步增加了数量并导致更快的增长，如图 7-2a 所示。典型例子是复利和人口增长。投资的资金越多，赚取的利息越多，结余便越大，下一次得到的利息就越多；人口越多，净出生速率就越大，净增了人口并最终导致更多的新生人口，这是一个不断加速的螺旋。纯粹的指数增长有一个重要的属性就是倍增期是一个常数：无论多大，系统的状态会在固定时间段内加倍。即从一个单位增加到两个单位与同 100 万单位增加到 200 万单位花费的时间一样。这个属性是正反馈的直接结果：净增长速率依赖于系统状态的规模。然而，正反馈并不总是导致增长，它也能导致自我加强的衰退，如同股票价格下跌损害了投资者的信心，导致更多的抛售，价格会更加下跌，进而投资者更没有信心。

图 7-2b 的因果回路图说明了能产生指数增长的反馈结构。图中箭头表明因果关系影响的方向，下面的箭头表明系统的状态决定系统净的增长率，上面的箭头表明进而增加了系统的状态。箭头上的符号（+ 或 -）标志了这种关系的极性，正号（+）意味着自变量的增加或减少，负号（-）意味着自变量的增加或减少将导致因变量的反向减少或增加。回路标识符标明回路的极性（或者是正或者是负），正用"R"标识，表明是自增强的回路；负用"B"标识，表明是趋于稳定的回路。

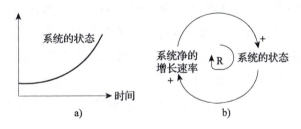

图 7-2 指数增长系统的结构与行为

在实际中，线性增长非常罕见。因为线性增长需要在系统状态和净增长速率之间没有反馈，其净增长速率即使在系统状态发生了变化时也保持恒定。大多数情况下看似线性增长的，实际上往往是指数增长，只是观察时限太短以至于看不到加速。指数增长不会永远的完全平滑（由于增长速率比例的变化、循环和扰动），但是指数增长是行为的主导模式，尽管倍增期变化很大，但这些系统都显示由正反馈结构所引起的巨大加速。

2. 寻的

正反馈回路产生增长、放大偏移并且加强变化，负反馈回路寻求平衡、均衡和停滞。负反馈回路追求将系统状态带到目标或设想状态，它们抵制任何将系统状态偏离目标的扰动。所有的负反馈回路都有如图 7-3 所示的结构。系统的状态与目标相比较，如果在实际状态和目标状态之间有差异，系统将采取纠偏行动将系统带回目标状态。例如，当一个工厂的库存不足以满足需求时，生产就增加，直到库存再次变得充足。

每一个负反馈回路都包括一个比较目标与实际状况以及采取纠偏行动的过程。有时系统的目标状态和纠偏行动是明确的，并且处于决策制定者的控制之下。有时目标是隐含的并且不受意识的控制，或者根本不处于人力控制范围之内。

在大多数情况下，系统状态向目标靠近的速率随着差异降低而减小。到当达到目标时恒定的速率突然降到零的情况很少见，这是由于这种渐进过程在目标和现实之间大的差异倾向于产生大的反应，而小的差异引起小的响应。当差异和纠偏行动之间的大小关系呈线性时，调整速率和差异大小的比例，并且"寻的"行为的结果是指数衰减，随着差异降低，调整速率也降低；并且如同指数增长由其倍增期所表征，纯粹的指数衰退也由其半衰期——消除剩下差异的一半所花费的时间所表征。

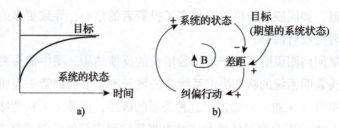

图7-3 寻的系统的结构与行为

3. 振荡

振荡是动态系统中第三个基本模式。像寻的行为一样，振荡由负反馈回路引起，系统状态同其目标进行比较，并且采取纠偏行动以消除差异。在一个振荡系统中，系统状态持续调整过高（超调），逆转，然后又调整过低，以此类推。过高（超调）是由负反馈回路中有显著时间延迟所产生的。时间延迟导致纠偏行动在系统达到目标状态后仍然继续，迫使系统调整过低，并且引发反方向的新的纠偏。振荡系统的结构与行为如图7-4a所示。

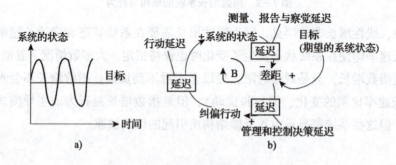

图7-4 振荡系统的结构与行为

振荡是动态系统行为模式中最常见的一种。有许多类型的振荡，包括减幅震荡、有限循环和混沌。每类变种都由特定的反馈结构引起，并且各有一套参数决定回路强度和延迟长度，但是每种类型的振荡在其核心都存在带时间延迟的负反馈回路。

在负反馈回路任何部分有显著延迟，都可能产生振荡。如图 7-4b 所示，在组成回路的任何信息链条上都可能有延迟。在感知系统状态时可能有延迟，这是由测量和报告系统引起的，在感知差异后引发纠偏行动时可能有延迟，这是由达成一致意见所需的时间延迟引起的，并且在纠偏行动的采取和对系统状态产生影响之间可能有延迟。对一个企业来说，测量和报告库存水平需要时间，管理层开会并决定需要时间，获取原材料、劳动力和其他所需资源响应新的生产计划可能需要更多时间。在这些点中，任何一个点上的延迟都可能产生库存振荡。

7.3.2 基本模式的相互作用与结构

三种基本行为模式——指数增长、寻的和振荡是由三种基本反馈结构引起：正反馈结构、负反馈结构和带有延迟的负反馈结构。其他更复杂的行为模式是由这些结构彼此的非线性相互作用引起的。

1. S 形增长

实际上，永远的增长（或衰减）几乎不存在：最终一个或多个约束将使增长停止。在动态系统中一个常见的行为模式是：增长最初是指数性的，但是逐渐减缓，直到系统状态达到均衡水平。曲线的形状就像一个伸展的"S"，如图 7-5a 所示。为了理解 S 形增长背后的结构，可以尝试使用"承载能力"这个生态学概念：任何一个种群栖息地的承载能力是由它能支持的特定类型的生物数量、环境可用的资源和种群所需的资源决定的。当种群接近其承载能力时，个体平均资源降低，因而减少净增长比例，直到刚好有足够的平均资源来平衡出生和死亡，在该点净增长速率为零而种群达到平衡。任何经历指数增长的事物都可以理解为在其环境中利用资源的种群。随着环境承载能力被接近，所需资源不再充足，净增长比例下降；系统的状态继续增长，但是以一个较慢的速度，直到资源缺乏到刚好停止增长。通常，一个种群可能依赖于许多资源，其中每个都能产生限制增长的负反馈回路；最有约束力的限制决定了哪一个负反馈回路将在系统状态增长的过程中最具影响。

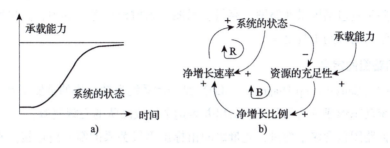

图 7-5　S 形增长的结构与行为

2. 带有超调的 S 形增长

S 形增长需要限制增长的负反馈回路随着接近承载能力的极限而迅速发挥作用,然而,往往在这些负反馈回路中存在显著的时间延迟。负反馈回路中的时间延迟可能导致系统状态围绕着承载能力过度调整和振荡,如图 7-6 所示。

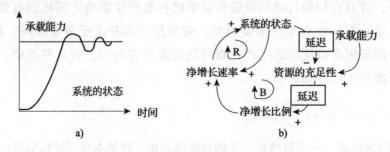

图 7-6 带有超调的 S 形增长的结构与行为

3. 过度调整(超调)并崩溃

S 形增长背后的第二个假设是承载能力是固定的。然而,往往环境支持种群成长的能力会被种群本身所侵蚀或消耗。例如,一片森林中鹿群的数量可能过多以至吃草过度,导致种群饥饿和数量急剧减少。图 7-7 展示了过度调整并崩溃的结构和行为。

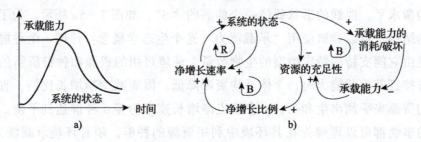

图 7-7 超调并崩溃的结构与行为

7.3.3 因果回路图

反馈是系统动力学的一个核心概念。在系统动力学中,可以使用几个绘图工具来表达系统的结构,这些工具包括因果回路图、存量流量图、入树模型等。其中,因果回路图是描述复杂系统反馈结构的常用工具之一。

1. 因果回路图的定义

因果回路图(Causal Loop Diagram,CLD)是表示系统反馈结构的重要工具。CLD 可以迅速表达关于系统动态形成原因的假说,引出并表达个体或团队的心智模型。

一张因果回路图包含多个变量,变量之间由标出因果关系的箭头所连接。在因果回路图中也会标出重要的反馈回路。如图 7-8a 所示。

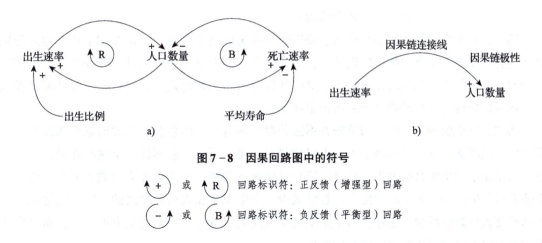

图7-8 因果回路图中的符号

如图7-8b所示，变量由因果链联系，因果链由箭头表示。每条因果链都具有极性，或者为正（+）或者为负（-），该极性指出了当独立变量变化时，相关变量会如何随之变化。重要回路用回路标识符特意标出，以显示回路为正反馈（增强型）还是负反馈（平衡型）。注意，回路标识符与相关回路朝同一个方向绕圈。在图7-8中，出生速率由人口数量和出生比例决定。联系出生人口和总人口数的正反馈是顺时针方向的，它的回路标识符也是顺时针；负的死亡速率回路是逆时针方向的，它的标识符也是逆时针。表7-2概要说明了因果链极性的定义和实例。

表7-2 因果链极性的定义和实例

符号	解释	数学公式	实例
$X \xrightarrow{+} Y$	在其他条件相同的情况下，如果X增加（减少），那么Y增加（减少）到高于（低于）原所应有的量。在累加的情况下，X加入Y	$\partial Y/\partial X > 0$ 在累加的情况下 $Y = \int_{t_0}^{t}(X + \cdots)ds + Y_{t_0}$	产品质量 $\xrightarrow{+}$ 销售量 努力 $\xrightarrow{+}$ 结果
$X \xrightarrow{-} Y$	在其他条件相同的情况下，如果X增加（减少），那么Y减少（增加）到低于（高于）原所应有的量。在累加的情况下，X从Y中扣除	$\partial Y/\partial X < 0$ 在累加的情况下 $Y = \int_{t_0}^{t}(-X + \cdots)ds + Y_{t_0}$	产品价格 $\xrightarrow{-}$ 销售量 挫折感 $\xrightarrow{-}$ 结果

因果链的极性描述了系统的结构，但是并不描述变量的行为。也就是说，它们描述如果发生一种变化将出现什么结果，但并不确定变化会真正发生。因果链并不能告诉哪种可能性会变成现实，它只能告诉如果变量变化的话将出现什么情况。

一条正因果链意味着如果原因增加，结果要高于它原来所能达到的程度；并且如果原因减少，结果要低于它原来所能达到的程度。一条负因果链意味着，如果原因增加，结果要低于它原来所能达到的程度；如果原因减少，结果要高于它原来所能达到的程度。注意：在因果链极性的定义中高于（或低于）原来所能达到的程度，意味着原因变量的增加，但结果变

运营管理
Operations Management

量并不一定将会增加。这有以下两个原因：

第一，一个变量往往有多个输入。要判断哪种情况会实际发生，需要知道所有输入分别如何变化。在评判单条因果链的极性时，假定所有其他变量都是恒定的。在评估系统的实际行为时，所有变量都同时互相作用，这时其他变量不保持恒定，此时往往需要计算机模拟来追踪系统的行为并判断哪个回路占据主导地位。

第二，更重要的是，因果回路图并不区分存量和流量，即系统中资源的累积和改变哪些资源的变动因素。在人口的例子中，人口数量是一个存量——它累计出生速率并减去死亡速率。出生速率的增加会增加人口数量，但是出生速率的减少并不会使人口数量减少。出生只会使人口数量增加，而从不会使人口数量减少。出生速率和人口数量间的正因果链意味着出生速率使人口数量增加。这样，出生速率的增加使人口数量比原来所应有的要多，而出生速率的减少使人口数量比原来所应有的要少。

类似的，从死亡速率到人口数量的负因果链意味着死亡速率使死亡速率减少。死亡速率的降低并不会增加人口数量。死亡速率的降低意味着更少的人死亡并且更多的人存活；人口数量比原来所应有的要多。**注意：你无法弄清人口数量实际上是增加还是减少，如果死亡速率超过了出生速率，即使出生速率增加，人口数量还是会减少。**要知道存量是增加还是减少，在本例中你必须知道它的净改变速率，即出生速率减去死亡速率。然而有一点千真万确，如果出生速率增加，即使人口数量不断下降，人口数量也将比不考虑出生速率这个变化的情况下要多。人口数量的下降速率将比它原来应有的要慢。

2. 因果回路图的绘制原则

（1）因果回路图中每个链条都必须代表变量之间存在因果关系，而不是变量之间存在相关关系。变量之间的相关关系反映了系统过去的行为，相关并不代表系统的结构。模型和因果图必须只包括那些表达了系统背后因果结构的关系。当模型模拟时，变量之间的相关关系将从模型行为中产生。

（2）一定要为图中的每一个因果链标注极性。正反馈回路也称作增强回路，并由"＋"或"R"标识；而负反馈回路也称作平衡回路，由"－"或"B"所标识。回路极性标注符显示了哪个回路为正，哪个为负。回路标识符对顺时针回路来说应该顺时针画出，对逆时针回路来说应该逆时针画出。所有因果链都应当有明确的极性。

（3）判断回路的极性。快速弄清楚回路是正还是负的方法是数回路中负因果链的数目。如果负因果链的数目是偶数，回路为正；如果负因果链的数目是奇数，回路为负。该规则之所以有效，是因为正回路将加强变化而负回路自我矫正，它们将扰动抵消。想象在其中一个变量上出现了小小的扰动，如果扰动在沿回路传播的过程中增强了原来的变化，那么这个回路就是正的；如果扰动在沿回路传播的过程中抵消了原来的变化，那么这个回路就是负的。为了抵消扰动，信号在沿回路传播的过程中极性必须为负，而净极性为负只有在负因果链数目为奇数的情况下才可能发生。单独一条负因果链引其信号反向，增加变成减少，但是再加一条负因果链再次将信号反转，减少又变成增加，加强了原来的扰动。

(4) 为回路命名。使用因果回路图无论是为了引导客户组说出他们的心智模型，还是同他们就模型的反馈结构进行沟通，你会常常发现自己想要追踪的回路非常复杂，你的因果回路图很容易把客户搞糊涂。为了让客户不至于迷失在回路的网络中，你应该对每个重要的回路给出一个数字和名字，这会很有帮助。将回路标注为 R1、R2、B1、B2 等，这样可以帮助客户在讨论时找到它们。对回路进行命名，用这些标注可以替代一套复杂的因果链，可以帮助听众理解回路的作用并且为讨论提供有用的简称。在同客户工作时，往往会请他们来命名回路，有时客户还可以提出一个古怪的词语或者组织中一些特定的俗语来命名回路。

(5) 指出因果链中的重要延迟。延迟在动态的产生过程中非常重要。延迟使系统产生惰性，可能导致振荡，并且往往使政策的短期效果和长期效果刚好相反。在一个完整的因果回路图中，应当包括对动态假设意义重大或者对系统来说很显著的延迟。

(6) 变量名应当是名词或者名词短语。因果回路图和模型中的变量名应当是名词或名词短语；变量名必须有清晰的方向感，应选择从常规意义上说方向为正的变量名。而行为（动词）则由连接变量的因果链表达。因果回路图表达的是系统的结构，而非其行为，不是实际会发生什么，而是表达如果其他变量以不同方式变化，系统将发生什么。

(7) 选择合适的概括程度。因果回路图被用来勾画基于动态假设的反馈结构，他们并不需要将模型描述到数学公式这样的详细程度。带有太多的细节，将使我们很难看到总的反馈回路结构以及不同回路如何交互，当然太少的细节也会使人们很难理解其中的逻辑并怀疑模型的合理性和现实性。

(8) 不要将所有的回路放入一个大的总图。研究表明，短期记忆一次只能记住 5～9 个信息块，这对因果回路图的有效规模和复杂度做了相当严格的限制。将一个复杂的因果回路图一次表达出来，会使人们很难识别回路，难以理解何者重要，或是难以理解它们如何产生动态。所以，一定要抵制那种将所有回路放入一个总图的冲动，虽然这样的图看起来让人印象深刻——我的天，我在里面做了多少工作！我的模型多大多全！但是，这种庞大的图对于沟通并不有效。很少有人能够理解复杂的因果图，除非他们有机会每次消化一部分。那么，如何能表达出系统的丰富反馈结构而又不导致图形过度烦琐呢？答案是分阶段建立模型，使之伴随一系列较小的因果回路图。每个图应当对应于动态问题的一部分。从分块开始，一部分一部分地构筑你的图，为每个重要回路做一张单独的图，这些图可以具备足够的细节来体现流程实际如何操作。然后，将图"集成"一个较简单的、高度概括的图，来体现回路之间如何相互作用。

(9) 明确表示出负回路的目标。所有的负反馈回路都有其目标，也就是期望系统达到的状态。并且所有的负回路通过把实际状态同目标状态进行比较，然后对差异进行修正来发挥作用。因此，请明确表示出负回路的目标。

(10) 分清实际状况和察觉到的状况。事物的真正状态和系统中行动者察觉到的状态之间有巨大的差别，报告和测量过程可能引起延迟，也可能出现噪声、测量错误、偏见和扭曲。

3. 有关因果回路图布局的基本规范

为了使因果图的清晰度和影响力达到最佳，帮助读者对反馈回路形成视觉形象，应当遵循一些图形设计的基本规范：

（1）使用曲线来代表信息反馈。

（2）让重要回路遵循圆形或椭圆形路径。

（3）合理组织图形，将交叉线减到最少。

另外，不要在因果图的变量周围放置圆圈、六边形或者其他符号，因为没有意义的符号是"图形垃圾"，仅会带来杂乱无章和注意力分散。

7.3.4 存量流量图

因果回路图在许多场合非常有用，很适合表达系统要素之间的相关性和反馈过程。但是，当建模项目继续进行下去，需要量化模型的时候，只用因果回路图就不够了。因为这时候，需要区别不同类型的变量，即在因果回路图的基础上画出存量流量图，以建立变量之间的数学关系。

1. 存量流量图的概念

在系统动力学中，存量和流量是两种最基本的变量。存量是累积量，表明系统状态，并为决策和行动提供信息基础。流量则反映了存量的时间变化，流量是速率量，它表征存量变化的速率。流入量（正）使存量增加，流入量大，则存量增加快，流入量小，则存量增加慢。如果流入量为0，则存量不增加。流出量（正）使存量减少，流出量大，则存量减少快，流出量小，则存量减少慢。如果流出量为0，则存量不减少。流入量和流出量之间的差异随着时间累计而产生存量。例如，制造企业的库存是其仓库中产品的存量；一个企业雇佣的员工数是一个存量；银行账户的余额是一个存量。存量通过流入和出流而改变。一个企业的库存因生产量而增加，因发货量而减少（也可能因变质或灭失产生其他的流出）。员工人数因雇佣而增加，并因辞职、退休和解雇而减少。银行余额因存款而增加，随支出而减少。

存量流量图是在因果图的基础上进一步区分变量的性质，用更加直观的符号刻画系统要素之间的逻辑关系，明确系统的反馈性质和控制规律，为深入研究系统打基础的图形表示法。

因果关系图描述了反馈结构的基本方面，而存量流量图则是在此基础上表示不同性质的变量的区别。例如，以斟水为例，杯中水位的升高是注水对时间积累的结果；而库存量是进货与提货速度代数和对时间的积分。因果关系图只能说明增加或减少，而不能说明其累积变化。所以说，存量流量图是一种结构描述，其图形表示所承载的信息远远大于文字叙述和因果关系图，所表达的逻辑更为直观、准确。

2. 存量流量图的基本要素

（1）状态变量（存量）。描述系统的积累效应的变量称为状态变量（Level Variable）。状态变量反映物质、能量、信息等对时间的积累，它的取值是系统从初始时刻到特定时刻的物质流动或信息流动积累的结果。因此，在系统中其值可以在任何瞬间被观测（时点数）到。

在存量流量图中，状态变量是用一个矩形符号表示的，如图 7-9 所示，在矩形内写上变量的名称如"库存量""人口量"等。指向状态变量的实线箭头表示状态变量的输入流，自状态变量向外的实线箭头表示状态变量的输出流。

状态变量有比较严格的计算格式，即现在的积累值等于前次的积累值加上输入流与输出流的差。为进一步说明其计算格式。我们假定，观测的时间间隔为 DT，流入流速为 R_1，流出流速为 R_2，前次观测值为 L_0。在 DT 时间内增量为

$$\Delta L = (R_1 - R_2) \times DT$$

因而，本次状态值为

$$L = L_0 + \Delta L$$
$$= L_0 + (R_1 - R_2) \times DT$$

（2）速率变量（流量）。描述系统的累计效应变化快慢的变量称为速率变量（Rate Variable）。速率变量描述了状态变量的时间变化，反映了系统的变化速度或决策幅度的大小，是数学意义上的导数。因此，在系统中其值不能在瞬间被观测，但可以观测它在一段时间内的取值（区间数）。

在系统动力学存量流量图中，速率变量的描述符号为 ⋈。图 7-10 是人口系统的一般存量流量图。其中出生速率与死亡速率就是速率变量。

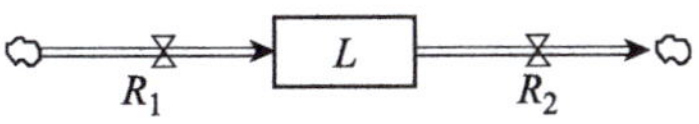

图 7-9　存量流量图的一般形式 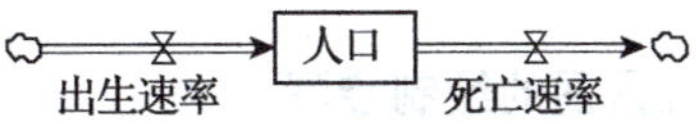　　　图 7-10　人口系统一般存量流量图

（3）辅助变量。辅助变量（Auxiliary Variable）就是表达决策过程的中间变量。辅助变量是描述决策过程的中间环节的变量，是分析反馈结构的有效手段，也是系统模型化的重要内容。

辅助变量是用来描述状态变量和速率变量之间的信息传递和转换过程的中间变量。它既不反映积累也不具有导数意义，而是描述从"状态变量"到"速率变量"之间的"局部结构"，这种"局部结构"和相关"常量"构成了系统的"控制策略"。

辅助变量是设置在状态变量和速率变量之间的信息通道之中的变量。当流率的表达式很复杂时，可以用辅助变量描述其中的一部分，使流率的表达式得以简化，它的符号是一个圆圈。圈中应注明变量名字和它的含义。

（4）常量。在研究期间内变化甚微或相对不变的量即为常量（Constant）。常量一般为系统中的局部目标或标准。在存量流量图中常量的描述符号为 ⊖。常数可以直接输入给流率变量，或通过辅助变量输入给流率变量。

（5）守恒流。守恒流也称为物质流，表示在系统中流动着的物质。例如：材料、在制

品、成品、商品订货量、劳动力、人口、作物、物种、固定资产、工厂及城市占地、天然资源、能源、污染量、现金、存款及货币流等。

物资流在流动过程中需要时间,正像订购的商品需要生产和运输等环节,不能立即到达客户的仓库;新雇佣的劳动力需要培训和熟悉环境等过程,不能立即上岗等。总之,守恒流线即物质流线,是改变所流经变量的数量。在存量流量图中用实箭线表示:→。

(6) 非守恒流。非守恒流也称信息流,是连接状态变量和速率变量的信息通道。信息流是与系统管理(控制)有直接关系的流,是形成管理与控制网络的流,是决策的依据,因此对于系统的管理(控制)来说特别重要。

非守恒流线,即信息流线,只是获取或提供相关联变量的当前信息,不改变其数值。在存量流量图中用虚箭线表示:--→。

信息流与物质流一样有延迟现象,因为无论是数据还是其他的情报,一经收集就变成旧信息,同时还要经过整理、统计处理、制表、写报告、文件传递等都需要时间。所以从数据收集到决策者进行决策,信息延迟是不可避免的,这个延迟对决策影响很大。

还要特别强调一点,无论是物质延迟还是信息延迟,都会带来系统控制上的难度和误差,同时还会影响系统控制的稳定性,甚至会导致系统失控。

(7) 源点和汇点。"源点"和"汇点"代表系统的外部世界。相对于我们关心的有积累过程的真实系统,源点和汇点代表那些在我们拟研究系统界限以外的部分。在存量流量图中,源点和汇点的描述符号如图 7-11 所示。

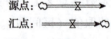

图 7-11 源点与汇点图示

3. 存量流量图的绘制步骤

(1) 确定系统的边界。建立存量流量图的第一个问题是弄清系统的边界。系统动力学的研究对象,一般都是从设计范围较大的社会系统中取出来研究的闭合系统,因此定义系统的边界是必要的。系统的边界以内诸要素构成我们所要研究的对象,系统的行为取决于它的内部因素。系统边界内部的变化要素称为系统的"内生变量",系统边界以外的变化因素称为"外生变量",如图 7-12 所示。

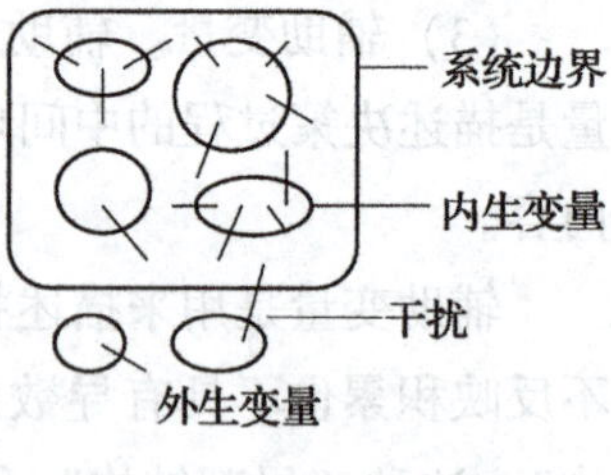

图 7-12 系统的边界

(2) 确定回路。回路即反馈环,这个问题的重要性显而易见,因为系统控制回路的决策过程就是在系统内部的一个或多个反馈环中进行的,而且反馈环的多少是系统复杂性的一种标志,多重反馈环的相互作用使系统变得非常复杂。因此,在明确系统的边界之后,要从发现反馈环开始。

如前所述,系统的反馈环就是系统要素之间的因果关系回路,如果因果回路中的某个要素变化,回路的作用使得这种变化加强,则该反馈回路为正的反馈回路;反之为负的反馈回路。正反馈回路使系统表现为无限增长的行为,负反馈回路使系统具有收敛的行为。如果系统是由多个正、负反馈环组成的,而且这些反馈环间存在着复杂的动态作用,那么就是系统的整体行为表现出复杂的非线性关系。

(3) 区分回路中不同性质的变量。绘制存量流量图的第三个问题是确定各反馈环中不同性质的变量。我们知道,在系统动力学中,描述系统的重要概念之一就是"流",状态变量就是在一定时间内的积累,实际上,某个时刻系统中流的积累,就是系统在这个时刻的状态。系统动力学就是根据这个状态变量的变化来描述系统的行为特性的。因此,必须明确在每个反馈环中有几个状态变量,每个状态变量都应有明确的定义。

速率变量是控制状态变量的变量,而我们所研究的系统状态总是受控变量。因此,在同一回路中,状态变量与速率变量总是同时存在。速率变量是"决策函数",这里所说的"决策"的概念有更广阔的含义,它并不局限于人的决策行为,而是包括人在内的"决策机构"的决策行为。因此,在考虑速率变量时,总要与决策机构相联系,当我们定义了状态变量和速率变量之后,应该进一步研究它们的函数关系。

(4) 绘制存量流量图。用存量流量图符号描述和连接系统的各个变量,从而完成存量流量图的绘制。

4. 存量流量图的绘制原则

综上所述,可以得出建立存量流量图所应遵循的一般原则:

(1) 一定要有守恒流线流经(流入、流出,或者既有流入又有流出)的状态变量,状态变量反映了这些守恒流线的积累。

(2) 只有速率变量能够改变状态变量。在同一回路中状态变量与速率变量应该相间存在,而不应该出现状态变量连接状态变量及速率变量连接速率变量的情况。

(3) 经守恒路线与状态变量相连的变量只能是速率变量。

(4) 一般情况下在状态变量上要有信息流出线,在速率变量上要有信息流入线,表示根据系统状态实施决策,对系统进行控制。

(5) 辅助变量只能有信息流线经过。

(6) 常量只能有信息流出线。

在构建存量流量图的过程中,除了要充分掌握基本方法外,还要灵活处理,力图让模型便于理解和分析。有时多添加一个变量,反而会比较容易表达和理解。例如,在库存系统中添加库存偏差,加入这个变量就使得存量流量图表达的内容更容易被人们接受和理解。

7.4 运营系统模拟决策

在本节中,借由一个案例,来展现运营管理的动态复杂系统特性,阐述系统动力学如何有效地通过创建模型,改善人们对运营管理真实世界的理解,改进决策,从而避免一些线性思维、惯性思维导致的决策失误。

运营管理
Operations Management

7.4.1 识别研究对象和问题

1. Z 快递公司和小麦公社

Z 快递公司坐落于湖南省长沙市，位于雨花区井湾子附近，属于支撑着快递行业半壁江山的"四通一达"之一，其附近有一所高校 A 大学。该快递公司派送范围内有井湾子家具城、大型超市、大都市商业街等几条商业街，商业街中有众多女装店都开设了自己的淘宝店铺。此外，还有社区和中小型写字楼若干。自 2011 年开始营业以来，经过长期的发展，Z 快递公司在其派送范围内已形成了较为完善的服务网络，目前该快递公司配备了 15 名快递员，年利润已超过 10 万元。

小麦公社成立于 2013 年，是国内发展速度最快的校园综合服务 O2O 平台，覆盖 100 多个城市，在 800 多所学校内有自检服务营业厅，是目前校园垂直 O2O 领域里覆盖范围最广、实体服务门店覆盖校园最多的企业。2014 年小麦公社获得红杉资本领投，目前已经成为校园垂直 O2O 市场的领跑者。

小麦公社为大学生提供校园专属服务、"最后一公里"物流配送等服务，全程陪伴大学生群体从生活、学习到就业乃至创业的成长历程。小麦公社致力于构建"开放的校园 O2O 生态圈"，和所有学子及校园周边业态共同成长。小麦公社创始团队来自京东、阿里、易迅、腾讯等校园市场团队，深度把握校园需求和痛点，短短两年，已经发展为以校园物流服务为基础，以校园电商服务为中心，兼顾发展校园就业创业孵化项目的校园综合服务 O2O 平台。

2. 面临的问题

随着 Z 公司的业务发展，聘用快递员的速度逐渐赶不上快递量迅速增大的步伐。而且，快递员的流动性大，不好管理，服务质量也受到影响。公司考虑：以校园最后一公里物流服务为切入点，迅速拓宽校园渠道，占据校园市场。Z 快递公司有将 A 大学的业务进行快递代理的想法，但不知可行与否。

7.4.2 确定系统边界

划定系统边界应根据建模目的，把那些与所研究的问题关系密切的重要变量划入系统边界内。在此案例中，研究的是快递公司的高校快递代理，以快递公司利润为目标点进行系统展开，以系统内各个主体及各主体间的相互关系为主要构成。因此，我们将高校快递代理系统分为四个子系统：快递公司利润子系统、高校日均寄件数量子系统、非高校日均寄件数量子系统和新增收派能力意愿度子系统，系统主体包括快递公司、高校快递代理平台。

7.4.3 绘制因果回路图和存量流量图

在确定系统边界，并设定了系统变量以后，就应该在详细分析系统内部结构的基础上，找出反映系统动态行为的主要变量之间的因果关系，绘制因果关系图，如图 7-13～图 7-16 所示。这一步也是系统动力学建模的关键所在。

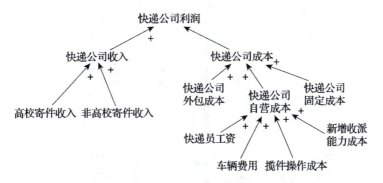

图 7-13　快递公司利润子系统因果关系图

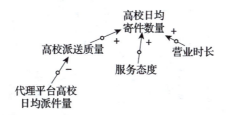

图 7-14　高校日均寄件数量子系统因果关系图

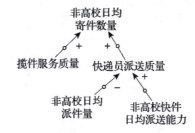

图 7-15　非高校日均寄件数量子系统因果关系图

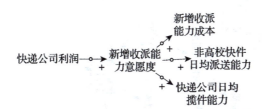

图 7-16　新增收派能力意愿度子系统因果关系图

因果回路图强调的是系统的反馈结构，而存量流量图反映的是系统的基本物理结构，Z 公司委托小麦公社进行高校快递代理的存量流量图，包括前面因果回路图中的所有子系统，如图 7-17 所示。

运营管理
Operations Management

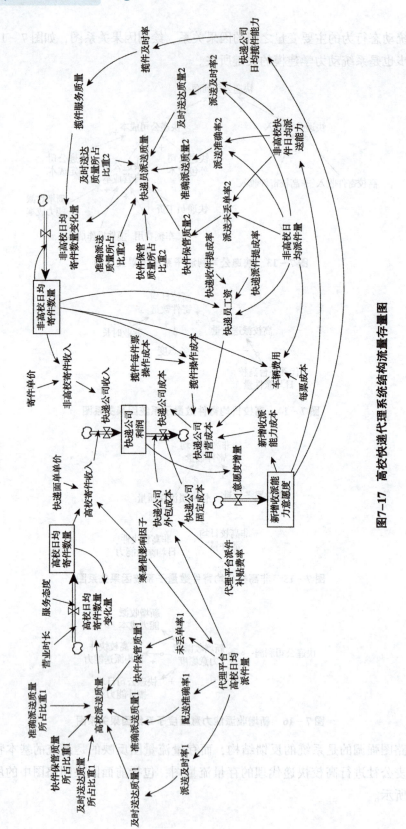

图7-17 高校快递代理系统结构流量存量图

188

7.4.4 模型仿真和管理策略生成

有了模型之后,系统动力学就可以对模型进行测试、仿真,进行管理策略的生成和实验,就能用模型来设计和评估各种改进策略,产生一个比较长期的行为趋势。所谓策略设计,是指改变参数值,决策规则和模型结构等。当然,这个过程需要设立方程,进行计算机运行和模拟,在此不再赘述。

通过对本模型的仿真,我们可以发现:

(1) 与 Z 快递公司原情况相比。第一,派件能力上,在高校方面,通过高校调查发现,学生对校园快递的派送服务满意度明显提高,高校快递的派送能力加强,尤其在派送及时率上面有了很大的提高;非高校方面,从仿真趋势图和时间值表明显可以看出,Z 公司在非高校快递派送方面得到了提升,因此高校快递代理平台的使用使得 Z 快递公司的派件能力有所上升。第二,揽件能力上,高校方面,校园快递代理平台小麦公社的使用使得学生寄快递更加方便,时间上的选择性更大,因此很多学生都很愿意用小麦公社寄快递;非高校方面,通过系统仿真,可以看出 Z 快递公司的揽件能力较之前明显上升,因此,高校快递代理平台的使用使得 Z 快递公司的揽件能力有所上升。整体来看,即通过使用高校快递代理平台之后,快递公司每天能派送更多的快递,也能揽收更多的快递,即整个快递系统的收派件能力都得到了提升,因此,在一定的条件下,三级物流系统是可以优于二级物流系统的。

(2) 对快递公司来说,在使用了高校快递代理平台之后,从快递公司利润的仿真趋势图与时间值表可以看出,其利润较使用之前显著提高,则高校快递代理平台对 Z 快递公司来说是具有可行性的。此外,模型与仿真结果对于规模、业务量与 Z 快递公司相似的快递公司来说,在对于进行高校快递代理这一问题上具有参考意义。

案例专栏

案例 1 旺季来临,物流公司该如何解决资源短缺问题

本案例真实再现了某家具有行业代表性、规模较大的物流公司在航运旺季来临时业务量突然增大,在资源短缺的困境下如何整合外部资源、优化操作流程、节省成本,并最大限度满足客户需求的经过。

时间:2014 年 6 月。

地点:港口城市 P 市。

主要角色:物流 T 公司大客户部经理 Lukes,大客户部操作主管 Eric,客服人员;
　　　　　S 公司(提供集装箱卡车服务)的老板张女士;
　　　　　H 公司(大客户)。

1. 双方签订合同,开始合作

2014 年 6 月 20 日,T 公司与 H 公司的合同正式实施,至 7 月底为双方的试用期。客服人员安排就位,由大客户部操作主管 Eric 统一管理。

运营管理
Operations Management

客服人员按照航线总共分派了 4 个人，分别负责东南亚及澳大利亚、南亚及中东、欧洲及美洲、俄罗斯的铁路运输。他们的日常工作如下：

(1) 向船公司订舱。通常 1～4 个小时内收到《设备交接单》，用于证明定到舱位。
(2) 订车。将《设备交接单》传真给车行，同时告知其装货时间、地点、派车数量等。
(3) 录入 T 公司系统。每一票货的具体信息都要录入，通常需要 10 分钟/票。
(4) 装货的过程中要协调司机和发货台的操作，这也是操心最多的环节。
(5) 货物装船以后要在 H 公司和船公司之间传递单据签发提单。
(6) 货物的在途跟踪，到达目的港后还要跟 S 车行和 H 公司进行对账、开发票等工作。

在航运旺季，物流公司不缺货量，谁能拿到舱位谁便是"老大"，普通客户愿意出高价抢舱位，这段时间普通客户是物流公司最主要的利润源泉。淡季刚好相反，谁手里有货谁便是"老大"，大客户常年稳定的货量可以帮助物流公司从船公司那里拿到较低的运价。因此大客户成为物流公司度过淡季的重要粮草。由此看来，物流公司必须从大局出发，合理地配给有限的资源，平衡满足大客户与普通客户的需求，实现利润和货量的双赢。这样才能始终存在于良性循环之中。由于 T 公司是上市公司，利润对股价还有重大影响。

在 Lukes 带领下的大客户部，还没来得及享受胜利的喜悦便又投入到紧张的战斗中去了。试用期也是磨合期，准备得再充分也会面临各种各样的问题。Lukes 把大部分精力转移到大客户上来，Eric 忙着完成中标后的各种余留"作业"，同时还要协调和监控日常操作。4 个客服人员更是充实，稀里哗啦地打电话、噼里啪啦地敲键盘，偶尔还楼上楼下地跑财务部、寄快递等。

大客户部的操作压力最先体现在拖车环节，4 位客服人员平均每天总共花费近 4 个小时与 S 车行张女士打 100 个电话订车催车，还要用 1.5 小时打 60 个电话询问司机什么时间到工厂，到了工厂还要问有没有装完货，每天都累的嗓子直"冒烟"……

Eric 看在眼里急在心里，这么做下去客服的压力太大了，而且忙中总会出乱子。Eric 有近 6 年的从业经验，首先，他挤出时间研究过去有关拖车方面的历史数据，经过与 H 公司和 Z 公司的进一步沟通，逐渐了解 H 公司发货的一些规律和特点，H 公司某些项目负责人提前告知新合同的大概立方数，Eric 大概推断出未来 1～2 个月内的货量。接着，Eric 把 S 车行老板张女士请来，彻底地进行分析，并列明未来拖车环节面对的沉重的工作量。最后，Eric 提出在旺季与 S 车行实行"包车"操作，即从 H 车行中挑选车辆较新、司机素质相对比较高的 10 台拖车作为大客户部专用车辆，每台车以固定月租金结账，每天每台车工作不多于 10 个小时。S 车行给这 10 台车安装 GPS，T 公司客服人员能够通过计算机了解其行驶动向。

张女士非常赞同这个方案，只是具体的包车价格 Eric 需要征得 Lukes 的同意，还不能立即签署《包车协议》。Eric 把分析的数据和自己的想法讲给 Lukes，Lukes 非常高兴，当即拍板同意了这项举措。最终，T 公司与 S 车行在双方平等自愿的情况下签署了针对旺季 7～9 月的《包车协议》。S 车行立即对选中的 10 台车司机进行单独培训和教育，并告知司机们日常调度由 T 公司客服人员直接调配，张女士只做些辅助的记录性和协调性工作，2014 年 7 月 1 日起正式实施。

一个月的试验和实施，证明包车这项举措给大客户部带来了诸多利益，前后差异如表 7-3 所示。

第7章 运营系统建模

表7-3 《包车协议》实施前后对比分析

		《包车协议》实施前	《包车协议》实施后	分析
订车	事件1	9:30am 客服A：H公司要走5×40GP到卡拉奇，周五开船，明天上午就要装货，有车吗 张女士：等下我看看……不行哎，明天上午的车中午就能回来了，下午安排好了。有几台跑外地的车中午就能回来了，下午去装好不行 客服A：不行啊，这货出不出其他货就装入不了库了，上午必须得装车，张女士想想办法吧 张女士：我再找找，你等我电话（挂断） 10:30am 张女士：我把别人的货推到下午了，跑回程装剩下2台车和新加坡的老板吧 客服A：也只能这样了，谢谢张老板。	9:30am 客服A：张女士，明天上午做5个柜子到卡拉奇，《设备交接单》传过去了，一会儿就出发 张女士：好的，我记下来了。	➤ 客服人员直接参与到10台包车的实际调配当中来，根据轻重缓急统筹计划包车辆动态情况，省去与张女士第一时间反复约、低效的通话时间 ➤ 客服人员行张女士多而复杂的工厂，跑长途的，遇到长途的车经容易碰到迷路的情况，如果路上抛锚，遇到塞车将更加棘手。调度很难控制长途运输的时间 ➤ 调配中时常感觉鞭长莫及。包车以后10台车只跑P市港口一H公司这条线路，对路况非常熟悉，大大提高了营运效率 ➤ 遇到紧急发货的情况，客服人员在可支配的范围内调节发货运输内容，支在不够还可以临时从备用车队调车，保证满足客户需求 ➤ 车行张女士的工作量减少了儿乎一半，省下时间用来处理T公司普通客户的拖车业务
	事件2	10:00am 客服B：张女士，H公司要走3×40GP到新加坡，货特别急，下午就要装，赶快弄3台车来啊 张女士：哎哟，大小姐，又是十万火急的货呀。哪还有车啦，司机一天就睡5个小时哎 客服B：拜托拜托，新加坡的项目重要，货赶不上船，H公司要罚款的，我们浪费一个舱位损失好多钱啊，你知道这车头一拿不那么容易啊 张女士：去X市的车还在路上，Y市的迷路了就误些时间，Z市的车还没装完，Q市的车排队加油呢……我真的变不出来车呀 客服B：张女士，救命啊 10:30am （见上"新加坡"）	10:00am 客服B：张女士，下午要装3个新加坡，我看上午迪拜的货快装完了，就用那3台车回程装新加坡的货，你记录一下 张女士：OK	

191

运营管理
Operations Management

(续)

	《包车协议》实施前	《包车协议》实施后	分析
运输过程	客服A：师傅，你在哪儿啊？怎么还没到工厂？等着你装货呢 司机：哎，路上堵车哦，我也没办法（很可能司机还没出发，有些话头的司机会说"鸡浆糊"） 客服A：不对啊，有些潜头的司机车限今天特到哪儿，刚才先到的那台车司机说今天特顺，一点儿都不塞车 司机：哎呀，我会尽早到的（挂断）	客服A：打开GPS软件的界面（10面小红旗旁边标注着车牌号，慢慢地在路上移动，速度多少一目了然），到哪儿了，刚才先到的那台车司机再也不敢为迟到找理由了	GPS的使用大大减少了客服人员与司机的通话次数和时间，降低了安全隐患，减少了司机偷懒的机会，让频繁的装货过程井然有序，为客服人员节省了更多宝贵的时间用来关注其他工作内容
进工厂	由于是从30台车中随号挑选H公司装货，不可能每个司机对H公司的视觉规则都熟悉，经常因违规而被H公司门卫拒绝入内，增加了交涉和排队等候的时间	10台车的牌号和司机信息都在公司门卫处做了备案，而且他们进行及时沟通，T公司还主动与门卫进行及时沟通，通常门卫都不会过分刁难	平均可以节省等待时间20min/次/车
装货	由于H公司有好几个集装箱装货点，要到H公司几个地点装货才能走，即有时候一个集装箱要装几个地点装货才能走，新司机因不熟悉地形而迂路在厂里绕圈子。又因集装箱卡车体积庞大，转弯掉头等动作难度非常大，存在较多安全隐患	司机对工厂轻车熟路，加快了装货进度，而且也与发货台的装货人员产生了默契	平均可节省5min/次/车
携带报关文件	每票货的报关文件通常由最后装货完毕那台车的司机带回码头车行调度那里，调度再委派人员一交给码头的报关行。新司机有时候会忘记取文件，直接去跑别的活儿	每台包车司机都会记得携带报关资料，从未发生过遗漏现象	
结算	客服人员和车行每日都要统计时间、车牌号、装货地点、车型、压车费用等，月底要核对明细，非常费时费力	车行和T公司每天记录装货次数，目的只是为了核算成本，便于适时调节包车数量	通过计算，每台车平均每天跑3.5个来回即可抵平传统租车价格，而旺季里车辆平均每天运行4.5次，共计节省人民币12元/天，不受快速收件时间限制，节约了文件传递时间可为T公司降低运营成本做出了巨大贡献
服务水平	客服A：您好 H公司项目负责人：请问迪拜的3台车怎么还没发货台，现在在哪儿？什么时候到？ 客服A：请稍等，我问一会儿回复您（挂断）。（给司机接个电话，#¥&*@￥……%#，10分钟过去了） 客服A：不好意思，车子到××，还有15分钟就到 H公司项目负责人：怎么才到	客服A：您好 H公司项目负责人：请问迪拜的3台车怎么还没到货台，现在在哪儿？什么时候到？ 客服A：稍等我看一下（打开GPS监控，第一台和T公司每天记录装货次数，目的只是为第二台在××路口等红灯，第三台他们后面200m左右，很快就到啦	能够立即回答客户所问，提升了T公司的服务水平，显示出T公司优秀的服务形象

2. 新问题出现——仓库满了

拖车问题基本解决之后，H 公司签了一个孟加拉的合同，每周只能发 1 批货，每批 50 个 40GP，大约 3000m³。同时，这批货部分设备是从供应商采购的，在库里组装，工程师调试以后再装车发运。H 公司的仓库已经不能满足如此大量的配件和成品设备的堆存，面临备件无法入库的困难局面。

航运业里，码头堆场给予货主 7 天的免费堆存期。例如，船开时间是 7 月 10 日，那么装满货的货柜（称重柜）最早可以在 7 月 3 日还进码头，至船开前的这 7 天不收堆存费，也不收集装箱占用费（俗称"柜租"）。如图 7-18 所示。

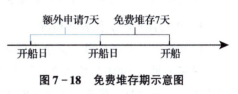

图 7-18 免费堆存期示意图

3. 寻求解决方案

仓库的容量的不足对 H 公司来讲是件非常棘手的事情，临时找仓库需要向上级部门层层提交额外开支申请，一个流程走下来最少要一个星期，所以基本是不可行的。去哪儿找仓库呢？Lukes 想出了一个非常妙的解决方案：T 公司以大客户 H 公司的名义向船公司申请"起运港 14 天免堆期。即货柜可以从 6 月 27 日起陆陆续续还进码头。这样，H 公司组装调试完毕的成品设备可以立即装柜进港，船公司的集装箱相当于"免费的包装材料"，而码头堆场俨然成了"免费的仓库"。

对于船公司来说，这样的做法对他们也是有利的。因为旺季舱位极其紧张，假设一班船在 P 市港口只能承载 500TEU，船公司放舱（预留舱位）给大客户 100TEU 以后才能将剩余舱位分给其他散客，万一最后大客户由于某种原因货物未备齐放弃装船，船司已经来不及再将这 100TEU 的舱位转卖给别人，因而就会发生 100TEU 的空仓，造成的损失是惨重的，更会影响 T 公司的信用。如果客户能够早早地把货柜送还码头，顺利完成报关，也就能按计划装船。所以，柜子越早还进码头，船公司心里越踏实，收入也就稳稳地放进口袋，何乐而不为？

在这个问题中，H 公司，T 公司和船公司三方实现了共赢，皆大欢喜。T 公司大客户部全体员工团结一致，兢兢业业，不断发现问题又不断解决问题，积累了宝贵的经验，并得到 H 公司的肯定！

【案例讨论】

1. 在物流业竞争激烈的环境下，影响成本的因素主要有哪些？画出其中的因果回路图。
2. 《包车协议》还有什么可以改进的地方吗？
3. 实行《包车协议》后，车行的收益有所下降，原因是什么？画出有时间延迟的存量流量图并进行分析。
4. 分析模型中的负反馈和正反馈，考虑一下物流淡季该如何协调工作，让"淡季不淡"。

运营管理
OPERATIONS MANAGEMENT

案例2　H陶瓷有限责任公司运营管理案例

H陶瓷有限责任公司的经理老王拿着责任书回到自己的办公室，心情无比复杂，紧皱的眉头久久不能舒展开……H陶瓷公司是当地的生产大户，最近几年间，随着房地产市场的不断增温火热，家用商用陶瓷产品也不短升温，市场需求日益扩大，呈现出产品供销两旺的局面，H陶瓷公司也凭借优质的产品质量、低廉的产品价格迅速成为市场中的一颗新星。

1. H陶瓷有限责任公司概况

H陶瓷有限责任公司坐落于中国著名的陶瓷产区，总资产4亿元，员工6000人。H陶瓷有限责任公司是1984年建成投产的大型二档企业，销售中国卫生陶瓷著名品牌——H品牌系列陶瓷，年产"H"牌卫生陶瓷500万件，并生产配套的塑料配件、浴缸、洗浴房，是国家节水型坐便器定点企业。其主打产品去年已出口到世界80多个国家和地区，全年出口额突破7000万美元。公司2017年完成工业总产值37946万元，工业增加值7450万元，利税3353万元。

2. 公司的能源管理概况

公司的生产用能主要是电力和煤炭。电力从市供电局购入，公司各用电部门均执行用电计量，公司每月对各部门的用电量进行考核，实行节能奖惩制度。公司生产使用的煤炭，由供应部门按公司制定的《煤炭材料采购质量标准》进行定点采购，煤炭到货后，经质管部进行质量检验，合格后由物流部计量验收及入库，并建有入库台账；使用前按《生产工艺管理规程》进行工艺处理，达到生产使用要求后输送到分厂进行生产使用；公司每月对分厂也进行用能计量及考核，并实行节能奖惩制度。各分厂将用能计量、考核及节能奖惩制度细分到每个班组。

3. 公司"十三五"节能目标

2017年初，H公司根据国家节能减排工作的有关要求与市经委签订了"十三五"和2017年度的工业节能减排目标责任书，即公司"十三五"节能目标：到2020年底实现节能28600t标准煤；2017年工业节能目标：到2017年底实现节能5720t标准煤。

随着公司业务的迅速发展和火爆的市场前景，老王决定带领H陶瓷公司继续占领国际国内市场，追求利润的高速增长。短短几年的时间，H陶瓷公司不断地扩大生产规模：大批购买原材料，扩建厂房，持续扩充人员，从一个省内的小企业一举成为当地乃至全国的明星企业。但同时烦恼也随之而来：产品生产加大了，企业收入好了，可企业的环保排污问题又成为老王心中的一个疙瘩。

几年前，由于陶瓷厂乱排油污和建筑垃圾，镇上上千平方米菜地变成了黑地，清澈的池塘成了黑水湖，池塘逐渐干涸，导致周边菜地无法灌溉。因为农田的土壤中混杂着众多建筑垃圾，多半是陶瓷厂剩下的陶瓷废渣和建筑边角料，农民种出来的蔬菜都不敢卖到市场上去。如今的菜地，更像一个垃圾场，只有农田的某个角落露出几棵蔬菜。农民多次跑到厂里来闹事，说自从陶瓷厂建厂以来，周围的蔬菜长势就明显变差，尤其是陶瓷厂的釉料废水排入池塘后，使得池塘水受到污染，村民已经不能用池塘水来灌溉蔬菜了，要求厂里给补偿！附近农民的多次举报，惊动了当地的环保部门，经过多次的协商，厂里决定去咨询一些环保企业，寻求办法，解决企业的环保排污问题。专家请到了，意见提出了，可到真正落实的时候，厂里又犯难了。专家给出的建议有两个。一个办法是从根本上解决，即以液化石油气取代煤炭作为燃料生产产品，减少对环境的污染。这个办法需要企业停产一段时间进行彻底的改造，一劳永逸。另一个办法是在排污口处加装过滤系统，降低排出污水中的废渣和釉料废水。这个办法治标不治本，只能短时间解决问题。

可是如果停产企业每天就要损失几十万元的收入，手中的订单不能按时间交货又要承担更高的违约金……面对这样的情况，厂领导决定采取第二个办法暂时缓解一下企业的环保排污问题，等到合适的时候再彻底改造排污系统。

可是谁又能想到，日后的日子，企业的机器一天也没有停下来，订单越来越多，效益越来越好，污水越排越多，领导们再也不提彻底改造的问题了，只是"向钱看""再向钱看"了！

而2017年度节能减排目标责任书，像一块重重的石头压在了老王的心头，这回政府可是下大力度保护环境了，"就算是牺牲企业的利润也要把节能减排做到底"。市长的这句话让老王认识到了不做不行了，不改不行了！改，一定要改，为了企业的长远发展一定要改！可是能不能不牺牲工厂的利益呢？能不能节能不减产？减排不减效呢？老王带着心中的疑问召开了厂节能减排研讨会，他想听取企业核心人员对于节能减排的想法以及措施。

在会上，大家达成共识，节能减排一定要做，一定要把企业的耗能降下去，同时尽可能少地牺牲企业的损失。为了企业的长远发展，还要建立一套完整有效的环保机制，彻底改造企业的环保排污问题，让企业既环保又高效，再也不让附近的农民为了排污的问题再来闹事。会后，厂里发起了"为企业节能减排献计献策"的活动，在全厂范围内征求可行的方案……

【案例讨论】
1. 公司业务发展和节能减排之间的影响因素和影响机制是什么？绘制出因果回路图。
2. 明确系统边界和变量，绘制系统存量流量图。
3. 进行模型仿真，找出解决问题的杠杆解。
4. 依据杠杆解生成的策略是否可行？会不会产生其他的问题？

本 章 小 结

企业运营管理中的动态复杂性是影响管理者决策的重要因素。因此，管理者要根据企业环境的复杂性与动态性将组织环境分为四大类：简单稳态环境、简单动态环境、复杂稳态环境和复杂动态环境。在此基础上，运用系统思想，以整体的、连续的观念进行管理与决策。

系统是指相互作用、相互依靠的所有事物，按照某些规律结合起来的综合。模型是为了了解系统的结构和行为，通过抽象、归纳、演绎、类比等方法，用适当的表现形式描述出来的仿制品。在评估模型时要考虑其近似性、可靠性和目的适度，并注意模型的简化。在建立

运营管理
Operations Management

系统动力学模型时，要遵循以下五个步骤：明确问题、确定系统的边界、提出动态假说、写方程、测试、政策设计与评估。明确每个步骤中所包含的问题和使用的工具。同时，遵循建模原则，以保证模型的完备性与科学性。

系统的反馈结构产生其行为。大多数在真实世界中观察到的行为是少数几种基本行为模式的例子，其中三种模式是基础：指数增长、寻的和振荡。每种模式背后都有特定的反馈结构。指数增长由正反馈结构产生，寻的由负反馈结构产生，振荡由带延迟的负反馈结构产生。S形增长、带有超调的S形增长以及过度调整并崩溃，这样更复杂的行为模式是由这些基本反馈结构的非线性相互作用产生的。

反馈是系统动态学的一个核心概念。在系统动力学中我们使用几个绘图工具来表达系统结构，包括因果回路图和存量流量图。因果回路图中变量由因果链联系，因果链由箭头表示，每条因果链都具有极性，重要回路标识符需特意标出，以显示回路为正反馈或负反馈。绘制因果回路图要注意遵循十项原则。存量流量图是在因果回路图的基础上进一步区分变量的性质，用更加直观的符号刻画系统要素之间的逻辑关系，明确系统的反馈性与控制规律，表示出系统的物质流、信息流和反馈作用的全貌，从而可以为系统分析者提供建立系统动力学方程的蓝图，进一步搜集数据的依据以及系统分析和设计方案的构思。

思考题

1. 系统的构成是什么？系统与模型有何关系？
2. 系统动力学建模过程包括哪些步骤？应遵循哪些原则？
3. 因果关系图和存量流量图的区别与联系是什么？
4. 辨识下列概念是存量还是流量。对每种情况画出存量流量图并给出它们的计量单位。（提示：这些情况下"率"一词代表什么？）
   （1）利率。
   （2）失业率。
5. 绘制向杯中倒咖啡的过程中，杯中咖啡量变化的存量流量图。

自测题
第7章 运营系统建模

第 8 章
供应链管理

学习目的与要求

通过本章的学习,掌握供应链的概念,牛鞭效应的概念、成因、危害和弱化对策;了解供应商关系的发展和供应商关系管理的过程,以及如何开展供应商关系管理;理解供应链管理战略;熟悉企业竞争战略;掌握如何获取供应链管理战略和企业竞争战略的匹配。并且,将所学的知识和方法运用于本章后面的案例讨论和思考题。

运营管理
Operations Management

8.1.1 什么是供应链管理   8.1.2 供应链的构架   8.1.3 如何确定供应链的结构

8.1 供应链管理的概述

8.1.1 供应链和供应链管理

供应链最早来源于彼得·德鲁克提出的"经济链"。而后1985年，美国学者迈克尔·波特在《竞争优势》一书中提出了价值链的概念。价值链将企业运营分解为与战略性相关的许多活动，其中基本活动包括内部物流、生产作业、外部物流、市场、销售与服务。辅助活动包括采购管理、技术开发、人力资源管理、基础设施管理。价值链的概念把企业价值活动联系为一个整体，但这个价值链是针对单个企业的。1996年，詹姆斯·沃麦克和丹尼尔·琼斯的《精益思想》一书问世，精益生产方式由经验变为理论，价值链概念进一步被拓展为价值流。所谓价值流是指从原材料转变为成品，并给它赋予价值的全部活动，包括从供应商处购买的原材料到达企业，企业对其进行加工后转变为成品再交付客户的全过程，企业内以及企业与供应商、客户之间的信息沟通形成的信息流也是价值流的一部分。1996年，瑞特（Reiter）在整合了上述价值链和价值流思想的基础上，首次提出了供应链的定义：供应链是一个实体的网络，产品和服务通过这一网络传递到特定的客户市场。

面对越来越多变的企业运营环境，企业面临更大的生存和发展的压力，要在国内和国际市场上赢得客户，必然要求企业能更加快速、灵活地响应客户的需求。构建高效的供应链已成为现代企业必然的发展趋势。

所谓供应链管理，就是指把供应商、制造商、仓库、配送中心和渠道商等所有在生产销售环节中存在的机构有效地组织在一起来进行的产品制造、转运、分销及销售的管理方法。也就是指对整个供应链系统进行计划、协调、操作、控制和优化的各种活动和过程，其目标是要将客户所需的、正确的产品能够在正确的时间、按照正确的数量、正确的质量和正确的状态送到正确的地点，并使总成本达到最佳化。这是在客户满意度和企业成本之间寻求一种平衡，使企业具备可持续发展的能力。

供应链管理包括计划、采购、制造、物流和退货五大基本内容。

（1）计划：这是供应链管理的策略性部分。需要有一个行之有效的策略来管理所有的资源，低成本地制造高质量的产品以满足客户的需求。

（2）采购：选择合适的供应商，并与之建立一套定价、配送和付款的流程。同时能够有效地监控和管理，把供应商提供的货品和服务与自身的管理系统结合起来，包括下订单、收货、核实货单、转送货物到制造部门并向供应商付款等。

（3）制造：安排生产、测试、打包和准备送货所需的活动，这是供应链中测量内容最多的部分，包括对质量水平、产品产量和工人的生产效率等的测量。

（4）物流：接收销售部门的订单、建立仓库网络、配送货物到客户手中、建立货品计价系统以及接收付款等。

（5）退货：这是供应链中的问题处理部分。包括建立网络接收客户退回产品，并在客户应用产品出现问题时及时提供支持。

在过去很长的时间内，传统的企业经营模式中，生产运作是独立的，仅作为一个单独的步骤。随着环境的发展变化，特别是全球化时代的到来，人们逐渐意识到，这样做对整个链条往往是有害的，效率更低，而成本却在增加。因此我们必须问：怎样让每个环节的员工适合供应链完整的体系？新的模式认为，在增值过程中，必须考虑物体流动的整体设计，从而总结出了供应链管理的四项优势。

1. 减少存货成本

存货的管理影响到原料的最佳水准、组成部分以及成品。库存总值太多或太少都是不必要的，要是定购了错误的货物，那就更浪费了。

2. 改善生产的流程使总成本下降

产品的流程是使原材料在最低成本时通过平稳的增值来运营。生产流程的改善可以缩短交货期，提升服务水平，减少库存，最终体现在费用的减少。

3. 增加信息的传递

信息的传递能使供应链更有效。使用最新的软件工具，可以让数据更容易在不同部门之间流通，使各部门更好地合作。

4. 降低风险

供应链可以降低许多企业必然面临的风险。最好的供应链，库存的水平更稳定，交货时间更短，全面的服务水准都会上升。

供应链的协调是使每个成员都明白他们在整个过程中的位置。每个企业必须认同这个模式，最佳的服务水准、成本核算的库存量、快捷的运输方法，这些把整个设计系在一起。最后，产品的流程会更有效率，产品的收益也会最大化。

随着经济全球化的发展，这一大背景扩充了供应链管理的内容和范围：国际物流（Global Logistics），生产外包（Outsourcing），战略采购（Strategic Sourcing），供应链协作（CPFR、S&OP）等得到了较大发展。而供应链管理也不是只关注于企业的运营，而是整个产业和价值链条在全球市场上的运作，以及相关的风险管理和可持续性。

全球供应链管理（Global Supply Chain Management）是指以全球市场为范围，将跨国公司所涉及的许多不同国家的运筹管理功能进行协调与合理化。通过有效的全球供应链管理，跨国公司可以节省成本和时间，并增强物料管理与实体运配上的可靠性。

8.1.2 如何开展供应链管理

供应链管理其实是对企业内部和企业间资源的整合，通过对供应及需求高效率的管理，实现供应链 体化运作。这需要供应链所有的成员具备协同发展的观念，不仅关注自身的供应需求状况,更要关注上下游企业的生产经营状况,及时地反馈、共享信息;对于彼此之间存在的问题要共同解决,因为这不再是只关系到自身生存发展的问题,只有每一个成员都健康发展,这条供应链才会创造最大的价值,同时每一个企业也将获得最大的收益。

因此,供应链管理的过程就是优化和改进供应链活动,其对象是供应链组织和他们之间的商流、物流、资金流,所应用的方法是集成和协同;其目标是满足客户的需求,最终提高供应链的整体竞争能力,并使总成本最小。供应链管理过程如图8-1所示。

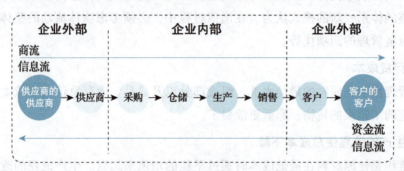

图8-1 供应链管理过程示意图

图8-1中,供应链就像一条串着一个个环的单向链条。这条链条传递的是商品价值,最终达到客户手中。因此,开展供应链管理,应当专注以下几个方面:

1. 供应链的瓶颈

在供应链上,只要有一个环节出现质量、交货时间、原材料等问题,就会限制整个链条价值最大化。而销售不可预测性、产品运输时效性等为其中的主要原因。

所谓销售不可预测性,是指越是细小级别的预测准确性越低,越是较大级别的预测性越高,多个环节叠加效应导致前后端销售不可预测。

所谓产品运输时效性,是指受地理限制,在各环节中产品运输及仓储所需花费时间与代价不菲。以各环节设立的仓库因自身条件限制使运输延迟,从门店仓储到区域仓库逐步传导到中央仓库,并且以大批量采购为主旨的采购策略使得采购周期很长,反过来使得每个仓库预留更多商品,进而变成一个低效率的供应链。典型的表现有:

(1)缺货:畅销商品缺货概率非常高,导致无法有效增加销量,对销售直接产生不利影响,最终影响客户消费体验,即想买的商品没有,下次客户就有可能不来了。

(2)滞销:滞销商品大量占用库存,最后往往以打折销售处理,影响企业整体利润率,进一步导致创新不足,无法有效满足客户需求。目前国内服务行业都采用季度订货会形式的供应链模式,这方面的问题更加突出。最终导致库存周转率低下,资本回报率低于融资成本,竞争力低于竞争对手。

因此,为强化单个环节的强度,可以逐个设置合理库存,防止供应链失效。虽然出发点是好的,但因多重设库,降低了整个供应链的资源利用率,也增加了供应链的成本,而且各个库存信息闭塞,易形成信息孤岛。

2. 供应链的速度

供应链的核心本质应该是速度，即如何最快速地把商品送到客户手中，减少在途、在库时间，体现的指标是库存周转率。

库存周转率是指某时间段的出库总金额（总数量）与该时间段库存平均金额（或数量）的比。是指在一定时期（一年或半年）库存周转的速度。

举例来说明库存周转率。某制造公司在2003年一季度的销售物料成本为200万元，其季度初的库存价值为30万元，该季度末的库存价值为50万元，那么其库存周转率为5次，即200/［（30+50）/2］。相当于该公司用平均40万元的现金在一个季度里周转了5次，赚了5次利润。照此计算，如果每季度平均销售物料成本不变，每季度底的库存平均值也不变，那么该公司的年库存周转率就变为20次，即200×4/40。相当于该公司一年用40万元的现金赚了20次利润。如果按5%的净利润计算，相当于年100%的回报率，再加上供应链金融杠杆，其赢利能力可远超竞争对手。

关于供应链的速度，还有很多典型的案例，例如ZARA、优衣库等企业，其取得成功的关键皆在于此。

3. 智慧供应链

区块链技术的出现，使得我们可以设想使用区块链技术将拥有更多去中心化的建立"信用"方式，现在我们可以选择区块链全网记账来建立我们的信用，这种信用一经建立就是全球性的，就可以高速低成本转移价值的。区块链同构全网记账，有希望形成全球"信用"的基本协议，也就是能自动剔除"虚假信息""欺诈信息""双重支付"等信用信息，为全球市场提供基本的"信用"资源和低成本价值转移通道。

当终端门店销售出一个产品时，销售系统会把这笔信息记录到此供应链的区块链中，此供应链中所有环节便能立刻获取到销售信息，并能够根据自己的情况实时调度生产、设计、运输等工作。此时的供应链会自然而然地以接近实时流动的方式周转，各个环节不会再生产客户不喜欢的产品，也不会再有畅销品缺货的现象。

此时通过区块链链接的各个节点形成一张供应网络，无须复杂的算法，无须高性能的计算机，其实是去中心化涌现的智慧。

可以预见，区块链技术在供应链领域的应用，必将带来整个运营管理的一场革命。

8.2 牛鞭效应

8.2.1 牛鞭效应

8.2.2 整合的动力和挑战

8.2.3 整合的艺术

8.2.1 什么是牛鞭效应

供应链中需求信息以订单形式进行传递，但订单是买方在对各种信息和猜测进行处理后的结果，订单数据经常扭曲真实的市场动态信息，即订单变化大于销售变化，并且越往上游走这种扭曲程度会越大，这种现象被称为"牛鞭效应"（Bullwhip Effect）。

运营管理
Operations Management

"牛鞭效应"最先是由宝洁公司发现的。宝洁公司在研究"尿不湿"产品市场需求时发现,该产品的零售数量是相当稳定的,波动性并不是很大,但分销中心的订货的波动性明显增大了很多。原因在于分销中心是根据汇总销售商的订货需求量向分销商订货的。宝洁公司进一步发现公司向供应商的订货变化大,而且越往供应链上游其订货偏差越大,上游成员总是过分响应下游的订货需求,从而导致供应链系统的总成本是最优总成本的5~10倍。

"牛鞭效应"是营销活动中普遍存在的现象,因为当供应链上的各级供应商只根据其相邻的下级销售商的需求信息进行供应决策时,需求信息的不真实性会沿着供应链逆流而上,产生逐级放大的现象,到达最源头的供应商时,其获得的需求信息和实际消费市场中的客户需求信息发生了很大的偏差,需求变异系数比分销商和零售商的需求变异系数大得多。由于受这种需求放大变异效应的影响,上游供应商往往维持比其下游需求更高的库存水平,以应付销售商订货的不确定性,从而人为地增大了供应链中的上游供应商的生产、供应、库存管理和市场营销风险,甚至导致生产、供应、营销的混乱。

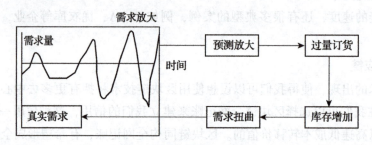

图8-2 牛鞭效应示意图

牛鞭效应对供应链管理是不利的,它造成批发商、零售商的订单和生产商产量峰值远远高于实际客户需求量,进而造成产品积压,资金被占用,使得整个供应链运作效率低下。随着供应链运作的企业越来越多,这种效应越加明显,整个供应链的管理会变得十分复杂困难。具体体现在如下几方面:

1. 生产成本

"牛鞭效应"增加了供应链的生产成本,由于存在"牛鞭效应",供应商需要满足比客户需求波动更大的订单,为了应对这种增大的波动性,供应商要么扩大生产能力,要么保有过量的库存,这两种做法都会增加单位产品的生产成本。

2. 库存成本

"牛鞭效应"增加了供应链的库存成本,为了满足更大的需求波动,供应商不得不维持更高的库存水平。因此,供应链的整个库存水平增加了,库存水平的增加使得仓库存储空间增加,也增加了库存成本。

3. 补给供货期

"牛鞭效应"延长了供应链的补给供货期。由于"牛鞭效应"增加了需求的变动性,供应商会出现当前生产能力和库存不能满足订单需求的情况,从而导致供应链内企业及其供应商的补给供货期的延长。

4. 运输成本

供应商在不同时期的运输需求与订单完成密切相关，由于"牛鞭效应"的存在，运输需求将会随着时间的变化而变化。因此，需要保持剩余的劳动力来满足订货高峰期的要求，从而增加了运输成本。

5. 送货和进货的劳动力成本

"牛鞭效应"增加了供应链中送货和进货的劳动力成本，供应商发货所需的劳动力随着订单的波动而波动，分销商和零售商收货所需要的劳动力也会发生类似的波动。他们要么保持过剩的劳动力，要么根据订单的波动改变劳动力，这两种方法都会增加劳动力成本。

6. 产品的供给水平

"牛鞭效应"降低了供应链的产品供给水平，并导致了更多的缺货情况。过大的订单波动使得供应商很难满足所有的分销商和零售商的订单，这增大了零售商缺货的概率，从而给销售带来不良影响。

7. 供应链的各种关系

"牛鞭效应"对各个环节的经营绩效都有负面影响，从而损害了供应链各个环节的关系。每个环节中企业都认为自己尽了最大努力了，所以将这一责任归咎于其他环节，因此，"牛鞭效应"导致供应链的不同环节信任度减弱。

8.2.2 牛鞭效应的成因

"牛鞭效应"产生的原因是需求信息在沿着供应链向上传递的过程中被不断曲解，零售商为了能够应对客户需求增加的变化，往往在历史和现实销售情况的预测订货量上，做一定的放大后再向批发商订货，而批发商也出于同样的考虑，进行加量订货。这样，虽然客户需求波动不大，但层层加量订货就将实际需求逐级放大了。具体成因有：

1. 需求预测不当

供应链中的成员企业为了确定理想的库存水平和订货数量，一般需要定量的方法（移动平均或指数平滑等方法）对下游成员的订货数量进行预测，但任何方法都有一定的局限性，不能精确地预测未来。因此，当这些企业沿着供应链上游移动时，就会产生"牛鞭效应"。

2. 订货提前期较长

供应链各成员利用需求预测更新其目标库存水平，提前期的长短影响了需求预测的变化，较长的提前期将导致目标库存水平发生较大的改变。提前期越长，需要的库存量也就越大，订单变化也就越大，从而产生了"牛鞭效应"。

3. 批量订货

销售商为了减少订货频率，降低订货成本和规避缺货风险，会根据理想的状态批量订货。订货次数的增加会增加供应商的工作量和成本，供应商也会要求销售商在一定数量和一定周期订货,而销售商为了尽早得到货物,或者以备不时之需,总会提高订货量,也就会产生"牛鞭效应"。

4. 供应不足

市场上某些商品面临短缺,将会引发零售商和分销商扩大订货数量,但当需求减少或短缺结束后,大的订货量不会自然消失。这样容易造成需求预测和判断失误,也会导致"牛鞭效应"。

5. 供应链链条过长

供应链链条越长,供应链距离最终客户就越远,对需求的预测就越不准确。同时经过各环节的传递及企业安全库存的多层增加,需求信息的扭曲程度越大,"牛鞭效应"越明显。

6. 缺乏信息交流与协作

由于缺乏信息交流与协作,企业无法掌握下游的真正需求和上游的供货能力,只好自行多储备货物。同时无法实现信息交流,也就无法实现存货互通有无和转运调拨,只好各自持有高额库存,这也会导致"牛鞭效应"。

7. 环境变化

政治环境、经济环境、社会环境和政策环境的变化所产生的不确定性,会诱导销售商提前采取应对措施,而应对的方法是持有高库存,随着这些不确定性的增强,库存量会随之增大,销售商将不确定性风险转移给供应商而加大订货量,所代表的并不是真实的需求,也会导致"牛鞭效应"。

8.2.3 如何缓解牛鞭效应

"牛鞭效应"对真实需求信息的偏差和扭曲放大,使得供应商库存积压、资金占用,整个供应链效率低下,但只要供应链中有需求的变化和订货周期的存在,必然会引起需求预测的失效,且供应链的层次越多,这种现象就越明显,因此,"牛鞭效应"很难完全被消除,只能采取对策进行缓解。可行的方案有:

1. 信息共享

通过在供应链中建立有效的信息共享机制,对客户需求信息集中处理,从而减少供应链的不确定性。通过互联网,企业和客户可以互动交流,缩短企业与客户的距离,便于企业了解客户的需求和趋势,因此可以提高企业对需求预测的准确性。上游企业也能根据和客户交流所得的信息,对下游企业的订单要求进行评估判断,这就有效地缓解了"牛鞭效应"。同时供货商也可以通过互联网建立直销体系,减少供应链层次,简化供应链结构,防止信息在传递过程中过多地被扭曲,避免"牛鞭效应"的产生。

例如,戴尔公司通过互联网、电话和传真等组成了一个高效的信息网络,客户可以直接向公司下订单要求进行组装、供应,使订货、制造、供应"一条线完成",实现供应商和客户的直接交易,有效地防止了"牛鞭效应"的产生。

2. 减少需求的可变性

通过减少客户需求过程中的变化降低"牛鞭效应"。例如，零售企业沃尔玛公司采取"天天平价"的策略，给客户提供一个固定的价格，而不是周期性的促销价格，这样可以减少需求的变化，产生相对稳定的客户需求模式。

3. 缩短订货的提前期

一般来说，订货的提前期越短，订货量越准确。缩短订货提前期是缓解"牛鞭效应"的可行方法。根据沃尔玛公司的调查，如果提前期 28 周进货，需求预测的误差约为 40%；如果提前期 16 周进货，则需求预测的误差可降低 10%。并且通过运用现代信息系统可以及时获得销售信息和货物流动情况，同时通过多批次、少批量的联合运货方式，可以实现按需订货，从而使需求误差进一步降低。

提前期很大程度上影响需求的变化。因此，通过应用先进的信息技术和高效、快速的物流技术来缩短提前期，包括信息提前期和订货提前期，可以缓解"牛鞭效应"。

4. 建立战略合作伙伴关系

通过建立战略合作伙伴关系，可以改变信息独享的方式，实现供应链的内部库存管理，从而降低"牛鞭效应"。沃尔玛公司和宝洁公司一直努力地构建互惠互利的、有助于削弱"牛鞭效应"的战略伙伴关系。

8.3 供应商关系管理

8.3.1 供应链管理发展驱动力

8.3.2 精益 vs 敏捷

8.3.3 供应商库存管理

8.3.1 供应商关系管理的含义

供应商关系管理（SRM）是用来改善企业与供应链上游的供应商关系的一种管理思想，它致力于与供应商建立和维持长久、紧密的伙伴关系。作为一种新型的管理机制，SRM 围绕企业采购业务的相关领域，对双方资源和竞争优势进行整合，共同开拓市场，扩大市场需求和份额，降低产品前期的高额成本，是实现双赢的现代企业管理模式。

一直以来，企业业务对外的两个最重要出口就是"买"和"卖"。在"卖"的方面，企业为了使自己的产品和服务赢得市场、赢得客户，从 20 世纪 90 年代中期开始，就开始利用客户管理（CRM）思想和工具来更好地开拓市场，提高客户的忠诚度，争取新客户和维护老客户。

然而，在"买"的方面，在处理与供应商的关系上，却一直未能引起企业的重视，大部分企业认为只要有购买需求，就会有卖家找上门来，因此无须下太多的功夫去关心与供应商之间的关系。然而，随着企业采购模式的转变和企业间业务联盟的进一步发展，供应链业务紧密连结的趋势越来越强，企业与供应商之间的关系变得越来越重要，当企业发现彼此的贡献可以融合成一种新能力并产生综合效益时，便可使得客户的忠诚度得以重新建立起来，这隐含着与供应商共享合作与创新。于是,供应商关系管理(Supplier Relationship Management, SRM)开始受到企业的青睐,被用来管理与供应商的关系,策略性地获取资源和降低采购成本。

表8-1是传统采购与现代采购的区别。

表8-1 传统采购与现代采购的区别

传统采购	现代采购
1. 参谋辅助角色 2. 使命是确保供应商适时、适价、不中断地供应所要求的商品和服务 3. 短期行为	1. 战略性职能 2. 组织获得竞争优势的重要手段 3. 必须使用训练有素的人员参与 4. 在合作的、解决问题的长期环境中,推动质量改进

因此,供应商关系管理是市场营销中关系营销思想在供应链环境下的应用,它摒弃了传统的以价格为驱动的竞争性采供关系,以共同分享信息、实现共赢为导向,实现采供双方以合作为基础的共同发展。供应商关系管理通过对双方资源和竞争优势的整合来共同开拓市场,扩大市场需求和份额,降低产品前期的高额成本,实现双赢;同时它又是以多种信息技术为支持的一套先进的管理软件和技术,它将电子商务、数据挖掘、协同技术、ERP、MRP等信息技术紧密集成在一起,为企业的新产品设计开发、供应资源获取、采购方式选择、采购成本控制、供应绩效考核以及相应的合同、招投标、文档等过程提供科学的管理策略。

根据著名咨询公司 Gartner Group 的观点,企业采用供应商关系管理能带来如下好处:

(1) 优化供应商关系。企业可以依据供应商的性质及其对企业的战略价值,对不同供应商采取不同的对待方式。

(2) 建立竞争优势,并通过合作,快速的引入更新、更好、以客户为中心的解决方案,来增加营业额。

(3) 扩展、加强与重要供应商的关系,把供应商集成到企业流程中。

(4) 在维持产品质量的前提下,通过降低供应链与运营成本来促进利润提升。

8.3.2 供应商关系管理的过程

供应商关系在发展过程中,可以分为三种不同的类型:交易性竞争关系、合作性适应关系和战略性伙伴关系。

1. 交易性竞争关系

传统思想认为供应商之间的竞争对于采购方是有利的,因为这样可以从供应商处获得更低的价格,所以供应商越多也就越有利。同时和多个供应商有着往来不仅能获得低价的好处,也能保证供应的连续。在这种思想的指导下,供应商与采购方之间的关系只能是交易关系,这种关系是一种对立的关系,就同一项产品而言,有多个供应商供货,他们在采购方的采购总量中所占的份额也就完全取决于他们的价格高低。

如果一个大企业进行采购,那么拥有上千家供应商也就不足为奇。在这种情况下,供货的质量就容易参差不齐,因为不同的供应商之间的供货可能不是完全兼容的,而且买卖双方都很少将质量控制作为一个主要内容。其实，由于要保持多家供应商，并管理这种复杂的关系，企业的采购成本肯定会增加，也会导致质量的下降。

2. 合作性适应关系

到了 20 世纪 80 年代，采购管理的工作重心已逐渐转向质量和客户满意度，质量标准也从最终客户的角度来制定。采购企业对订货制定了更为复杂的标准，不仅包括产品本身，也包括交货、技术服务、售后支持等。采购企业开始依靠更少的供应商，但是对于供应提出了更高的要求，他们要求供应商在最短的时间里，在合适的地点、以合适的方式去为他们做某件合适的事情。

然而，在某种程度上，这种供应商与采购方之间的关系仍然是对立的，各个供应商之间也是对立的关系，采购者所制定的产品的规格、标准越来越复杂，但是供应商却鲜有介入其制定过程的。

3. 战略性伙伴关系

20 世纪 80 年代，供应商与采购客户逐渐发展为战略伙伴型的关系，也称为"实时供应"关系，甚至出现唯一的供应商与采购客户进行合作。合作的领域会涉及经济活动的很多方面，如生产、工程技术、设计、采购、营销等，供应商积极参与了采购客户的产品设计和规格的制定过程。这种合作的形式也是在不断更新变化的，一揽子采购协议，或者是其他更加非正式化的一些订购协议都日益普遍。

良好的供应商关系管理对于生产企业增强成本控制、提高资源利用率、改善服务和增加收益起到了巨大的推动作用。实施有效的供应商关系管理可以大大节约时间和财力，更大程度地满足客户的需要，为客户创造价值。为了在竞争中立于不败之地，越来越多的生产企业，包括世界上许多著名的跨国公司，如 IBM、Dell、沃尔玛、丰田和耐克等公司，都通过科学的供应商关系管理来获得在国际市场领先的竞争优势。

供应商关系管理的基本过程包括三个阶段：计划、控制和改进。

1. 供应商关系的计划

供应商关系的计划是指有关识别客户需要、分析和制定满足这些需要的供应策略方面的活动。

制订供应商关系计划的步骤如下：

（1）整理汇编有关组织过去的、当前的和未来的采购活动的各种文件资料。
（2）从采购活动中识别那些对于企业经营既具有很高的重要性又有很高费用的商品。
（3）针对该商品组建跨职能的团队，团队中要包括客户的代表和企业职能部门的代表。
（4）通过数据收集、调查和其他需要评估的活动来确定客户的供应需要。
（5）分析供应行业的结构、能力和趋势。
（6）分析商品总占用成本的构成。
（7）将客户的需要转化为一个供应过程，该过程将使客户满意并提供管理和优化总占用成本的机会。

(8) 获得管理当局的批准，以将所制定的供应测量转入运作部门加以实施。

2. 供应商关系的控制

供应商关系的控制用于评价供应商的绩效，选择能够优化其绩效的关键的少数供应商，其目标是维持可接受的绩效水平。

企业可以用象限法来区分供应商，首先确定所采购商品的两个因素：采购商品的重要性和每类商品的费用情况，然后绘制象限图，如图8-3所示。

上图中，不同的象限代表不同的供应商特点，适宜采用不同的供应商关系策略。

象限1：办公用品、书籍杂志、饮食服务等辅助性活动，可考虑外包。

象限2：导管、阀门、合同工人等，是供应部门持续管理的主要对象。

象限3：高级设备、材料、特别合同员工等，因购买频次低，成本低，故和这类供应商联合价值不大。

象限4：是战略性采购大有作为的象限，应与在这象限中的供应商建立战略伙伴关系。

根据对供应商类别的划分，可以对供应商进行定位：战术获取、战术收益、战略安全、战略关键，如图8-4所示。

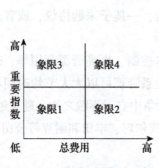

图8-3 区分供应商的象限图

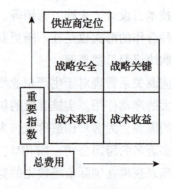

图8-4 供应商定位模型

(1) 战术获取（Strategic Acquisition）。此类物资低价值、低风险。企业可通过各种手段对此类物资实现最小化的管理。

(2) 战术收益（Strategic Profit）。此类物资成本高，对企业利润贡献大，但外部供应丰富。所以企业不需要与供应商保持长期紧密关系，重点在于获得最好的供应条款。

(3) 战略安全（Strategic Security）。此类物资成本低，对企业利润贡献小，但供应风险大。所以应与供应商建立长期合同或长期的关系协议，保证供应安全，或开发备用供应商。

(4) 战略关键（Strategic Critical）。此类物资成本高，对企业利润贡献大，同时供应市场风险大，对企业至关重要。所以企业应开发和管理与供应商长期、紧密的关系，寻求双方利益最大化。

因此，供应商关系的控制步骤如下：

(1) 创建一个跨职能的团队。

(2) 确定关键的绩效测量指标。

(3) 确定最起码的绩效标准。
(4) 减少供应商的基数。
(5) 评价供应商的绩效。

3. 供应商关系的改进

供应商关系的改进包括：供应过程的管理、测评和持续改进；把控制扩展到整个供应链以及供应链的持续改进，确保价值创造。合作层次包括组成联合团队、降低成本、提升价值、信息共享和资源共享五个层次。

8.3.3 如何开展供应商关系管理

企业开展供应商关系管理需要采取以下四个措施：供应商资质业绩核实、供应商绩效评价、供应商不良行为处理、构建统一电子商务平台。

1. 供应商资质业绩核实

企业在选择供应商前，首先需要对供应商的资质业绩进行核实，核实内容包括：供应商基本情况、财务状况、产品目录、组织信息、产品业绩、研发设计能力、生产制造能力、试验检验能力、原材料组部件以及售后服务等。

对供应商资质业绩核实分文件核实和现场核实两个阶段。首先进行文件核实，经文件核实满足要求的供应商，再对其进行现场核实。另外，如果需要核实的供应商数量较少时，文件核实和现场核实可以同时进行。

(1) 文件核实。文件核实是对供应商的相关资质业绩文件的内容进行核实确认，主要包括生产经营范围、注册资金、财务状况、质量管理体系认证、生产许可证、型式试验报告、供货及运营业绩等。

(2) 现场核实。现场核实是对供应商的生产现场实际情况及生产能力进行核实确认，主要包括供应商工艺技术水平、生产装备、试验装备、质量管理、原材料组件管理、产能等。

对于周期性的供应商资质业绩核实申请，其季度核实应在每个季度的第 2 个月底截止本季度的申请工作，第 3 个月组织专家进行核实工作；年度复核工作一般安排在 6、7 月左右开始，以保证年度复核资料的齐全（如财务报表等），年度复核采用文件核实的方式进行，如需现场核实则纳入季度核实。

对招标中提出要进行核实的投标供应商或在设备运行或者绩效评价中发现问题的供应商等非周期性供应商的资质业绩核实，则由企业根据实际情况进行。

2. 供应商绩效评价

在对供应商的绩效进行评价时，企业应该参照评标组织形式，以"标准统一、评价客观"为原则，进一步优化和完善供应商绩效评价工作机制，加强评价的组织与管控，规范供应商绩效评价过程，对供应商绩效情况进行全面、客观、准确的评价。

对供应商绩效的评价方式有两种：年度评价和批次刷新。

(1) 年度评价。年度评价在每年年初开展一次，由总部统一组织各单位对使用过评价范围内产品的供应商近三年合同履行及产品运行质量情况进行评价，并根据各单位评价结果汇总计算，形成供应商绩效最终得分，如图8-5所示。

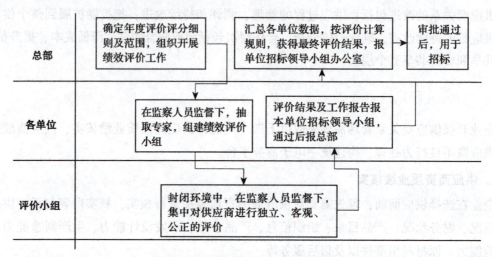

图8-5 供应商绩效年度评价流程图

(2) 批次刷新。批次刷新是在年度评价之后，对于在合同履行、产品质量等方面发生问题或绩效表现优秀，以及新增的供应商，由各单位在每批次集中规模招标前，对其评价结果进行刷新。其流程如图8-6所示。

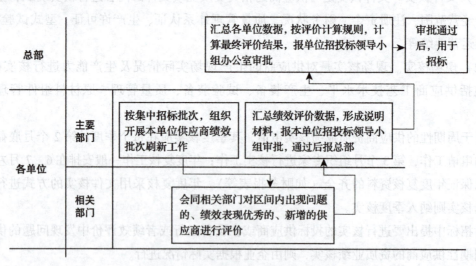

图8-6 供应商绩效批次刷新流程图

企业要及时收集和掌握供应商合同履约及产品质量等方面的信息，逐步建立绩效信息库，为准确、客观评价供应商提供依据。其中供应商绩效信息库的内容涵盖评价范围内供应商在制造监督、交付验收、安装调试、运行维护等各阶段的信息。

3. 供应商不良行为处理

当供应商出现不良行为时，企业要及时对其进行处理和惩罚，甚至更换供应商，避免造成恶劣影响。供应商不良行为的信息来源一般有三个途径：

(1) 下属单位上报总部的反映供应商问题的文件。问题包括：在驻厂监造与抽检过程中发现的问题；在安装调试过程中发现的问题；在生产运行中发现的问题；在履约过程中发现的问题等。

(2) 总部内部的事故通报、会议纪要、质量分析月报等。

(3) 总部有关部门转发到各单位的关于供应商存在问题的有关文件。

根据供应商在产品制造、安装调试、生产运营、履约协调四个方面出现的行为，可将供应商的不良行为分为四个等级：

等级1：对企业经营管理及优质服务造成轻微影响的问题。此类问题通常采用通报的处理措施，对供应商的不当行为对内对外进行发布，以达到警示作用，促使其尽快改进，但不影响对其授标。

等级2：对企业经营管理及优质服务造成较大影响的问题。此类问题通常采用限制授标的处理措施，在企业批次招标的部分标包中，停止对该供应商某类型产品的授标。

等级3：对企业经营管理及优质服务造成严重影响的问题。此类问题通常采用暂停授标的处理措施，在企业批次招标的所有标包中，停止对供应商某类型产品的授标。

等级4：对企业经营管理及优质服务造成特别重大影响的问题。此类问题通常采用列入黑名单的处理措施，因供应商存在的问题非常严重，在企业今后招标中不再对其授标。进入黑名单后，一般一年内不予恢复。

此外，企业在处理供应商不良行为时，还需要遵循以下原则：

(1) 对供应商的处理措施不代替合同约定中对供应商违约的处罚。

(2) 根据考核内容中所列出的不当行为分类，对供应商采取相关措施。

(3) 供应商符合相关标准，方可认为处理措施执行完毕。

(4) 对供应商的处理情况记入供应商档案，纳入供应商绩效评价管理。

(5) 对供应商出现的其他问题，参照有关条款酌情处理。

4. 构建统一电子商务平台

电子商务平台是供应商关系管理的基础，可以满足系统对各方面数据的要求。传统的数据库技术是以单一的数据资源，即以数据库为中心，进行事务处理、批处理、决策分析等各种数据处理工作，已经无法满足数据处理多样化的要求，也无法满足供应商关系管理对业务的运作以及对整个市场相关行业的情况进行分析的要求。而电子商务平台就是一个决策支持系统和联机分析应用数据源的结构化数据环境，所要研究和解决的问题就是从数据库中获取信息。其示意图如图8-7所示。

运营管理
Operations Management

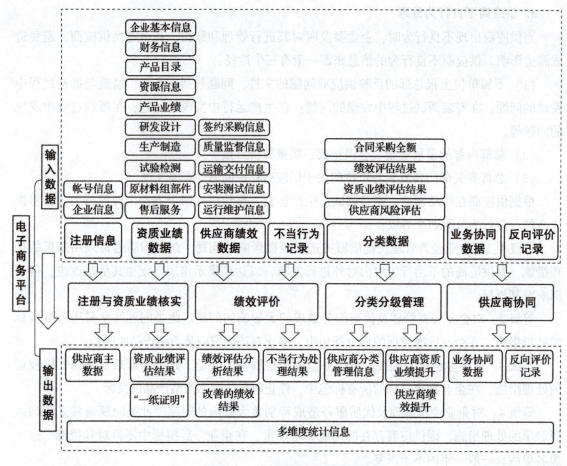

图 8-7 电子商务平台示意图

供应商关系管理的目标是通过建立统一的供应商关系管理体系，依托电子商务平台，构建企业统一的供应商信息库，对供应商的开发、评价、发展、控制等进行管控，为企业建设提供物资保障。

8.4 供应链战略与竞争战略的匹配

8.4.1 供应链战略

1. 供应链战略的定义

供应链战略是指企业为了快速响应客户需求的目标，对原材料的获取和运输、产品的制造或服务的提供，以及产品配送和售后服务的方式与特点的确定。从外部而言，企业通过与供应商、制造商、分销商等建立战略联盟，彼此之间进行有效的信息共享和交流；从内部来讲，企业各项工作之间有效集成与运作，保证企业资金流、物流、信息流通畅流动，最终能够从整体上提高企业的效率。

供应链战略关注的重点不是企业向客户提供的产品或服务本身给企业增加的竞争优势，而是产品或服务在企业内部和整个供应链中运动的流程所创造的市场价值给企业增加的竞争优势。可以发现，20 世纪 90 年代那些抢先占有竞争优势和市场份额不断增长的企业得到了极大的发展，其最主要的原因就是他们实施了供应链战略管理，将他们的关注重点从内向能力转向将自己的能力与供应链成员中的生产资源和创新知识整合起来。

供应链战略突破一般战略规划仅关注企业本身的局限，通过在整个供应链上进行规划，来为企业获取竞争优势，如何运用合适的供应链战略已经成为当今企业需求重点研究的课题之一。

2. 供应链战略的特征

企业的供应链战略具有以下特征：

（1）供应链战略是一种互补性企业联盟战略。供应链战略是基于业务外包的一种互补性的、高度紧密的企业联盟，联盟以核心产品、核心资产或核心企业为龙头，目标是通过联盟内各个成员统一协调的无缝隙的工作，以价低质优的产品、及时供货和提供优质的售后服务来提高市场供应的有效性和客户的满意度，以较高的市场占有率取得竞争优势。

（2）供应链战略是一种企业核心能力强化战略。维持和发展竞争优势是企业核心能力的集中体现，如果企业在考察市场的时候发现所要达到的战略绩效目标与依靠自有资源和能力所能达到的目标之间存在"缺口"，那么就必须借助于业务外包或寻找优秀的供应者来帮助它在供应链中改进技术、提高效率、降低成本，以改善其价值链上的薄弱环节，填补企业发展战略的"缺口"，强化企业的核心能力。

因此，企业供应链战略的核心问题，是设计企业业务的内包、外包，以及与承包商之间的关系。具体而言，就是要考虑哪一个合作伙伴更有竞争优势，哪一个供应链的设计更为优秀，供应链上的哪一个部分更有效率。

（3）良好的供应链网络有利于提升企业的竞争承受力。在经济的周期性变化中，任何一个企业都要经历它的高涨和低落时期，一些企业得以平稳地度过危机，持续、协调地向前发展，并非完全是因为拥有最大的客户，而是其重视业务发展的规律，重视商业经营中的客户关系。可以说，是供应链网络的整体竞争优势强化了企业的生存和发展能力，使企业获得了抗拒风险、承受打击的能力，能够安然地度过危机，然后寻找新的发展机遇和下一个经济增长周期的起点。

（4）供应链战略是实施关系营销的重要方面。关系营销是企业与关键性的客户（消费者、供应商、分销商）建立长期满意关系的实践，它是营销者通过不断承诺和给予对方高质量的产品、优良的服务和公平的价格来实现的合作模式，供应链合作无疑是关系营销的一个重要方面。

在日益复杂的市场竞争中，逐步形成相对稳定的供应链体系，在分配信息和相互信任的前提下，确定一个长久的利益共同体，兼顾各个成员企业的经营战略，实行"双赢"乃至"多赢"，是构成企业之间紧密合作的战略联盟和供应链竞争成功的关键。企业在选择供应商和进行供应链体系的设计时，始终应着眼于企业的长远发展，首先要考虑的是战略上的发展优势，而不是简单地从节约采购与制造成本，提高信息传递效率的角度考虑问题。

3. 供应链战略的内容

供应链战略也是企业战略的有机组成部分，与产品开发战略和市场营销战略并列为三大职能战略，支撑竞争战略。企业的供应链管理战略包括四个方面：库存策略、运输策略、设施策略和信息策略。

（1）库存策略：循环库存、安全库存和季节库存的部署策略。

（2）运输策略：运输方式选择、网络和路径选择、自营和外包、反应能力与赢利水平的权衡。

（3）设施策略：工厂、配送中心的选址与布局，设施能力，生产方式，仓储方式，反应能力与赢利水平的权衡。

（4）信息策略：推动式或拉动式，供应链协调与信息共享方式，提高需求预测与整合计划的准确性，技术工具选择，反应能力与赢利水平的权衡。

供应链管理战略除了以上四个方面以外，还包括传统的供应商战略、生产战略和物流战略等。不仅如此，供应链战略还强调企业内部所有职能战略之间的密切关系。

4. 如何建立供应链竞争优势

企业想要建立供应链竞争优势，就需要极大地拓宽企业目标，明确目的和手段，改变以往仅将注意力集中在成本和市场方面的小的改进，并要着眼未来，弄清未来的客户是谁，明确自身与供应链伙伴的竞争能力如何塑造才能抢先占领市场的领先地位，一般需要从以下四个方面入手，如图8-8所示。

（1）执行有效的战略。只有能够开发充满活力和创造市场的竞争战略的企业，才能在市场上获得领先地位。

（2）建立有效的业务渠道。以时间为基础的竞争、纵向一体化的解体，表明市场属于那些在构建供应链和通过供应链竞争方面比对手更强的企业，而不是那些仅以自己产品和市场为基础的企业。

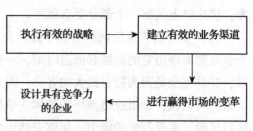

图8-8 企业如何建立供应链战略优势

（3）赢得市场的变革。随着产品生命周期的缩短、个性化产品和服务需求的提高，企业必须持续将注意力集中在追求大胆的跨企业的变革上，以便为客户提供别人无法提供的解决方案。

（4）设计具有竞争力的企业。企业可以在已成熟的行业改变游戏规则，可以寻求重新勾画传统行业的边界，以发现全新的行业和市场。

8.4.2 匹配供应链战略与竞争战略

企业竞争战略由企业产品和服务所满足的客户需求类型决定,建立在客户对产品成本、产品送达与反馈时间、产品种类和产品质量偏好的基础上,竞争战略的目的是提供能满足客户需求的产品和服务。

总体来说,企业竞争战略分为三种:总成本领先战略、差异化战略和集中战略。比较三种战略可以发现,总成本领先战略和差异化战略一般是在广泛的产业部门范围内谋求竞争优势,而集中战略则着眼于在狭窄的范围内取得优势。尽管集中战略往往采取成本领先和差异化这两种变化形式,但三者仍是有区别的。

企业在确定竞争战略时,首先要根据企业内外环境条件,在差异化战略、总成本领先战略中选择,从而确定具体目标、采取相应措施以取得成功。因为这两种战略有着不同的管理方式和开发重点,有着不同的企业经营结构,反映了不同的市场观念,所以企业一般不同时采用这两种战略。在市场的演进中,常会出现这两种竞争战略循环变换的现象。

要成功地实行以上三种竞争战略,需要不同的资源和技巧,需要不同的组织安排和控制程序,需要不同的研究开发系统。因此,企业必须考虑自己的优势和劣势,根据经营能力选择可行的战略。

匹配供应链战略与竞争战略是指二者拥有相同的目标,即竞争战略的设计(用来满足客户的优先目标)与供应链战略旨在建立的供应链能力目标之间相互协调一致。

1. 供应链战略与竞争战略的联系

供应链管理战略与企业竞争战略有何关系?可以从企业的价值链入手分析,如图 8-9 所示。

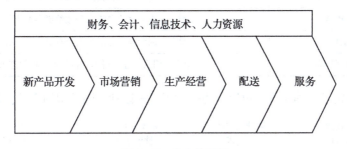

图 8-9 企业价值链

从价值链来看,新产品开发、市场营销、生产经营等职能是企业的核心职能,财务、会计、信息技术和人力资源为价值链的职能运行提供支持和便利。其中,价值链始于新产品开发,它创造了各种规格的产品;市场营销通过公布产品和服务将要满足的客户偏好来启动需求,还将客户的投入用于新产品开发;生产经营部门利用各种新产品,将投入转变为产出,来制造产品;配送或者将产品送达客户,或者把客户带来选购产品;服务是对客户在购物期间或购物之后各种要求的反馈;财务、会计、信息技术和人力资源为价值链的职能运作提供支持和便利。为了执行竞争战略,每一种职能都必须制定自身的战略。这里,战略是指每一种职能特别应该做好的事情。

而新产品开发战略详细说明企业即将开发的新产品的组合,决定开发是由内部完成还是外包;市场营销战略详细说明如何分割市场,产品如何定位、定价和推出;供应链战略则是确定原材料的获取运输、产品的制造或服务的提供以及产品配送和售后服务的方式与特点,供应链战略详细说明了生产经营、配送和服务职能特别应该做好的事。

可见,供应链战略强调了企业内部所有职能战略之间的密切联系,任何一家企业要想成功,其供应链战略和竞争战略就必须相互匹配。

2. 如何获取战略匹配

企业获取战略匹配有三个基本步骤:理解客户、理解供应链和获取战略匹配。

(1) 理解客户。企业必须理解每一个目标客户群的客户需求,它能帮助企业确定产品成本和服务要求。通常,不同客户群的客户需求将在以下几个方面表现出不同的特性:客户所需产品的数量;客户愿意忍受的反馈时间;所需产品的种类;要求的服务水平;产品的价格;预期的产品创新周期。

而客户需求特性将影响潜在需求不确定性,如表8-2所示。所谓潜在需求不确定性,是指要求供应链满足的需求部分存在的不确定性,是供应链不确定的直接后果。

表8-2 客户需求特性对潜在需求不确定性的影响

客户需要	对潜在需求不确定性的影响
需求量增长	增大,因为要求的数量增加意味着需求变动增大
供货期缩短	增大,因为对订单的反应时间少了
要求的产品品种增多	增大,因为对每种产品的需求更加分散
获取产品的渠道增多	增大,因为客户总需求分散给更多的供货渠道
创新速度加快	增大,因为新产品的需求会有更大的不确定性
要求的服务水平提高	增大,因为企业不得不应付偶然出现的需求高峰

事实上,潜在需求不确定性也可以作为一种工具来区别不同类型的需求,如图8-10所示。

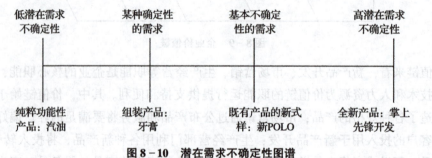

图8-10 潜在需求不确定性图谱

因此,企业要充分理解客户需求,理解潜在需求不确定性,这也是战略匹配的第一步,只有理解客户,企业才能知道如何满足客户需求。

(2) 理解供应链。供应链有多种类型，每一种设计都用来完成不同的任务，企业必须明确其供应链设计用来做什么。一般来说，供应链主要有两类功能：物理功能和市场中介功能。物理功能是指能以最低的成本将原材料加工成零部件、半成品、产品，并将它们从供应链的一个节点运到另一个节点。市场中介功能是指能对市场需求做出迅速反应，确保以合适的产品在合适的地点和时间满足客户的需求。

企业理解供应链，实质就是在这两个功能间进行权衡，即反应能力与赢利水平之间进行权衡，找到最佳结合点。

供应链的反应能力是指供应链完成以下任务的能力：对大幅度变动的需求量的反应；满足较短供货期的要求；提供多品种的产品；生产具有高度创新性的产品；满足特别高的服务水平的要求。供应链拥有的上述能力越多，供应链的反应能力就越强。

而供应链的反应—赢利水平边界则是一条曲线，它表示一定的反应能力所对应的最低可能成本，最低成本建立在现有技术的基础之上，如图8-11所示。

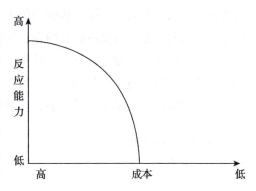

图8-11 供应链反应—赢利水平边界曲线

可见，提升供应链的反应能力是有代价的。例如，要提高对大幅度变动的需求量的反应能力，就必须提高生产能力，产品成本就会随之增加，成本的增加将导致供应链的赢利水平降低。每一种提高反应能力的战略，都会付出增加的成本，从而降低赢利水平。

在现实中，不同类型的企业对于供应链反应能力和赢利水平的要求是不同的。例如，钢铁等企业，由于生产计划较少出现变动，则对赢利水平的要求更高；但戴尔公司，由于要满足客户的个性化需求且要求在几日内供货，因此供应链的反应能力要求更高。企业应该根据自身的实际情况来选择创立赢利型供应链还是反应型供应链，如表8-3和图8-12所示。

表8-3 赢利型供应链和反应型供应链的对比

	赢利型供应链	反应型供应链
主要目标	低成本满足需求	快速对需求做出反应
产品设计战略	以最低生产成本取得最大业绩	进行模块化以延迟产品差异的发生
定价战略	边际收益较低，因为价格是吸引顾客的主要因素	边际收益较高，因为价格不是吸引客户的主要因素
生产战略	通过提高（产能）利用率降低成本	维持生产能力的弹性，满足非预期需求
库存战略	实现最小库存，降低成本	维持弹性库存以满足非预期需求
供货期战略	在不增加成本的前提下缩减供货期	大幅度缩短供货期，即使成本较大
供应商战略	在成本和质量的基础上进行选择	在速度、弹性和质量的基础上进行选择
运输战略	更多依靠低成本运输方式	更多依靠快捷运输方式

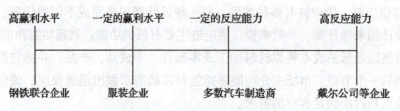

图 8-12 供应链反应能力图谱

对于每个企业,在给定成本与反应能力达到平衡的情况下,确定供应链的反应能力水平,是必须做出的重大战略抉择。只有理解供应链,才能创建供应链战略,使之能最好地满足企业目标客户群特定类型的需要。

(3) 获取战略匹配。总体来说,获取战略匹配,也就是确保供应链的运营与目标客户的需要协调一致,并且供应链反应能力的大小应该与潜在需求不确定性吻合,潜在需求不确定性增加,则要求相应的反应能力增强,反之亦然。

企业可以通过绘制坐标图来帮助实现战略匹配,如图 8-13 所示。其中,潜在需求不确定性代表客户需求特点,是企业的竞争战略。作为横轴,供应链响应能力代表供应链的战略定位;作为纵轴,让供应链反应能力与潜在需求不确定性进行吻合。

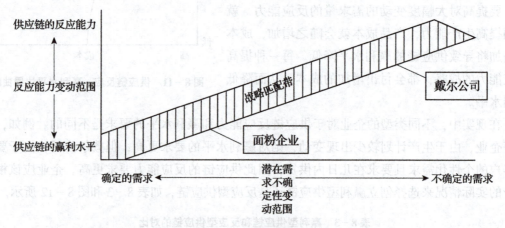

图 8-13 获取战略匹配

要实现全面的战略匹配,企业必须考虑价值链中的所有职能战略彼此相互协调,并支持企业的竞争战略目标。抛开竞争战略,就不存在正确的供应链战略。

并且,获取战略匹配的驱动力量应该源于最高级的组织机构。实际上,在许多企业中,竞争战略和职能战略是由不同的部门制定的。在这种情况下,如果没有适当的沟通,诸如首席执行官这样的高层管理人之间如果缺乏协作,这些战略可能很难实现匹配。对于大多数企业来说,获取战略匹配的失败,是企业失败的主要原因。

3. 影响战略匹配的其他问题

企业在制定战略和进行战略匹配时,还需要考虑以下问题:

(1) 多品种和客户群。企业出售多种产品,并向不同需求的客户群提供服务,结果不同的产品和不同的客户群具有不同的隐性需求不确定性。如此,企业就面临如何在赢利水平与反应能力之间取得平衡的选择。此时,可行的方法有两种:①单独建立相应的供应链;②将供应链设计成为适合每种产品的需求形式。

(2) 产品生命周期。产品在生命周期的不同阶段,其需求特点和客户群的要求也会发生变化。高技术产品的生命周期特别短,只有当客户对其感兴趣时,这种产品才进入其生命周期的开发阶段,并沿着产品、商品、市场完全饱和的这条临界点道路度过整个生命周期。

产品生命周期中的新产品开始阶段,潜在需求不确定性较大,供应链的目标是增强生产的反应能力,提高产品供给水平。当产品进入生产阶段时,需求稳定,边际效益却下降了,潜在需求不确定性减少,供应链的目标是在维持可接受服务水平的同时,使成本最小化。

因此,随着产品走过其生命周期,企业要维持战略匹配,就必须在产品进入不同生命阶段时,调整其供应链,如图8-14所示,相应供应链战略会由反应能力较强的类型向赢利水平较高的类型转变。

(3) 竞争性随着时间变动。随着竞争的加剧,客户对其个性化的需求得到满足已变得习以为常,竞争可以改变市场格局,从而要求调整企业的竞争战略。在今天看来,竞争的焦点在于生产出品种丰富、价格合理的产品,这也是互联网时代的要求。企业不得不跟随竞争格局调整竞争战略,由于竞争战略发生变化,企业又必须改变其供应链战略,以维持战略匹配。

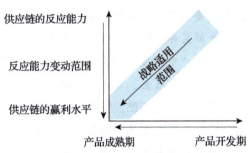

图8-14 供应链战略在产品生命周期中的变化

总而言之,要获取战略匹配,企业必须设计其供应链,以便最好地满足不同客户群的需要。要维持战略匹配,供应链战略必须随着产品生命周期进行调整,因为竞争格局发生了变化。

案例专栏

案例1 生鲜电商领域的革命者

引言

中关村一栋大厦的会议室里,风投(VC)质疑的声音传来:"都说到这个份儿上了,能不能拿出真实数据给我们看看!"会议桌对面的青年放下手中的融资计划书,显得有些兴致高昂地说:"这个品牌目前是北京地区最大的单一电商采购渠道,而这一业绩的成本,是一个APP、8个多月的时间和50多个扎根于校园与社区的自营店。"青年慢慢站起,整理了一下身上略微褶皱的西装,向VC投以最真挚的目光,缓缓道来:"我们会以最快的速度,覆盖中国的一线城市,让传统的水果零售模式跟不上、学不来、玩不起!"

是的,上述这个宏大的愿景就出自"许鲜"创始人徐晗之口。说起"许鲜"这个名字,大多数人第一时间还是会想起20世纪90年代风靡一时的电视剧《新白娘子传奇》,男主角许

运营管理
Operations Management

仙与白娘子的旷世爱情让不少"80后""90后"的观众记忆深刻并为之动容。而在北京,尤其是在高校学生中,大家也许会联想到时下的一款鲜果O2O,那就是"许鲜网"。每逢中午或傍晚,很多高校的许鲜提货点都会排起长龙,场面之壮观是超市或水果店都难以企及的。从上线到现在短短一年的时间里,"许鲜"迅速扩张,自营店覆盖北京、上海,销售额破千万,消费者好评不断。短时间内如此傲人的业绩,使人不得不疑惑,"许鲜"是如何在厮杀激烈的生鲜O2O领域内博得自己的一席之地的呢?

一、另辟蹊径,从混战中突围

1. 生鲜电商大混战

随着电子商务在国内的逐渐兴盛,越来越多的创业者开始瞄准生鲜这个领域。国内频发的食品安全事件,导致很多消费者对高品质高安全性的生鲜品需求越来越高;再加上人们确实对生鲜品存在刚性需求,这促使很多企业看到了这个巨大的潜力市场,生鲜电商也被诸多风投称作"电商发展的最后一片蓝海"。自2005年起,众多资本纷纷进入生鲜电商市场或是投资生鲜电商项目,市场上涌现了一批又一批的生鲜电商。然而,行业的骤然繁荣与其本身的不成熟无法相匹配,很多生鲜电商仅仅是复制了普通电商的模式,并未感知到生鲜品本身的独特性,因而发展捉襟见肘,以易果网、优菜网为代表的很多企业以倒闭或转让的方式为自己的创业探索之旅画上了句号。

虽然见证了诸多生鲜电商的悲惨结局,但是生鲜电商这个领域并未从此萧条,很多企业家仍然看好生鲜电商这片蓝海。2012年被视为生鲜电商发展的元年,很多生鲜电商的转折也是从此时开始的。众多企业获得了强大的资金投入,并依靠自己各自的行业资源优势在生鲜电商这块战场上准备大展身手。越来越先进的通信工具和支付手段也为其商业模式的创新提供了更多可能,B2C、C2C甚至是O2O等运营模式如雨后春笋般涌现出来,吸引了大量消费者的关注,也在逐步改变人们购买生鲜品的消费习惯,生鲜电商进入了百家争鸣的时代。各大生鲜电商平台如表8-4所示。

表8-4 中国各大生鲜电商平台一览

模式	平台
平台电商	天猫、淘宝、京东、一号店、亚马逊
自有基地+采购+配送	沱沱工社
采购+销售网站+配送	顺丰优选、本来生活网、中粮我买网、甫田网、易果网、家事易等
超市旗下综合性电商	山姆会员网上商店、永辉半边天
单分类专业卖家/平台入驻商家	农享网、天天果园

2. 因为专注,所以专业

生鲜领域发展得如火如荼,也引发了徐晗这个有着经商世家背景的青年的创业冲动。纵观整个市场,先有顺丰优选、本来生活网等大型综合电商充分发挥先行者优势抢占市场,后有天猫、京东等电商巨鳄也要为这丰厚的利润来分一杯羹。因而瞄准校园市场,夺取在校大学生这个具有规律性需求和潜力巨大的消费群体成为徐晗的选择。同时他发现,生鲜电商市场虽然发展得如火如荼,但真正意义上在这个领域内吃到甜头的企业却是少之又少,大部分电商都处于略亏损状态。徐晗深知自己的资金实力以及冷链技术条件不足以与生鲜电商大鳄相较量,因而他放弃了全品类,选择了更加细分的市场,聚焦于鲜果领域。据调查,在各种生鲜品类里,水果最受生鲜电商消费者的青睐(见图8-15)。从具体运营来看,像天猫、京东、一号店等部分电商确实将水果作为首项或推荐商品置于生鲜频道的第一屏。虽然只做水果平台,但是徐晗相信,相较于综合型电商,"许鲜"的定位更加明确,会更有能力和精力在鲜果电商领域内做大做强,以便从水果这个突破口动摇整个生鲜电商领域的局势。

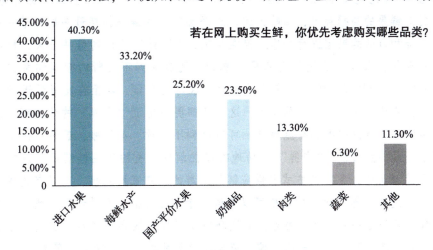

图8-15 消费者生鲜品类调查

注:资料取自腾讯科企鹅智能调查。

二、"许鲜"如何脱颖而出

纵观生鲜电商发展历程,徐晗认为,消费者对于网上订购鲜果无非存在四点要求:新鲜、安全、便利、实惠。如果"许鲜"提供的产品和服务能够契合消费者的需求,为消费者创造真正的价值,便能在生鲜电商领域内站稳脚跟,走得长远。

1."高冷"预售,开启生鲜电商新模式

为迎合消费者对水果新鲜程度的高要求、高标准,徐晗自"许鲜"成立伊始就致力于打造"6小时新鲜区",提供从采摘到身边不超过6小时的极致体验。消费者需要每天凌晨1点钟前在PC端或手机APP客户端选择最近的提货点进行线上下单并完成支付,"许鲜"在统一处理订单后于清晨与合作农户或供应商联系,去往市郊的果园集中采购,于上午10点前将各大提货点需要的货品运输完毕,消费者便可以在上午11点后去"许鲜"自营店自提。但是如果消费者在48小时之内未领取鲜果则视为订单作废,概不退款。这样的预售模式看似"高冷",但正是由于提前完成了支付环节,反而能够让消费者产生一定的重视。48小时的限制,能够保证消费者拿到货品的新鲜度,维护好"许鲜"高质量货品的口碑。而且,这种预售模式可以让"许鲜"掌握消费者需求后再进行配货,实现精准采购、精准分销、当日配送、当

运营管理
Operations Management

日消化,避免无谓的库存压力和货品损耗。

2. 化繁为简,甘做水果的"搬运工"

徐晗发现,传统的鲜果供应流程是从果园到果品公司,再到一级批发市场、二级批发市场、三级批发市场,这中间经过了多次的加价环节,而成本最后只能由消费者负担,鲜果价格自然降不下来。而且经过长途多次周转,冷链保存技术不达标,导致市场上最终销售的鲜果品质参差不齐,不少水果会出现变质现象。虽然,这两年生鲜电商很热,但是始终无法从根本上解决鲜果损耗问题。根据调查,半数消费者最忌讳的是买到与网上描述不一致的生鲜菜品,其主要原因也是变质损坏,近一半的消费者介意其收到的生鲜菜品不新鲜(见图8-16)。针对鲜果的高损耗率,徐晗大胆地选择去除以往鲜果损耗最多的环节——库存和周转,选择直接和市郊的果园进行合作。但在早期,"许鲜"的订购量并不大,根本没有资格和果园农户合作,只能从三级批发商那里拿货,还会受到不间断的嘲讽和蔑视。但随着"许鲜"的订单量逐渐增多,越来越多的供应商要求与之合作,甚至在发货延迟时会主动上门道歉。面对供应商的变化,徐晗总结道,这一切都要归功于"许鲜"的预售模式,使得现金流相较于传统的零售模式更具有流动性,可以做到不拖款、不轧账,最终赢得了供应商的信任,掌握了交易的主动权。"许鲜"成功地将以往烦琐冗长的供应链缩短为点对点的供应模式,这种通过"去中介化"的方式与供应链最上游的农户直接对接,可以有效降低中间环节的交易费用,使"许鲜"水果的价格可以普遍低于市面价格,同时还可以减少因周转给鲜果带来的损耗,可谓是一石二鸟。另外,流通环节少可以有效实现货品的追溯,保证货品来源安全可靠,从一定程度上实现产品品控,契合消费者对鲜果品质安全的需求。

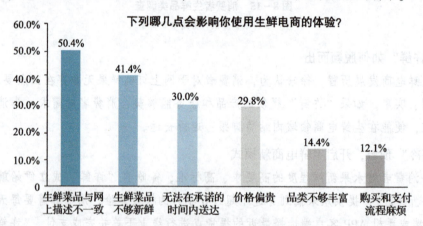

图8-16 消费者生鲜电商体验调查

注:资料取自腾讯科技企鹅智能调查。

3. 拒绝补贴,用真正的价值挽留消费者

从零开始,在短时间抢占消费者改变其消费习惯并不是容易的事情。很多O2O项目为了吸引价格敏感型消费者,迅速占领市场份额,不惜花大价钱补贴消费者。打车、外卖等这些本应产生更多创新的广阔天地却被诸多补贴大战改变了味道。可是,这种"烧钱"行为并不符合徐晗的创业理念,从小在经商世家耳濡目染的他认为,任何负现金流都是具有摧毁性的,所以绝不做亏本的买卖。在资本补贴盛行的时代,徐晗愿意带领他的团队去追逐商业的核心和本身,启发一种新的可能,为生鲜行业带来一些实实在在的改变,即使艰难。在初期推广运营中,"许鲜"在校园内采用扫二维码下载客户端送苹果的方式,靠着一个个苹果的地推,积累了早期消费者。之后,"许鲜"为了进一步扩大影响力,开展了一些买赠活动,同时建立了微信粉丝群,将消费者的意见收集并反馈,与消费者进行互动。整个互动过程中,虽然充斥着不少骂声,但徐晗愿意努力倾听,因为他认为这更能够让"许鲜"发现消费者更为细微的需求。不到一年,"许鲜"迅速实现了扩张,付费消费者累计约10万名,月营业额突破了千万元。更值得注意的是,"许鲜"周边消费者渗透率达到了30%,复购率高达65%,消费者黏度水平在同行业中也是佼佼者。而此时,"许鲜"A轮融资的数百万美金甚至才花了不到一半。

4. 设立自提,回避"最后一公里"

随着电商发展逐渐成熟以及物流体系逐步完善,众多电商和物流巨头陆续布局"最后一公里"的大市场,以提升消费者的购物体验。但徐晗却认为,"最后一公里"是一道巨大的障碍,并不是说不必克服,而是如果过早地考虑它,只会将激增的成本转嫁到消费者身上,得不偿失。因此,"许鲜"选择在各大高校和商圈设立自提点以替代传统的宅配服务,消费者需要在下单后去附近的"许鲜"自营店自行取货。这种自提服务不仅有效回避了"最后一公里"的配送问题,极大地降低了物流成本,还有效解决了传统电商无法掌控准确配送时间的痛点,消费者可以自行选择其午休或下班时间提货,时间更自由,其购买体验程度会更好。徐晗说,"许鲜"要证明的是,只要能够换来更好的消费体验,消费者并不需要你替他们省掉那一公里的路程。

三、展望未来

其实,"许鲜"的实质是一套点对点的供应链解决方案。在生鲜电商领域,高损耗率一直是诸多企业家的痛点。一般来说,水果生意从产出到销售的整个阶段的损耗都在40%~50%,甚至更高,运营较好的生鲜电商也只能将损耗保持在15%以内,而"许鲜"却能够将损耗控制在1%,这个惊人的数字不得不让业界对"许鲜"的运营模式刮目相看。由于缩短了供应链,"许鲜"避免了周转环节带来的损耗,而且周转速度足够快,无须建立冷链物流和存储体系。随着业务逐渐成熟,徐晗认为,只要供应链衔接得足够紧密,再远的水果业务也能做,实现从果园到消费者的直接对接,无非是多了几个小时的空运时间而已。而如果其他品类也可以像水果一样以这种运营模式周转,那么最终大部分商品都可以纳入到"许鲜"的经营范围之内。

此外,面对诸多综合型电商在物流配送上的发力,"许鲜"的自提服务也面临不小的挑战。京东和顺丰优选依靠其强大的物流背景在"最后一公里"下足了功夫,长此以往,很可能在实现宅配的同时大幅降低物流成本,那么此时,自提方式将会黯然失色。针对于此,徐晗坦言仍想继续进行深入的供应链再造。他承认,"许鲜"尚且处于经营阶段的早期,当系

运营管理
OPERATIONS MANAGEMENT

统建设相对完备,"许鲜"也会参与涵盖供应商、物流、仓储和上门配送的体系。只是,他需要时间、资本和快速增长,来帮助其完成这个宏大的愿景。

徐晗一直以"生鲜领域的革命者"作为对自己的激励,希望"许鲜"有朝一日能够通过供应链创新吸引无数普通群众,赢得低价、新鲜、放心的好名声,证明自己在生鲜电商领域内的价值。让徐晗欣慰的是,在"许鲜"直营店门口排队的人群里,不再只是学生和白领,也出现了越来越多大妈的身影。看来若想成为电商界的"生鲜电商领域的创新引领者",进军社区将会是"许鲜"不得不迈出的重要一步。

【案例讨论】
1. 你认为"许鲜"的模式相较于传统生鲜电商有哪些优势?
2. 自"许鲜"成立伊始,徐晗的层层布局都遇到了哪些问题?又是怎样解决的?
3. "许鲜"在后来的发展道路上遭遇了哪些挑战?
4. 依据生鲜供应链的特点,你觉得"许鲜"应如何破局?

案例2 轩华公司的两难抉择

引言

夜深人静,轩华公司工厂的工人和其他管理人员早已下班回家,一片寂静的办公楼里只有总裁办公室的灯还亮着。董事长刘军点了一根烟,一边抽着,一边看着手边的资料,回忆着今天会议的内容。燃烧着的香烟并没有安抚刘军的心,会议上每个人的发言还萦绕在耳边,他们的想法和顾虑都有其道理。在当前市场形势良好的条件下,公司到底是应该继续使用传统的现产现销的方式组织生产,还是要借由市价上升的趋势,利用市场融资囤积原料,等到产品价格上涨到一定高度的时候再组织生产。想到要在短短几天时间之内做出未来一段时间内有关企业发展的决定,刘军突然焦急起来。

1. 吾家公司已长成

湖南轩华锌业有限公司成立于2006年11月13日,注册资金1亿元,由自然人刘军全额出资成立,位于湖南省省级工业集中区——湘西自治州保靖县钟灵山工业园内,是一家集有色金属冶炼、化工为一体的综合性民营独资企业。轩华公司一期年产4万t/年电解锌及配套6万t/年硫酸的生产线于2007年10月建成投产,主要产品为电解锌及硫酸,一期占地面积7.5680公顷,拥有员工483人。轩华公司始终把质量视为企业的生命,把质量管理放在各项管理工作的首位,狠抓技术创新,坚持"质量第一、用户第一、以质量求生存"的方针。确保不合格原材料不投放,不合格半成品不转存,不合格成品不出厂。严格的过程管理,使企业上下形成质量就是生命、质量就是市场、质量就是饭碗的观念,树立了"质量是企业生命,质量铸就品牌,品牌产出效率"的理念,人人重质量、人人管质量,使质量管理工作落到实处,所生产的锌锭产品质量稳定可靠,品质优良,各项指标均达到或优于国家标准,处于全国同行业领先水平。产品质量有了保证,在用户中、在市场上也就树立起良好的品牌形象。公司生产的"轩华"牌锌锭在州质量技术监督部门抽查中合格率达100%,为打造品牌奠定了坚实的基础。为了响应省、州人民政府关于湖南省有色金属产业整顿整合的精神，轩华公司于2012年1月8日与湖南三立集团股份有限公司进行了资产重组，成为湖南三立集团股份有限公司的全资子公司。

为了把企业做大做强，公司依托自身技术优势和资源优势，报经省发改委核准，于2013年实施了10万t/年电解锌及配套18万t/年焙烧锌精尾矿气制酸技术改造项目，项目总投资3.5亿元。建设内容为：对一期4万t/年电解锌及配套6万t/年焙烧锌精矿尾气制酸生产线进行技术改造，建设二期6万t/年电解锌及配套12万t/年焙烧锌精矿尾气制酸生产线，本项目采用标准的黄钾矾发流程并增加渣处理过程，对废渣进行综合利用。现在，项目已经建成，并于2016年8月10日投入试生产。投产后，年新增销售收入9.48亿元，新增税金3000万元，新增就业岗位300个，具有较好的经济效益和社会效益。

就锌锭这一条生产线来说，轩华公司从成立之初起，就是运用传统的生产加工方式来进行生产与销售，即从原料供应商处购买原材料，加工生产成锌锭，最后将锌锭成品销售出去，赚取中间的加工费用。由于没有产品定价权，获利的多少基本取决于金属锌的市场定价。例如，以一周为一个生产周期来计算，锌锭产品的卖价是一周五个工作日上海有色金属网所发布的市场价格的平均价，所得收入由加工商和原料供应商按比例分成。按照行业惯例，如果金属锌市场价格是15000元/t，轩华公司收取5200元加工费，剩下的9800元为原料供应商的收入。价格每上涨或下跌1000元，轩华公司和原料供应商就要按照2∶8的比例来分享利润或承担损失。一直以来，公司都以该种生产方式取得了不错的收益。2008年实现销售收入3.2亿元，上缴税金2604元；2009年实现销售收入4亿元，上缴税金1673万元；2010年因花垣县铅锌矿山整顿整合，受原料影响，公司只生产了9个月，实现销售收入3.82亿元，上缴税金1439万元；2011年因原料供应不足，公司只生产了95天，实现销售收入1.72亿元，上缴税金704.7万元。在有色金属市场不景气的大环境下，"轩华"牌锌锭以其优良的品质获得广大用户的信赖，产销率达100%。

2. 逆境前行用力撑

锌作为重要的工业原材料，主要应用在房地产及建筑业、汽车产业、交通运输和基础设施建设等领域。锌消费量的增长与经济周期有较大关系，当经济处于扩张阶段时，房地产、建筑业以及汽车产业等的发展会带动锌消费的增长。而当经济处于衰退阶段时，锌的消费需求会减少。自2011年以来，金属锌的市场价格持续走低，虽然2014年有所回升，但从2015年年中开始，价格急剧下滑，我国锌行业也随之进入了寒冬。

2015年国内外锌价均大幅下挫，其中伦敦金属交易所（LME）三月期锌年初时曾出现反弹，在5月5日达到年内最高点2398美元/t，之后受美联储加息不断增强、美元指数上涨以及中国经济放缓、人民币贬值等影响，LME三月期锌呈断崖式下跌，下半年屡创新低，12月中旬创下6年以来最低。2015年，LME三月期锌开盘于2177美元/t，年内最高触及2398美元/t，最低至1474美元/t，收盘于1609美元/t，全年均价为1942美元/t，同比下跌10.4%；LME现货锌月均价为1931美元/t，同比下跌10.8%。

运营管理
Operations Management

在我国国内,锌冶炼厂开工率大幅提升,冶炼锌产量增幅较大。而由于精锌运用行业对于精锌需求量的相对平稳甚至是有所下降,使得市场上的精锌供大于求,导致锌价格不断下降。上海有色金属交易所的价格显示,锌期货走势与外盘相似,但跌幅弱于外盘,年初开盘于 16710 元/t,年内最高触及 17470 元/t,最低曾至 11815 元/t,收盘于 13415 元/t,年均价为 15160 元/t,同比下跌 4.4%。国内现货年均价为 15232 元/t,同比下跌 4.2%。

3. 柳暗花明现转机

经历了 2015 年锌价的持续低迷,今年开年以来,受到两个因素的影响,金属锌价格呈现持续增长趋势。

就供给方面而言,无论是国内还是国外,金属锌的供应量都在不断萎缩,其中最主要的原因是原料供应的不断减少。2015 年,澳洲最大的 Century 矿、爱尔兰 Lisheen 矿、加拿大 Duck pond 矿、波兰 Bukowno-Olkusz 矿,已经闭坑,波兰 Pomorzany 矿山也将于 2016 年闭坑。虽然对当年的锌精矿的供给影响不大,但到了今年,一旦库存锌精矿由于生产加工逐渐减少直至消耗殆尽,几个大型矿山的关闭将直接导致今年全世界范围内锌原料的供应不足。并且到了 2016 年,全球将进入锌精矿减产的高峰期,预计 2016 年锌矿山资源枯竭、闭坑永久关闭将引发锌精矿 53.2 万 t 的减产,而因 2015 年锌价低迷、矿山关停将导致 2016 年锌精矿产量减少 64 万 t。若暂时停产,产能不复产,2016 年全球锌精矿产量将减少 117 万 t 左右。而在我国国内,中国锌精矿的产出重点在中小矿山,但是我国小矿山数量庞大和开工率的不确定性使得我国锌精矿产量的伸缩性特别强,初步估计产量约占全国产量的 30%~40%,可以说中小矿山产量的变化是中国锌精矿产量的决定性因素。但国家近年来出台了一系列的环保政策,在矿山环保和安全方面加强了监管,一方面使得由于环保和安全要求不达标的小型矿山被迫大面积关闭;另一反面,也使得人工成本、税费成本、环保成本增加,导致开采利润降低,打击了部分矿山复产的热情。例如,出于安全和环保方面的考虑,湖南省政府命令在明年 6 月之前,将当地的锌矿数量削减至 26 家。而由于环保和安全政策的加强,新建矿山的准入要求有所提高,投入使用的预期时间拉长,这就使得在短时间内,没有新矿山的锌精矿产量可以用来弥补由于大面积关闭中小型矿山所导致的锌精矿产量的减少,在关闭矿山与新建矿山之间造成了巨大的原材料供应的短缺。又由于美元的升值、人民币的贬值,再加上国外市场锌精矿供应量的减少,进口锌精矿的成本进一步增加,因此很多国内企业不愿再进口锌精矿进行加工,加剧了国内市场原料的供应不足。不仅是原材料出现了短缺,自 2015 年实行供给侧改革以来,中国金属行业去产能加速,锌产业生产增速放缓,产能不但没有增长反而有所下降,这又进一步减少了市场上金属锌的供应。

在市场供给不断减少的同时,市场的需求量却有所增加。锌终端消费领域主要与基建相关。全球锌下游终端消费集中在建筑与交通领域,其合计占总消费的 70%,其余的锌需求则分布在工业机械、电子等方面。我国锌下游的终端消费结构与全球锌的消费结构相似,在我国建筑与交通行业的锌终端消费约占锌总消费的 71%。镀锌是驱动锌需求的最强动力,主要应用于建筑行业、汽车工业和家电行业。近年来受益于汽车、家电、高速公路等行业对镀锌板需求的上升，镀锌行业的投资建设迅猛发展。国内锌下游消费领域受到了宏观经济政策的影响，在流动性的支撑下，各初级消费领域及终端消费领域均有所回暖，如汽车、家电行业产销增速开始回升。而财政政策作为我国稳增长的脊柱，在今年以来频频发力，使我国基建投资大幅增长，主要应用于交通、建筑领域，也为锌的需求带来了极大的拉动。2016年房地产、汽车等板块表现良好，1~3月份，全国房地产开发投资17677亿元，同比名义增长6.2%，增速比1~2月份提高了3.2个百分点。其中，住宅投资11670亿元，增长4.6%，提高了2.8个百分点；1~3月，我国汽车产销659.05万辆和652.67万辆，同比增长6.18%和5.98%，增幅分别比上年同期提高了0.92个百分点和2.08个百分点。这些行业的发展带动消费端如压铸锌合金、镀锌、氧化锌等增长。数据显示，2016年1~7月中国锌需求量平均增长5.56%，而去年同期平均萎缩0.23%。

精锌产量受限叠加下游消费良好，导致锌库存下降和供应存在缺口，这些因素都推动着金属锌的市场价格持续走高。

4. 花开堪折直须折

由于市场的利好原因，轩华公司今年上半年的业绩明显比去年同期有很大的提升，如果不是出现了机械故障的意外情况，企业也不会考虑是否要变换生产方式。

今年10月初，由于机械故障，工厂停工五天抢修机器。本应在机器抢修好之后立即投入生产，但此时经营部经理拿来了市场调查与预测报告，向刘军提出了另一种生产方式。由于牵涉面甚广，刘军不能做出最终的决定，因此召集了相关部门的主要管理人员进行讨论。

董事长刘军："今天召集大家参加这个会议，主要是因为经营部经理提出了一个新的生产方案。趁着机器抢修的这段时间，讨论一下这个方案的可行性。如果大家同意，在机器抢修好之后，就按新的方案组织生产。下面有请经营部经理为大家介绍一下新的方案。"

经营部经理李铭："大家好！很感谢大家百忙之中抽出时间来参加这个会议。是这样的，我相信大家对于今年的市场形势与价格都很了解。从年初到上个月为止，金属锌的价格持续走高，从1月的13233.75元/t，到9月的18197.5元/t。而受到国家政策与国外市场的双重影响，金属锌市场供应不足的现象将很可能持续，市场需求在短时间内出现下降的可能性也极小，供不应求的市场形势将继续保持。既然市场形势良好，锌价在未来一段时间内很可能继续保持上涨趋势，我觉得可以在机器设备抢修之后，大量购进原材料，并停产20天到一个月，等到金属锌价格进一步上涨之后再组织生产，这将会给我们公司带来超额利润。"

总经理石春生首先提出反对意见："作为传统企业，首先要考虑的是长久稳定的发展，市场价格存在太多的不可控变动因素，即便今年上半年价格一直呈上升趋势，但谁也不能保证今后价格会一直上涨。一旦市场价格下跌，这种激进冒险的做法将会给我们公司带来不可估量的损失。通过去年的数据可以看出，在2015年市场价格急剧下降、经济环境不景气的情况下，通过传统生产方式仍能保证企业有181万元的利润，这就证明这种生产方式不但可以抗风险，也可以保证利润。既然在能够保利润甚至有可能受市价上升影响而提高利润的情况下，为什么我们还要冒那么大的风险呢？所以我认为我们应该在机器设备抢修完工之后尽早

运营管理
Operations Management

开工。"

生产部经理林云赞成总经理的看法："我也觉得这种做法太过于冒险了，因为我们不能只看到囤货所带来的利润增长，同样也应该重视其所带来的成本的增加。且不说现阶段公司没有充足的流动资金，囤积原材料需要进行融资，这将增加一笔数目不小的融资成本，而且一旦停工，机器内的腐蚀性物质会对它进行侵蚀，其损耗是运行时的好几倍，对于机器的维护费用也将成倍增加。不仅如此，还将带来上下游企业转投其他企业的隐患。而且要如何保证停工之后工人能按时复工，此外停工时厂内其他维护费用也是一笔不小的支出。这些看得见看不见的损耗、代价与成本加总起来，是否是今后利润增长所能弥补的呢？"

董事长刘军表达了自己的想法："想要采取这种比较激进的方式并不是觉得以前的生产方式有什么问题，而是觉得在不同的市场环境之下，应该采取灵活多变的方式来组织生产，为公司带来更多的利润。现在市场的利好形势客观存在并且很有可能持续，而且又有一个机械维修的契机出现，我觉得换一种方式来组织生产也无不可。囤积材料是需要进行融资，也会增加企业的财务成本，但是从账面计算，囤货所带来的利润增长是能够弥补增加的财务成本的。假定停产一个月，产量是 6000t，那么就需要 6600 金属 t 的锌精矿原材料。按照现在的市场价格 18200 元/t 计算，原材料价格为 12360 元/t，那么一共需要 8157.6 万元的资金来购买原材料。公司现有 2500 万元流动资金，需要面向下游企业或者社会融资 6000 万元，年利率为 18%，则一个月的财务成本增加 90 万元。但按照目前的市场形势，从 1 月~9 月平均每月价格增长幅度是 800 元计算，预计一个月后金属锌的市场价格将会上涨 500~1000 元。按价格上涨 500 元计算，经过一个月原材料的囤积，就能带来 300 万元的纯利润增长，这远远高于一个月增加的 90 万元的融资成本。而且，囤积的材料也并不是全部生产成成品之后再一次性卖出，我们两天就能生产出成品，可以将生产好的金属锌及时卖出，这样就可以加快资金和产品的流转，降低风险。至于停工期间的机器维护费用，增加的额外利润足以弥补，工人的稳定性也可以用发放补助的方式维持，上游企业可以用一次性购买大量原材料的方式来安抚，下游企业也可以通过适当的让利来维稳。而且在金属锌供不应求的市场形势下，生产出来的成品想要销售出去也应该不难。所以综合来考虑，这个方案还是很有可行性的。"

经营部经理李铭补充道："对于我们这种传统的加工企业来说，想要提高利润是很难的，如果不利用市场产品价格的上涨，就只能从企业内部降低成本入手。但是三年前才进行技术改进，想在短时间内依靠技术进步来增加利润几乎是不可能的。而从管理入手，以降低管理和运营成本的方式来提高收入，效果也是微乎其微的。所以就现阶段企业发展状况来看，想要提高收益，只有借助市场。而现在，市场为我们提供了一个如此好的机遇，我们也有实力抓住，如果这次错过了，下一次相同的机会不知道什么时候才会出现。"

总经理还是有他的顾虑："这个方案是一环扣一环的，一旦其中一个环节达不到理想的预期，那么最后所呈现的结果就会与设想中的出现巨大偏差。而这一个一个的环节基本都不由我们控制，这样一个我们自己掌控力不足的方案，实施起来实在是冒险。而且企业现阶段还有债务没有还清，如果再加上一笔贷款，企业的财务压力可能会超过我们所能承受的范围，这样对企业长远的发展是极为不利的。而且前几年也有同行业的其他企业使用过这种方式，结果最后获得额外利润的少之又少，大多数的都是以破产告终。那么多的前车之鉴，我们还要重复他们的悲剧吗？"

由于大家各执己见，都坚持自己的方案是正确的，因此会议结束时，也没能统一出一个最终方案，董事长刘军让大家回去再好好考虑一下这个方案，两天之后再召开一次会议，做最终的决定。

5. 世间安得双全法

又一根香烟燃尽，刘军看着烟灰缸里的烟蒂，突然迷茫起来，两天后的会议上，自己是该坚定地支持新的生产方案，还是就像总经理和生产部经理所顾虑的那样，放弃新的方案，走最传统的生产路线。如果放弃，那么这样好的市场形势下次再出现就不知道是什么时候了，自己如果抓不住，对公司来说会不会是一种的损失呢？如果坚持，自己对市场的预测又是否正确，最终是否能为企业带来超额利润呢？到底怎样做才是对公司最好的呢？刘军陷入了两难的境地。

【案例讨论】

1. 轩华公司在锌产业供应链中处于什么位置？
2. 分析金属锌价格的增长，对于轩华公司的上游企业，以及下游企业分别将产生怎样的影响？
3. 结合供应链系统的特性，分析轩华公司两种决策的利弊。

本 章 小 结

供应链管理是指企业为了实现快速响应客户需求的目标，与供应商、制造商、商分销商等之间建立联盟，彼此之间进行有效的信息共享和交流；内部各项工作之间有效集成与运作，保证企业资金流、物流、信息流的通畅流动，最终能够从整体上提高企业的效率。

牛鞭效应是指需求信息以订单形式进行传递时，订单数据扭曲真实的市场动态信息，即订单变化大于销售变化，并且越往上游，这种扭曲程度会越大的现象。牛鞭效应会造成批发商、零售商的订单和生产商产量峰值远远高于实际客户需求量，进而造成产品积压，资金占用，使得整个供应链运作效率低下。产生原因在于需求预测不当、订货提前期、较长、批量订货、供应不足、供应链链条过长等。弱化对策有：信息共享、减少需求的可变性、缩短订货的提前期、建立战略合作伙伴关系。

供应商关系管理是用来改善企业与供应链上游的供应商关系的一种管理思想，它致力于实现与供应商建立和维持长久、紧密的伙伴关系。供应商关系的发展可以分为三种：交易性竞争关系、合作性适应关系和战略性伙伴关系。供应商关系管理的基本过程包括三个阶段：计划、控制和改进。企业开展供应商关系管理需要采取以下四个措施：供应商资质业绩核实、供应商绩效评价、供应商不良行为处理、构建统一电子商务平台。

运营管理
Operations Management

供应链战略是指企业为了实现快速响应客户需求的目标,对原材料的获取和运输、产品的制造或服务的提供,以及产品配送和售后服务的方式与特点的确定。供应链战略需要与企业战略匹配,从而获得竞争优势。

思考题

1. 在全球化的环境下,企业应该如何进行供应链管理?
2. 什么是牛鞭效应?牛鞭效应的成因和危害是什么?
3. 结合实际,阐述企业应该如何弱化牛鞭效应。
4. 供应链关系管理的主要内容有哪些?应该如何开展供应链关系管理?
5. 供应链战略和企业竞争战略的关系是什么?为什么要进行战略匹配?

自测题
第8章 供应链管理

第 9 章
运营管理的发展

学习目的与要求

通过本章的学习,了解互联网+运营管理产生的背景;理解互联网思维的概念;掌握互联网+运营管理的内容。了解服务运营管理的背景;理解服务运营管理的特征;掌握服务运营管理的内容。了解行为运营管理产生的背景;理解行为运营管理的内容。

运营管理
Operations Management

9.1.1 什么是互联网思维　　9.1.2 产品定制化　　9.1.3 组织平台化　　9.1.4 应用大数据

9.1 互联网+运营管理

随着移动互联网的兴起，越来越多的实体、个人、设备被连接在了一起，互联网不再仅仅是虚拟经济，已成为主体经济社会不可分割的一部分。它改变了交易场所，拓展了交易时间，丰富了交易品类，加快了交易速度，减少了中间环节。在全球新一轮科技革命和产业变革中，互联网与各领域的融合发展具有广阔前景和无限潜力，已成为不可阻挡的时代潮流，也将对企业的经营环境产生全面而深刻的影响。

9.1.1 互联网+运营管理产生的背景

互联网技术的变革带来了新的商业生态。共享经济这种新经济形态、新发展模式已经渗透到各个行业领域中，每个人既是生产者也是消费者，企业与消费者之间交易的链条缩短，中介成为冗余，企业之间的交易成本也在降低。这促使企业从追求内在一体化向开放合作制造转型。互联网在向金融、电信、零售甚至教育和房地产等行业渗透的同时，给这些行业带来了新的发展活力，并成为它们变革的技术推动力。交通运输、教育、能源等一系列产业都将因共享经济而变得更加高效、环保和节能。

互联网的发展催生了大数据。数据驱动的营销，利用海量的消费者外在行为数据，借助人工智能和数据挖掘等方法，从消费者外在的行为特征来解读消费者的认知模式。例如京东针对不同的消费者群体和需求群体，打造出"智能卖场"产品，推荐个性化的选品和排序。伴随着社会化媒体的日益普及与应用，粉丝营销成为互联网时代的主要营销方式之一。互联网打破了不对称的信息格局，人人都可以是中心，可以是发布者、评论者，"去中心化"成为新趋势。消费者在商业中的话语权越来越大，而且这种话语权正在从名人向民众扩展。消费者可以集体发声，并且消费者对企业产品和服务营销的参与程度越来越高，越来越多的企业都想打造自己产品的忠诚粉丝群体。这就需要企业经营自己的社区论坛、微信和微博，充分尊重消费者的感受。此外，企业还要善于应用免费策略进行营销（主要是指以消费者提供免费产品或资源的形式来获得用户或流量）。

互联网的出现，实现了个体生产活动与外部供应商、渠道和消费者之间跨地域的协调与整合。例如特斯拉打破了汽车业的惯例，直接向消费者销售汽车，而不是通过传统的分销网络进行销售。这简化了企业的定价战略，消费者直接按官方价格购买，不再需要跟经销商讨价还价，提高了消费者满意度。互联网时代下消费者的消费模式发生颠覆：在传统的产品经济中，企业生产产品，传递给经销商、分销商，再到消费者，消费者只是被动的接受者；而现在，消费者有了更多选择的权利，更加强调主动参与感和对个性化需求的满足。

互联网技术的广泛应用，改变了企业竞争的时空观。从时间上来讲，企业可以实现动态响应消费者的即时需求，可及时为消费者提供产品或服务；从空间上来讲，虚拟企业将彻底打破地理上的限制，真正实现企业生产与管理的"天涯若比邻"。互联网对传统企业的影响正逐步地从传播、渠道层面过渡到组织结构、供应链和商业模式创新上。互联网的迅速发展对传统企业的运营提出了新的要求，传统企业需要根据互联网时代的变化做出相应的变革，才不会被时代所淘汰。互联网改变的是人与人、人与组织、组织与组织之间的关系。这必然要求企业进行一场结构性大革命，即用互联网思维重构企业的运营模式。

9.1.2 互联网思维

如何正确地认识互联网思维？目前，业界对互联网思维尚未形成统一的认识，但已形成了一个较为客观和理性的评价，即互联网思维是一种对消费者、市场、产品、价值链以及整个商业模式和生态重新解构的思维方式。从专业性来说，它不是一种单纯的技术和营销思维，也不是电商思维，而是贯穿于产品从生产到销售的一整套系统性的思维方式，并且存在于产品生产的每一个环节，起着支配性的作用。

互联网思维是以消费者为中心的思维模式，作为一种前沿的社会经济模式，它与传统的工业思维存在很多差异。

以互联网思维为主导的企业，不以直接的、眼前的利润为目的，更加关注消费者的数量和品质。很多互联网企业在发展过程中，始终最大限度地关注和服务消费者，虽然短期内会面临赢利不足的问题，但是，一旦抓住消费者，便可以打造关联产品黏住消费者，从消费者身上挖掘商机，赢利问题便迎刃而解。而传统工业思维的企业，疏忽了消费者存在的价值，没有长远的市场发展眼光，因此限制了其多元化的发展。

互联网思维是一种更加开放、平等、协作的思维模式。在这种模式之下，企业之间遵循开放的原则，寻求合作和交流，科学、合理地利用社会资源，共同发展。互联网思维迎合了现代社会的发展潮流，具有强劲的发展潜力。而传统的工业思维具有自我封闭的特征，垄断思维盛行。

互联网思维的迭代性讲究产品的升级换代。很多互联网企业，通过产品升级换代使得产品功能得以加强，延长了传统产品的生命周期，为企业沉淀消费者奠定了坚实的基础。而传统企业的发展模式，通常是用一个新产品直接代替旧产品，这样的产品迭代模式尽管达到了升级的目的，却损失了大批忠实的消费者。

互联网的开放和平等能够让消费者参与到从研发至销售每一个环节中。对企业来讲，消费者的参与不但可以提供产品的建议和创新点，还可以更好地拉拢消费者。而在传统企业中，消费者只是一个单纯的产品使用者，没有参与到产品研发中去，企业也没有这种消费者思维。

互联网企业由于开放、共享和协作的原则，常常是扁平化的企业结构，小而精。而传统企业则是组织鲜明的等级制度，大而杂。在小米科技创始人雷军的眼中，互联网提供的绝不是一种简单的技术，而是一种相当深厚而复杂的方法论，可以指导企业在激烈的商业竞争中保持互联网的发展特点。在雷军的认识中，互联网思维具有非常精妙的"七字诀"：专注、

运营管理
Operations Management

极致、口碑、快。专注，是指企业充分发挥自身优势，明确发展定位；极致，是指企业要将产品做到生产能力的极限，做到普通产品达不到的程度；口碑，是指企业要充分以消费者为主，打造更加完美的产品和服务，争取到更多消费者的关注；快，是指企业要加快产品的更新换代速度，不断提升产品的消费者体验。在这样的基础上，可以建立粉丝营销网络，实现更加高效和精准的粉丝营销。

9.1.3 互联网+运营管理的内容

互联网思维下组织的运营管理创新是一种系统性的模式创新，它将互联网思维蕴含的世界观贯穿于企业实践中，并通过互联网思维下的方法论实现企业多个价值环节的协同创新，进而达到模式创新。互联网思维对企业的运营管理创新的影响主要包含如下几个方面：

1. 产品定制化

一般情况下，企业以大规模生产模式进行生产，企业生产中的成本将随着产品的多样化而呈指数上升。企业面临着要解决生产中的"大规模"和消费者"直接定制"带来的产品多样化以及如何降低产品多样化带来的成本问题。而互联网的发展使经济组织结构趋向扁平化，"产销见面"使中间层次失去了存在的必要性，为企业面向消费者的直接定制模式的产生创造了条件。与此同时，消费经济已从短缺步入过剩时代，价格战与补贴或免费不断上演。在过剩或过度消费时代，那种生产标准化产品的时代即将终结，在满足了基本的需求之后，人类的需求将逐渐向个性化方向发展，而定制化则是个性化的实现手段。定制化本身需要消费者参与，以消费者体验为中心，为消费者提供符合价值需求的产品，从以企业为中心的标准化生产时代到以消费者为中心的产业互联网时代，互联网逐渐向尊重人性的方向发展。

越来越多的企业运用大规模直接定制战略来满足消费者的需求。"量产"和"定制"原本水火不容，但经过十余年的探索，红领集团却在业内率先实现了"大规模定制"。一条流水线上通常生产不出两件不同的产品，但在红领，一条流水线上却生产不出两件完全相同的衣服。红领集团开创了C2M平台，通过建立数据驱动的智能工厂，用工业化的效率和成本来制造个性化产品。针对消费者在终端提出个性化的服装需求，跨过传统中间渠道，直接对接工厂（即M）。其优势主要表现：传统的西服定制一般在10000元左右。但在红领，一般消费者只需花费3000元左右。传统服装业都存在高库存问题，大部分资金会压在库存上。而红领流水线上的每一件衣服都已经销售出去了。"先付款，再生产"解决了现金流的问题。同时，C2M模式的好处是直接对接消费者和工厂，避免了传统渠道的层层加价。用工业化的效率和手段来生产定制化服装，其成本虽比传统模式高出10%，但个性化定制让消费者体验到"造物"的乐趣，使得人人都可以成为设计师，其黏性极高。

2. 组织平台化

互联网时代，组织结构需要进行平台化转型，这种转型包括两个方面：组织内部平台化转型和组织外部平台化转型。组织内部平台化转型的主要目标是把组织打造成一个促使员工自由全面发展的平台。近年来，海尔集团将战略推进主题定为"企业平台化、员工创客化、用户个性化"。其中,"员工创客化"旨在创造出大批以用户为核心、自驱动的创业者。海尔通过内外两个平台建设,将创客与小微创业资源及大量用户资源有效地汇聚在企业的资源生态圈中,使得员工在实现创新价值的同时,满足用户的需求。海尔开放的平台汇聚了大量的创客,2014 年海尔注册用户量已经达到 3685 万。通过人单合一双赢模式的管理创新,海尔从一个传统的管控型组织变为一个开放性的投资平台。让平台内的员工成为自主创新的主动者,在为用户创造价值的同时实现自身的价值。

组织外部平台化是指大型组织通过打造互利共赢的生态圈,形成产业链的竞争优势,甚至进行跨界竞争。中国互联网企业三巨头 BAT(百度、阿里巴巴、腾讯)都在进行组织的大规模跨界整合。互联网从营销端渗透到生产端,企业价值链的研发、设计、采购、生产、营销等各环节都要放到网络化平台上去匹配供需,最大化地打破信息不对称,提高效率,满足用户体验。这意味着原来的线性产业价值链会逐渐演化成网状产业生态圈,进化为一个以消费者为中心、实时互联高效协同的产业生态网络。在工业 4.0 驱动的新型协同制造模式下,制造企业将不再自上而下地集中控制生产,也不再从事单独的设计与研发、单独的生产与制造或是单独的营销与服务,而是从消费者需求开始,到接受产品订单、寻求合作生产、采购原材料或零部件、共同进行产品设计、生产组装,整个环节都通过互联网连接起来并进行实时通信,从而确保最终产品满足大规模消费者的个性化定制需求。

在新技术应用层出不穷、产业环境日趋动荡、消费者对一体化解决方案的期望越来越高的背景下,产业边界逐渐模糊,跨界合作与价值共创成为潮流,商业生态圈炙手可热。人们越来越意识到,仅仅优化产业结构和培养巩固核心竞争力已经不够了。想在新的商业环境下乘风破浪,还要善于连接外部资源,优化企业所在的商业生态圈。在生态视角下,企业则应不断地增加生态圈内伙伴的异质性、嵌入性和互惠性。异质性对应了"共生",使生态的功能更加丰富多元;嵌入性对应了"互生",使生态伙伴之间彼此依赖、相互扶持;互惠性则对应了"再生",是整个生态在个体与集体、当前与未来利益之间的平衡和放大。

3. 应用大数据

对于什么是大数据,目前业界并没有公认的说法。以国际数据中心 IDC 为代表的业界认为大数据具备"4V"特点,即容量(Volume)、多样性(Variety)、速度(Velocity)和价值(Value)。

随着互联网和射频识别技术的快速发展,目前很多行业已经具备了很强的数据收集能力。大数据正以各种方式和路径影响着企业的商业生态,它已经成为企业商业模式创新的基本时代背景。大数据所引发的变革是全方位的、多层次的:大数据代表着一种新的生活方式,它改变了消费者的需求内容、需求结构和需求方式;大数据提供了一种新资源和新能力,为企业发现价值、创造价值、解决问题提供了新的基础和路径;大数据是一种新技术,为整个社会的运行提供基础条件;大数据是一种思维方式,引发企业对资源、价值、结构、关系、边界等传统观念的重构。总之,大数据正在改变企业赖以存在的资源环境、技术环境和需求环境,企业需要对"为谁创造价值、创造什么价值、如何创造价值、如何实现价值"问题(即商业模式）进行重新思考。

首先，大数据有助于企业提供精准的价值主张。例如在医疗行业，基于包括个人遗传基因及分子组成的大数据的个性化医疗已经成为这一行业商业模式变革的大趋势。

其次，大数据驱动了企业的关键业务和流程的创新。例如京东将一个在商城的消费者抽象成为一个网站的潜在客户，针对他建立以家庭为单位的画像，同时，京东还以社区（区域）为单位，建立相应的画像。从个体到家庭，再到区域建立的这些画像为京东制定采购、库存和定价决策提供了基础。

再次，企业可以基于"大数据"进行收益模式创新。例如，著名的建筑设备制造销售商喜利得成为设备出租服务合同管理商；国内的北森测评技术有限公司通过在线销售创新软件收费方案，由原来以企业为单位的固定收费转变为按照使用次数收费等。

最后，大数据为企业的外部关系网络和价值网络重构创造了条件。大数据技术大大降低了企业获取和利用其他外部资源的成本和风险，为企业实施众包和实时服务等价值创造和价值传递模式提供了技术路径。

9.2 服务运营管理

9.2.1 什么是服务运营管理
9.2.2 服务运营管理的特征与内容

服务运营管理是指对服务内容、服务提供系统以及服务运作过程的设计、计划、组织与控制活动。在制造业中，与服务运营管理相对应的概念是生产管理，即对各种物质形态的有形产品进行开发设计、对生产加工过程和生产系统进行计划、组织与控制。

9.2.1 服务运营管理产生的背景

服务业正以快速发展的态势，在经济规模上逐步超越制造业，成为一国经济发展的主导力量之一。来自多方面的资料表明，从全球范围看，世界经济的结构正在逐渐由工业经济向服务经济主导的经济形态转型。而更为明显的一个特征是，服务正在向经济结构中的其他部门渗透，呈现出融合的趋势。即便是在传统制造业领域中，服务的比重也在不断扩大。一般认为，经济形态经历了从农业经济到工业经济，再到服务经济的演化阶段。而在实际中，服务的出现，早在农业经济时代就已经开始了。随着经济的发展与经济形态的转变，服务业的作用越来越明显，在一些经济发达的国家，服务业已经超越了制造业，成为国民经济的主导力量，并承担越来越重要的角色。全球服务经济兴起的原因包括：

1. 当代科学技术的飞速发展

以信息和网络技术为代表的一系列高新技术在服务领域的广泛使用，使服务业越来越呈现出智力和信息密集的趋势。一方面，由于信息技术的强渗透性，传统服务业的智能化程度不断提高，如餐饮、旅游、娱乐等传统服务业因采用了先进的技术手段，被赋予了新的内涵；另一方面，得益于技术手段的进步，金融、保险、创意、设计、咨询、会计、法律等生产性服务业，如网上购物、电子银行支付等，其服务的范围和空间扩大。更为重要的是，当代的科技革命正不断地催生出全新的服务行业，如智能终端、智能标签、智能化数字家电、智能家居。近年来，我国移动互联网催生了一批新的商业模式和商业业态，网络购物发展十分迅速，滴滴打车、共享单车、餐饮外卖、房屋共享等正在改变人们的生活方式。

2. "互联网+"推动制造业服务化加速发展

制造业服务化是世界制造业重要的发展趋势。制造业服务化实现了制造业在产业形态、发展模式上的根本性变革，使得企业在服务中找到了更广阔的发展空间。信息技术的发展加快了制造业服务化的进程。以"互联网+"为核心的信息技术具有高渗透性、带动性、倍增性、网络性和系统性的特点，能够推动制造业和服务业之间的融合发展。"互联网+"技术的应用，从根本上改变了服务产品无形性、不可存储性、生产和消费同时性等传统属性，使得服务变得有形化、可存储、可贸易，极大地促进了制造业与服务业的关联性和协同性，成为制造企业增强核心竞争力的重要手段。信息技术的快速发展从根本上推动了制造业服务化的进程。例如作为汽车制造商的吉利汽车于2015年11月推出自己的出行品牌"曹操专车"，其中大批量使用了其新能源车型帝豪EV。从汽车制造商向交通运输服务商、信息内容提供商转型，吉利汽车发展的战略方向已经非常明确。与滴滴等横向铺开的业务模式不同，吉利作为汽车公司，在专车业务上采取垂直生态战略，从中高端移动出行细分市场切入，纵向整合公务商旅人士出行前、出行过程并延伸至出行目的地的各种需求，其服务要求体现了多元化、高品质、个性化的特点。据了解，经过一年半的发展，"曹操专车"覆盖了杭州和青岛等多个城市，仅投入的新能源专车数量就有近万辆。此外，"曹操专车"还在杭州和天津等城市推出网约车服务。

3. 城市总部经济的发展

服务业的飞速发展和不断出现的服务创新，也是人类城市化带来的聚集效应的产物。城市中的商业服务、房地产、租赁、金融服务等是城市居民工作、生活的一部分，它是以服务居民生活而存在的；而信息传输、计算机服务、软件以及教育、医疗等服务的发展，是城市规模效应的表现。目前，一些国际性大都市和区域性大城市，由于拥有良好的资源和区位优势、雄厚的产业基础、便捷的交通及通信等硬件条件与完备的信息渠道、良好的法律环境等软件条件，这些城市成为跨国公司和一些大型服务型企业的总部所在地，形成了以高端服务聚集为主的"总部经济"。

4. 多元主体的多层级需求

服务以满足需求为目的。马斯洛的需求层次理论是从个人需求出发的，从社会需求角度来说，还应看到作为社会组织存在的经营性组织和公共服务机构的需求。事实上，它们的需求同个人的需求一样，也是有层次的。Nakamura和Kameoka按照马斯洛的需求层次论，把需求主体进一步扩展到作为社会产品和服务提供者的经营性组织及公共服务机构，对这些社会组织的需求进行了进一步的层级细分，如表9-1所示。

表 9-1 社会多元主体的需求层次模式

层级	个人（马斯洛理论）	经营性组织	公共服务机构
最终目标	需求满足	目标实现	功能执行
层级 5	自我实现	创造特有的核心竞争力	独到性
层级 4	社会尊重	成长与发展	演进学习
层级 3	爱与归属	宽容	便利
层级 2	安全和健康	稳定	维护
层级 1	生存	生存	持续

从最终目标来看，个人的最终目标是需求的满足，经营性组织的最终目标是组织自身目标的实现，公共服务机构的目标则是功能的有效执行。对应不同的层级，每一主体都体现出了需求满足由低到高不断递进的特点。比如，经济合作与发展组织的研究报告把知识密集型服务活动分为网络服务、遵法服务、常规服务（有助于改进组织内部各子系统的维护与管理的服务，如会计）以及更新服务（与创新直接相关，如研发与战略管理咨询）等，它们同样适用于需求层级模式。随着个体的不断发展，产品内分工日益深化，可以预见，服务业的发展空间和创新机会将是巨大的。

9.2.2 服务运营管理的特征

服务具有无形性、同步性、体验性、异质性和易逝性。与制造业相比，正是这些特点决定了服务业运营过程和管理过程的独特之处。主要差异包括：

（1）制造业是以产品为中心组织运作，而服务业是以人为中心组织服务运营。制造型企业的生产管理，通常是根据市场需求预测或订单制订生产计划，在此基础上采购所需物料、安排所需设备和人员，然后开始生产。在生产过程中，由于设备故障、人员缺勤、产品质量问题等引起的延误，都可以通过预先设定一定量的库存和富余产量来调节。因此，制造型企业的生产管理是以产品为中心展开的，主要控制对象是生产进度、产品质量和生产成本。而在服务业中，运作过程往往是人对人的，需求有很大的不确定性，难以预先制订周密的计划。在服务过程中，即使是预先规范好的服务程序，也仍然会由于服务人员的随机性和消费者的随机性而产生不同的结果。

（2）在制造型企业，产品和生产系统可分别设计；而在服务型企业，服务和服务提供系统需同时设计。对于制造业来说，同一种产品，可采用不同的生产系统来制造。例如采用自动化程度截然不同的两种设备，两者的设计是可以分别进行的。而在服务业中，服务提供系统是服务本身的一个组成部分（即服务的"环境"要素），不同的服务提供系统会形成不同的服务特色，即不同的服务产品，因此这两者的设计是不可分离的。

（3）在制造型企业，可以用库存来调节供需矛盾；而在服务型企业，往往无法用库存来调节供需矛盾。市场需求往往是波动的，而企业的生产能力通常是一定的。制造型企业应对这种需求波动的方法主要是利用库存：预先把产品制造出来，以满足高峰时的需求或无法预期的需求。因此，可以充分利用一定的生产能力。而对于很多服务型企业来说，却无法预先把服务"生产"出来供应给其后的消费者。例如航空公司某航班的空座位无法存起来出售给第二天的旅客，酒店的空余房间也无法放在架子上第二天再卖。因此，对于服务型企业来说，其所拥有的服务能力只能在需求发生的同时加以利用。

（4）制造型企业的生产系统是封闭式的，消费者在生产过程中往往不起作用；而服务型企业的运作系统是非封闭式的，消费者在服务过程中会起一定作用。在有形产品的生产过程中，消费者通常不介入，不会对产品的生产过程产生任何影响。而在服务型企业中，"消费者就在你的工厂中"。由于消费者参与其中，有可能发挥两种作用：积极作用或消极作用。在前者的情况下，企业有可能利用这种积极作用提高服务效率，提高服务设施的利用率；在后者的情况下，又必须采取一定的措施防止这种干扰。因此，服务运营管理的任务之一是尽量使消费者的参与对服务质量的提高、效率的提高等起到正面作用。

（5）在制造型企业中，生产运作、销售和人力资源管理三种职能的划分明显；而在服务型企业中，这样的职能划分是模糊的。对于制造型企业来说，产品生产与产品销售是发生在不同时间段、不同地点的活动。产品通常需要经过一个复杂的流通渠道才能到达消费者手中。因此这两种职能划分明显，分别由不同人员、不同职能部门来担当。进一步，由于制造型企业的生产管理是以产品为中心，加工制造过程和产品质量用严格的技术规范来控制，人的行为因素对生产结果没有太大的影响。而对于服务型企业来说，由于是人对人的运作，人的行为因素，例如人的态度和技能对服务结果很关键，而且由于服务生产与服务销售同时发生，因此很难清楚地区分生产与销售的职能。所以，必须树立三者集成的观念，用一种综合集成的方法来管理。

此外，服务的过程涉及多个决策者、具有可变且灵活的"路线图"，服务的产出和结果往往难以衡量，服务的结果具有不确定性，为改善服务的努力也不易被观测。这些特性均会影响服务运营管理的流程。

9.2.3 服务运营管理的内容

服务运营管理的基本问题与制造业企业运营管理的基本问题是类似的，在提供服务的过程中管理者同样需要面临如何对质量、成本、时间等进行控制的问题。但是，与制造业企业所产出的物质形态的产品相比，服务企业产出的主要是一种非物质形态的"无形"产品。这种产品的特殊性决定了服务业运营管理不能照搬制造业企业运营管理的方法。服务业企业的产出是无形的、不可触的，因而是不可储存和运输的。这决定了服务业企业产品设计、产出评价和质量控制等方法与制造业完全不同。在企业竞争战略的指导下，服务运营管理面临的具体管理问题和方法包括：服务设施规划、服务质量管理、服务收益管理、服务应急管理、服务外包管理，这将构成服务运营管理的方法体系。具体内容如下：

1. 服务设施规划

服务设施规划是指服务设施在较大空间范围内的安排，主要包括服务企业的地址选择以及企业内部各服务单位的空间布置，且服务设施的布置与服务流程有较强的关联。服务企业要获得最大的价值，就要进行最优化的选址，并根据相关服务流程对服务设施进行内部的合理布置，这样，一方面可以降低设施的成本，另一方面可以提高服务的效率和质量，以获得高价的服务回报。

2. 服务质量管理

在本书第6章我们已经学习了服务质量的定义和相关概念。进入服务经济时代，如何提高服务质量越来越受到企业的重视。服务质量的内涵比较复杂，它始于服务传递系统的设计，贯穿于服务提供全过程之中，受诸多因素的影响。现在，提高服务质量已不再仅是微笑服务：服务组织应该从消费者定义的标准出发，准确衡量服务质量，通过设计来提高服务质量；对服务全过程中的质量进行有效的控制；在服务质量出现问题时，应该及时进行补救，这不但可以提高消费者忠诚度，对员工也有激励作用。

3. 服务收益管理

服务收益管理是一种谋求收入最大化的经营管理技术，其目的是在特定的时间，以合适的价格将产品卖给合适的消费者，以获得最大的资金回报。或者说是从产生收益的单位中，谋求收益或产出的最大化。收益产出单位在特定的时间内其数量是一个常数，如航班的座位及宾馆的客房数。收益管理最适合于具有下述特征的服务型企业：①具有相对固定的能力。②具有细分市场的能力。要使收益管理有效，服务型企业必须能区分不同类型的消费者。比如，通过要求持打折机票的乘客必须星期六晚停留一下，航空公司可以辨别出对时间敏感的商务乘客和对价格敏感的乘客。③易逝的存货。收益管理能够应用在很多服务型企业的一个潜在原因是服务能力的易逝性，即服务能力不能够储存起来以备将来使用。④事先售出产品。在使用前，服务型企业采用预订系统售出自己的服务能力。然而，经理们要面对一种不确定性：是接受提前的打折预订呢，还是等待出高价的消费者来购买呢？⑤波动需求。⑥高固定成本与低可变成本。收益管理主要有三类决策，即价格决策、超额预订决策、分配产能决策。

4. 服务应急管理

服务应急管理作为服务研究的新兴领域，与服务质量管理的研究密切相关，但它不仅着眼于服务质量的提高，也不等同于服务补救。它以整个服务系统和与系统交互的外界环境为研究视角，有着更为广阔的概念内涵和外延，研究对象涉及多种服务提供者的服务行为。在这里，服务提供者不仅包括营利性组织，如从事服务业的服务企业以及提供实体产品附加服务的服务型制造业，还包括提供公共服务的政府单位和事业单位等非营利性组织，例如医院等。因此，服务应急的研究范围不局限于服务企业的服务失误，还包括政府单位和事业单位的服务应急管理。

5. 服务外包管理

服务外包是依托现代信息技术发展起来的新兴产业组织模式。服务外包是指企业专注于自身核心业务与核心资源的管理和发展，而将非核心业务分包给具有专业化优势的外部企业，从而实现并保持自身的核心竞争力。服务外包至少可以在四个方面给企业带来好处：最大化内部核心资源的收益，专注于自身核心竞争力的发展，充分发挥外部合作者的专业化优势以及快速提升市场地位。由于具有高科技含量、高经济附加值、低资源消耗和高就业等优势，服务外包备受重视。

服务外包理论有着深刻的社会文化背景，成功的服务外包取决于相关组织之间的文化匹配程度，因为高文化匹配能够为长期而稳定的服务外包关系创造信任与承诺的氛围，使得合作双方能够通过资源整合实现优势互补，通过共同的市场开发扩大市场份额，实现合作共赢。在互联网环境下，信息或数据等资源的传递更加便捷、成本更低，这使得信息系统服务外包由以往单纯的硬件外包转变为服务或技术支持等的软件外包。这为服务外包的理论研究提供了更为广阔的平台。另外，互联网的延伸性和灵活性打破了市场交易和服务外包的时空障碍，信息资源量被无限放大，从技术和硬件设施等方面为服务外包各参与方之间的信息交流和传递提供了强有力的支持和极大的便利性。

9.3.1 什么是行为运营管理

9.3.2 个体决策偏差及其在运营管理中的应用

9.3.3 社会偏好及其在运营管理中的应用

9.3 行为运营管理

9.3.1 行为运营管理产生的背景

运营管理是一个研究设计、管理，并致力于对产品的开发、生产、交付以及产品和服务的配置等进行改进的多学科领域。它关注对组织运行性能（如生产效率、产品质量、产品开发、交货期等）差异的解释，并识别过程、结构和系统的内涵。传统运营管理的首要前提是"理性人"假设。这意味着决策者：能够区分信号中的噪声（对相关信息做出反应，抛弃不相干信息）；偏好是一致的；不受认知偏见或情绪的影响，其决策过程包含所有相关的变量和可替代方案。可以通过增加货币激励等途径来促使人实现其理性行为。传统的运营管理更加重视对运营系统本身的关注，以自然科学的视角将决策者视作运营系统的一个组成部分，并认为他们能够做出精确的、永不出错的最优决策。但是，由认知偏差以及自身能力的局限导致的有限理性是决策者的固有属性，渗透到运营管理决策的方方面面。随着运营系统复杂性的增加，决策者对运营系统施加了越发显著而丰富的影响。这使得基于完全理性假设的研究结论表现出诸多不合时宜的现象。因此，将有限理性和人的行为纳入到运营管理之中刻不容缓。

对于含人的系统，人的行为的最基本特征是"有限理性"，如过度自信、损失厌恶、参照依赖、公平偏好、不等值贴现等，这导致人们在行为上并不总是追求"效用最大"，而是根据对环境的认知和自己有限的思维，做出"让自己满意的选择"。因此，对于以人为中心的系统，传统的运作已不能被直接应用。将行为科学与传统运营相结合，建立"行为运营"的理论体系，可以为分析以人为中心的系统奠定基础。

作为一门交叉学科，行为运营研究的发展离不开对已有行为理论的消化和吸收。在行为运营管理兴起之前，经济学家们已经将行为因素引入经济学的研究之中，并成功地发展起行

运营管理
Operations Management

为经济学这一新兴学科。运营管理的许多研究方法与经济学非常相似,行为经济学的发展原因及推动力与行为运营也非常相似。因此,了解行为经济学的发展有助于更好地理解行为运营管理的研究。所谓行为经济学,是指以人类行为作为基础研究对象的经济学理论。它通过观察和实验等方法对个体和群体的经济行为特征进行规律性的研究。现代经济学正日益向经济现实回归,无论是实验方法的引入还是对心理学研究成果的应用,其目的都在于为经济学构建更为真实合理的行为基础。

自20世纪70年代以来,以诺贝尔经济学奖得主卡尼曼等人为代表的一大批经济学家和心理学家,深入研究了个体决策的心理学基础,并提出了符合心理事实的决策模型,一举动摇了新古典经济人范式长期以来的统治地位。这些新的研究成果经常被冠以"行为"的抬头,比如行为决策理论、行为劳动经济学、行为博弈论、行为产业组织、行为组织理论、行为公共经济学、行为福利经济学、行为法律和经济学、行为宏观经济学、行为金融、行为公司金融、行为资产定价等。一时间呈现出百花齐放的局面,从事该领域研究的学者也相继获得肯定。近年来,行为运营管理在国外学术界受到高度重视,管理科学类的知名期刊如《Manufacturing & Service Operations Management》和《Annals of Operations Research》还为此出版了专辑。传统运营管理考虑运营系统和进程应怎样工作,然而大部分技术和理论忽视了实际系统的重要特征,因此很难应用于实践。运营管理的工具和技术是否成功,理论是否精确,在很大程度上取决于对人的行为的理解。一旦考虑运营系统和进程在实际中如何工作,运营管理的模式和理论将会得到极大的丰富和发展。

9.3.2 行为运营管理的内容

行为运营是结合认知和社会心理学的理论来研究运营管理的新方法。它研究人的行为和认知对运营系统的设计、管理与改进产生影响的相关属性,并研究这些属性与运营系统及进程的相互作用。行为运营管理发展的目的是希望改变传统运营管理将人的行为做过于理想化的假定的情况,这种情况会导致有关理论难以预测和解释现实运营系统表现的现状。行为运营管理通过对人的现实理性和现实行为特征的认知心理学和实证研究,开展运营系统的设计、运营和改善方法研究。行为运营管理目前仍处于初级发展阶段,但在制造业、服务业、公共服务和政策制定方面有着广泛的应用前景。

行为运营与传统运营管理的目标相同(设计、管理、改善运营系统和进程),但在研究重点上存在差异。一般认为,传统的运营管理研究忽略了人的行为,而行为运营则将人的行为看作是运营系统功能和绩效的核心组成要素。具体来说,行为运营关注认知和行为因素如何塑造实施系统、过程和绩效的方式,以及对系统和过程设计、管理、改进的重要性。人的认识是有限的,并且容易受到外界因素及系统偏差的影响,因此只有充分考虑人的认知的有限性和特性,行为运营研究才能更有效地设计、管理和改进运营系统和过程。

Boudreau等人强调在对包含人的复杂运营系统的研究中,建立运营管理和人力资源管理两个领域之间交流和合作的重要性,并指出了对这两个领域进行交叉研究所蕴含的新的研究机会。Boudreau 等人从人力资源管理与运营管理整合的角度探讨行为运营的发展，在分析了人力资源对运营结果的影响以及运营管理对人力资源结果的影响的基础上，探讨了人力资源管理和运营管理整合的可能性、整合的基础以及整合的框架等，并提出了如图 9-1 所示的运营管理与人力资源管理的整合模型。

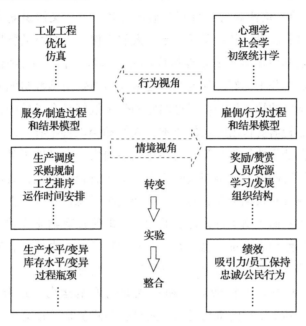

图 9-1 运营管理与人力资源管理的整合模型

注：该图取自（Boudreau 等，2003）。

如图 9-1 所示，该模型认为人力资源管理为运营研究提供了行为的视角，而运营管理则为人力资源研究提供了情境的视角；并进一步提出运营管理与人力资源管理的整合需要经过三个步骤，即转变、实验和整合。

在行为运营管理中，需要考虑两类与人因和行为有关的问题：

（1）个体特性，即认知如何影响运营。例如个体的认知水平和研究习惯（如过度自信、损失厌恶、公平与互惠主义等个人行为特性）对个人决策与系统运作的影响。

过度自信是指过高估计个人能力和知识的倾向。已有研究发现，几乎从事各种职业的人都存在着过度自信的行为倾向，律师、银行家、投资者、企业家、工程师、驾驶员等人的行为都存在过度自信行为。过度自信的决策者往往倾向于高估自己的表现、相比别人期望太高、过于相信自己的信念。国内外已有文献基于决策者的过度自信研究了采购策略、库存管理、产品开发、供应链定价等领域。

损失厌恶是指人们面对同样数量的收益和损失时，认为损失更加令他们难以忍受。卡尼曼与特沃斯基于 1979 年共同提出了前景理论。该理论描述了个人面临存在损与益、得与失前景的风险局面时会有怎样的行为表现。根据前景理论，人们都是"偏心眼"，对损失和获得的敏感程度不同：损失带来的痛苦感要大大超过获得带来的快乐感。在日常生活中，人们普遍厌恶遭受损失。相对于收益，人们对损失更加敏感。例如，损失100美元造成的痛苦程度是人们得到相同数额的喜悦程度的两倍。国内外已有文献基于决策者的损失厌恶研究了质量管理、采购策略、库存管理、能力投资等领域。

近十几年来，迅速发展的行为运营管理将基于心理学和社会学的人类社会性情感因素（诸如公平、利他、互惠、信任等与"自利"假设有着明显含义辨识度的内容）纳入效用函数中，修正了经济人自利假设，其主要观点是：人们不仅关心自身的物质收益，也会关心他人的利益，社会偏好是其效用函数的重要组成部分。具体而言，社会偏好可分为三种类型，即利他偏好、互惠偏好和公平偏好。利他偏好是指人们的效用函数与他人的利益和自身的效用正相关，是一种无条件的社会偏好；互惠偏好和公平偏好是有条件的社会偏好，基于心理动机的互惠偏好认为尽管需要付出一定的成本，人们却会以善报善，以恶惩恶；而基于结果的公平偏好认为人们在处于地位不平等时均存在效用损失，而且处于劣势不平等时的效用损失大于处于优势不平等时的损失。例如供应链由多个成员企业组成，成员之间也存在着利他行为偏好，当成员企业具有长期合作意愿时，就会同时考虑自身及其上下游企业的收益。互惠的来源不是未来的收益而是基于行为背后的动机，即使没有物质收益，相对于对方正面或者反面的行为，人们仍然会表现正互惠或者负互惠的特征。国内外已有基于决策者的公平偏好研究采购定价、产能分配、质量管理、库存管理等领域的研究。

（2）团队和组织特性，即社会规范和系统如何影响运营。运营管理领域知名期刊《Annals of Operations Research》的特刊提出，人类已深陷复杂的社会关系和互动网络中，人的看法与决策过程尤其受到旁人的影响。因此在研究个人决策过程和行为时，将他人影响列入考虑是明智之举。在运营管理派生领域中，社会心理学的影响关注度匮乏，这是由于现存运营管理模型中，描绘人群之间交互社会关系及其对运营系统绩效影响的方法匮乏的原因造成的。从物理学到社会科学，网络研究体现出了爆发式的兴趣增长势头。从社会网络的角度，社会环境中的人际互动可以被表示为在社会网络构建中的一类基于关系的途径或法则。人与人之间的关系直接或间接地链接网络中的成员，并影响议价能力与决策制定。网络化社交网络平台的普及，如Facebook、Twitter和微信，让沟通与交互变得更为频繁。个人与组织的行为开始呈现很多新的特性，经济现象也因此显得扑朔迷离。将社会网络理论引入行为运营管理是发展所趋、必不可少的。

当前阶段，基于社会经济发展的实际形势，运营管理中社会网络运用的主要层次如下：

其一，需要事先分析企业内部所有员工结构的发展现状，并侧重关注企业内部员工之间的关系发展情况、业务往来的具体配合情况以及企业在进行实际管理过程中涉及的信息交流与信息传播的流畅性。

其二，企业运营管理工作中选择的运营战略、新产品开发、能力规划、特色项目或质量管理，其工作完成质量在很大程度上决定了社会网络的具体格局。企业运营管理应为上述运营决策构建最为适宜的网络机制，关注企业内部现存的诸多网络格局是否与企业自身的经济发展目标相适应。

第 9 章 运营管理的发展

其三,在全面探究不同种类的企业社会网络的构成属性过程中,需要侧重梳理企业内部各个组织之间存在的网络格局,并以此为前提条件,将其内容与企业未来预期发展目标之间的关系进行具体阐述。以此不断优化企业内部的社会网络框架。

其四,企业在全面获悉内部各个形态的社会网络格局后,结合多种有效的管理机制进行集中管制。通过有效结合各种研究成果,挖掘出企业社会网络的运用对于企业内部管理工作的价值性。以此为物质基础,针对性地构建员工工作奖罚机制。通过不断优化管制员工的工作行为,进而有效实现经济企业内部管理网络格局的不断壮大与发展。在经济企业社会网络格局不断扩大及日渐完善过程中,从根本上提升运营管理的质量。

案例专栏

案例 1 华晨宝马汽车的可持续运营[①]

华晨宝马汽车有限公司(简称华晨宝马)成立于 2003 年 5 月,是宝马集团和华晨汽车集团控股有限公司共同设立的合资企业。业务涵盖宝马品牌汽车在中国的生产、销售和售后服务。华晨宝马在辽宁省沈阳市建设了先进的生产基地,在北京设有分公司,销售和服务网络遍及全国,现有员工约 2 万人,本土供应商近 400 家,连续 14 年成为沈阳最大的纳税企业。华晨宝马致力于引领汽车行业绿色转型,并将可持续发展贯穿于价值链的每个环节,从生产、供应链、物流等环节入手,大力推进碳减排。

1. 可持续产品

(1) 电动化进程。宝马集团与电动汽车结缘甚早。作为奥委会成员的代步工具,宝马集团曾亮相 1972 年慕尼黑夏季奥运会,在各种长距离赛事中作为工作车和摄像车。2017 年,在德国慕尼黑,德国宝马的总部造型从发动机变成了四节动力电池,彰显这一全球豪华车企引领电动化时代的决心和信心。宝马集团提出"汽车全生命周期可持续发展"理念,到 2026 年,全球范围内,每卖出三辆汽车,就有一辆纯电车型;到 2030 年前,纯电动汽车销量将占全球汽车市场的一半。

纯电动革新了汽车的主要零部件。面对电动车最重要的心脏——动力电池,宝马集团早在几年前就在慕尼黑建设了电芯技术中心,由此洞悉行业未来。基于对技术本源的执着,新世代车型将采用宝马集团的第六代 eDrive 电力驱动系统和新一代锂离子电芯,在总体成本降低 50% 的同时,能量密度提升超过 20%、续航里程提升 30%、充电速度提升 30%,效果已经显现。2022 年,宝马集团在全球市场共交付超过 21.5 万辆纯电动车,同比增长超过一倍。在这一基础上,宝马集团提出在 2023 年内,将纯电动车型销量在集团总销量中的占比提升

[①] 资料来源:宝马集团中国可持续发展报告 2022;花生,宝马全力以赴电动化 [J],财经,2023 年第 6 期;肖文杰,王姗姗,资源循环是未来汽车业的必经之路 [J],第一财经,2022 年 12 期;李阳,刘皖媛,从源头到回收,真正干净的绿色车啥样?[J]. 财经,2021 年第 12 期。

运营管理
Operations Management

至15%。

（2）采用可持续材料。华晨宝马与供应商通力合作，沿用宝马集团的供应链管理体系和标准，在确保产品安全性的同时，着力提升再生材料的使用比例。通过与钢铁制造商紧密协作，华晨宝马将钢铁废料重新投入生产制造流程，实现钢材的回收利用，同时还实现了废铝的部分回收，并携手供应商启动了第一批回收塑料材料研究。

华晨宝马制定了精准的目标：在2030年前，将新车热塑性塑料中所含的再生材料占比从当前的20%左右提升至平均40%以上。为了最大限度地提高车辆可回收性和再生材料的利用率，华晨宝马通过对每个组件的研究，探索减排降碳的空间。对于组件的迭代设计，如合金轮毂和座椅等，华晨宝马致力于确保始终如一的性能、安全和稳定性所带来的豪华体验。例如，全新BMW X1采用了再生尼龙材质的地毯地垫，这种材料由回收的废弃渔网和废弃地毯制成；每台新BMW i7也使用了约150kg的回收铝材。

（3）循环利用设计。华晨宝马追求新能源车型具备高度集成、重量轻、可扩展和模块化的特点，从最初的设计出发，考虑这个车如何易于回收。未来的车就像乐高积木一样，可以把塑料、织物、钢铁分类拆解，实现高度可循环。目前，华晨宝马已经可以回收包括电池中的稀土元素等多种不同的材料，仪表盘塑料件也可以重新加工再次利用。因为电动汽车使用的许多材料不是无限的，总会枯竭。因此，需大力促进电池和稀有原材料的循环利用。

2. 可持续生产

尽管汽车尾气排放是汽车产业最直观的碳排放方式，事实上，看待汽车行业的脱碳进程，不能只把眼光放在应用层面，汽车生产和回收产生的碳排放同样不可忽视。这些看不见的排放，更为致命且难以管控。从汽车全生命周期的角度看，汽车生产和汽车回收过程的碳排放同样十分可观。一辆真正干净的绿色车应该是从生产、使用到回收，都能满足可持续发展需求。

（1）绿色工厂项目。观察汽车业变革的最佳场所就是汽车工厂，只有综合如此多不同面向的需求，才有可能实现真正的可持续制造业。2022年，华晨宝马生产基地大规模升级项目里达工厂投产，里达工厂是宝马集团在中国历史上最大的单项投资，总投资150亿元人民币，成为宝马集团在全球"360度循环减碳"方面的标杆。

汽车业一直十分推崇精益生产。华晨宝马的高管认为，目前，精益的语境已经变了。以前，精益生产意味着部件尽量少，库存也要降低，但在新常态下精益还涉及资源、能耗，也就是说生产足迹要精益，要减少生产足迹。

在绿色和精益方面，可持续是里达工厂建设理念当中的一部分，具有如下特性：首先，里达工厂具备极高的生产灵活性，目前可以同时生产燃油车和纯电动车型，如果市场需要，里达工厂可以百分之百生产电动车——能灵活地调整生产比例。其次，里达工厂拥有智能能源管理系统，以跟踪能量使用，查看各个设备的能源使用情况；拥有辽宁省第一个使用天然气的热电联供系统，对环境的影响比一般规模类似的工厂要小很多，更节能。最后，里达工厂具备数字化特征，例如在里达工厂的涂装车间，一套人工智能计算机视觉系统负责对每辆车的喷漆表面进行拍照和分析，在100s内可拍摄10万张照片，能够智能识别漆面的微小瑕疵。

(2) 工厂资源的回收利用与废弃物减量。资源利用效率是华晨宝马绿色生产的核心。华晨宝马秉承"再思考、再减少、再利用、再回收"原则，持续以负责任的生产方式，全力降低产品资源足迹，尽力将汽车生产的资源效率提升到极致。

整车涂装工艺是用水集中的制造环节，需要复杂的废水处理系统，确保污水合理再利用或排放。华晨宝马的大东工厂产品升级项目引入了先进的水循环系统，建设了大东工厂涂装车间的中水处理设施，2022年生产用水节约超过150000m³，确保废水处理后能复用于生产流程，助力实现水资源管理的封闭循环，实现了单台生产水资源消耗量连续五年下降。

为了实现零废弃物的目标，华晨宝马强化废弃物的减量、分类与处理。铁西工厂和里达工厂在完成设备升级后，清洗喷漆机器人雾化器的清洁剂消耗量显著下降了95%。华晨宝马也在大东工厂和里达工厂安装了污泥干化设备，通过污泥脱水处理将废弃物的体积和重量减少了40%~50%。

为全面确保合规、适当地处理各类废弃物，华晨宝马对所有潜在和现有废弃物处理商开展了严格的供应商评估，包括定期审核并现场检查其流程文件和废弃物处理操作，从而保障相关法规的严格落实。

3. 可持续采购

当人们谈论汽车业的可持续发展时，往往关注产品上显而易见的变化，比如从燃油车到电动车的变革。但实际上，汽车业"后端"的变革同样重要。庞大而精密的汽车产业供应链必须自我调整，才能适应绿色的发展目标。

(1) 供应商碳减排考核。华晨宝马支持供应链技术转型。例如与河钢集团合作，携手打造绿色低碳汽车用钢供应链；还投资了一家叫作波士顿金属的公司，主要研发生产无碳排放的新型钢铁，将废钢材、废铝和废动力电池的核心原材料回收，并返还给供应商进行再利用。此外，华晨宝马大力推进再生贵金属采购项目，鼓励供应商深耕技术创新，扩大再生材料的采购比例。

为进一步识别和跟踪供应商违规事件，消除风险隐患，华晨宝马导入了基于IT的风险事件跟踪系统功能，对供应链风险开展全盘调查，覆盖全部1200多家一级供应商和N级供应商，利用全天候合规监控工具，实时识别合规相关的风险隐患。如果有供应商在这方面被证明是高风险的，违反了可持续要求，华晨宝马会开展独立审计来确保它们采取相应的整改措施。

(2) 全供应链推广可再生能源电力。电池行业是不折不扣的碳排放大户。根据欧洲运输与环境联合会数据显示，动力电池生产的碳排放范围在61~106 kg/(kW·h) CO_2当量。电池碳排放范围波动如此剧烈的原因在于，相同电池材料体系下，电网的脱碳程度会很大程度影响电池生产和组装环节碳排放。例如，国内目前的电力系统中，火电的碳排放量在1kg/(kW·h)左右，水电的碳排放约有0.007kg/(kW·h)，是火电的近1/145，如果采用风

运营管理
Operations Management

电、光伏等新能源电力，其碳排放则会降低至 0.005kg/（kW·h）以内，是火电的 1/200。宁德时代选择在四川宜宾建设最大的锂电工厂，某种程度上也是考虑到了宜宾水电资源丰富。使用绿电已成为对于供应商的考核的重要指标之一。

华晨宝马正在推动指定供应商和能源密集型原材料供应商在生产和运营中向可再生能源电力全面过渡。2022 年，华晨宝马有超过 40% 的本土定点供应商使用可再生能源电力，本土供应链减碳行动取得了里程碑式的成就。100% 的铝锭供应商已完成了可再生能源电力转型。此外，20% 的辽宁省内供应商通过绿色购电协议使用可再生能源电力，实现了可再生能源电力占比的最大化。

4. 绿色物流

（1）低碳运输方式。华晨宝马大力发展低碳运输和多式联运，通过持续增加铁路运输、海运等运输方式的比例，以实现减排降碳、提质增效。例如积极扩大铁路货运比例：从上海及其周边城市运往沈阳生产基地的零配件，超过 30% 已用铁路运输。仅铁路运输这一种方式，较传统公路运输相比，每年就可减少 2160t 碳排放。

整车物流方面，位于大东工厂产品升级项目内的大东工厂 NEX 火车站已正式投入使用。这使得厂内及厂际的整车装载与分拨均可通过铁路专线运输，显著提升运输效率并降低了碳排放。

售后物流方面，华晨宝马启动了中欧南线运输线路的试运行，开辟了欧洲进口售后零配件的多式联运通道，提高了本土零部件的采购比例，以减少运输过程中产生的碳排放。

（2）探索替代能源运输工具。为持续降低物流运输的碳排放，华晨宝马使用更清洁的能源和更高效的运输方式。例如选择纯电动卡车运输。在零部件入厂运输方面，与物流服务商合作，在沈阳生产基地投入纯电动卡车用于厂内、厂际短驳运输业务，实现汽车制造商厂内短驳运输"纯电化"，并持续扩大电动卡车的使用范围。

在整车和售后物流分别引入了重型电动卡车和轻型电动卡车，携手物流供应商和液化天然气卡车厂商，探索应用液化天然气卡车的可能性。通过承运商及商用车生产商合作开发了单次可装载 8 台整车的新型液化天然气卡车。

（3）绿色仓储管理。可持续的仓储管理是绿色物流不可或缺的一部分，既包含仓储设施的绿色建设，也涵盖能源与资源的高效管理。为了全面增强绿色仓储管理能力，华晨宝马大力推进绿色建筑发展，积极申报并获得绿色建筑认证，还将在沈阳的新售后零件配送中心安装太阳能光伏板，进一步减少碳足迹。为推进循环经济，强化对供应商的服务要求，华晨宝马在全价值链推动包装的循环利用。在上海和佛山售后零件配送中心，使用可回收包装已成为仓储服务合同招标流程中的硬性服务要求。

【案例讨论】
1. 华晨宝马推出可持续产品的方式有哪些？
2. 华晨宝马是如何实现可持续生产的？

3. 华晨宝马是如何实施可持续采购的？
4. 华晨宝马是如何发展绿色物流的？
5. 除了案例涉及内容之外，你认为华晨宝马还应从哪些方面提升可持续运营管理水平？

案例 2　民生银行向"驱动市场"的运营模式变革

随着国内互联网进程的不断加快，越来越多的传统行业开始发生深刻的变革。作为金融行业的核心，零售银行也未能幸免。一方面，随着线上渠道的完善和普及，网点数量和选址位置不再是银行间比拼的重点，能否为客户提供更为优质便捷的服务成为银行取胜的关键；另一方面，随着互联网技术的不断发展，金融行业的技术驱动效应也越发明显，这对零售银行的运营模式提出了新的要求。面对如此严峻的挑战，如何寻求新的变革模式并借此重构企业竞争优势，成为摆在国内众多零售银行面前的一道难题。

研究表明，如果从"驱动市场"的角度实施全面变革和转型，零售银行则有望从上述艰难处境中突出重围，甚至改写银行业固化已久的运营模式。营销学领域知名专家尼尔马亚·库玛（Nirmalva Kumar）教授将市场导向划分为两种不同的类型：市场驱动导向和驱动市场导向。库玛认为，市场驱动导向属于被动性导向，认为顾客的需求和偏好是确定的，可以被顾客清楚表达，企业的主要任务是去理解和满足顾客的需求；而驱动市场导向属于主动性导向，认为顾客并不完全了解自己的需求，其需求是可以被引导和激发的，因此企业应该关心市场未来的方向，通过充分运用自身的不连续创新或由其培育主导的创新网络，将顾客引导至新的创新领域，进而实施顾客教育、引导顾客消费。

作为传统零售银行的典型代表，民生银行借助驱动市场的变革方式实现了企业的快速发展。民生银行成立于1996年，是国内第一家由民间资本设立的全国性商业银行。在发展的过程中，民生银行逐渐确定了"做民营企业的银行、小微企业的银行、高端客户的银行"的市场定位。2007年，民生银行将发展重点转向小微企业金融服务，并且着手在长三角地区实施小微企业金融服务试点。随后，为了推进"大零售"战略的实施，民生银行还在小微业务升级调整的同时，积极布局小区金融战略，实现以小区客户需求为核心的个性化金融服务目标。此外，为了实现"特色化、批量化、专业化"的发展目标，民生银行还对现有的管理体制进行了系统性的梳理和诊断，依托云计算、大数据等新兴技术深入挖掘客户需求，进而为其提供更加专业化的金融服务。由于民生银行包袱过多、对原有的发展模式过于依赖，因此在驱动市场变革过程中，采用了相对平缓的渐进式变革方案。

产品设计方面，民生银行从创办之初就瞄准了小微企业的金融需求，长期以来一直坚持"做民营企业的银行、小微企业的银行、高端客户的银行"这一战略定位。民生银行所提供的产品/服务主要围绕个人金融、小微金融、信用卡、私人银行、网络金融等业务展开，并且力求通过资源的有效整合，为中小企业客户和个人客户提供完善的金融解决方案。与此同时，为了推进"大零售"战略的实施，民生银行还在原有业务的基础上，积极探索新的产品和服务，以此满足小微客户日益增长的金融需求。比如，为了应对新的技术变化和业务发展模式，

运营管理
Operations Management

民生银行于 2015 年推出了全新的线上一站式金融服务平台"小微之家"。通过这一全新的服务平台，民生银行不但可以为小微企业客户在线办理各类金融产品和金融服务，还允许客户在无卡情况下通过手机、计算机、平板电脑等多种智能终端登录，在提高办事效率的同时营造良好的客户体验。

渠道建设方面，为了应对新技术、新模式带来的挑战，民生银行在加强线下实体营业网点布局的基础上，持续加大线上渠道投入力度，力求通过多渠道运营网络建设，强化企业竞争优势。其中，在线下渠道建设方面，民生银行于 2013 年正式启动小区金融战略。民生银行将居民社区作为业务开展的核心，通过传统零售、信用卡、直销银行等渠道，为小区客户提供个性化、定制化的金融产品和金融服务。而在线上渠道建设方面，民生银行也紧密围绕市场需求和客户痛点，持续加大线上业务投入力度。民生银行不但建成了手机银行、网上银行、直销银行等多条线上渠道，还通过微信、微博等社交媒介组织多样化的交互活动和营销活动，来增强客户黏性。此外，为了进一步提升客户体验，民生银行还充分发挥线下、线上渠道优势，通过将丰富的线下资源和便捷的线上渠道相结合，实现金融产品的场景化和生态化。

风险控制方面，小微客户群体普遍具有数量庞大、分布面广、经营期短、信用记录不足、财务信息不规范等风险特征，这对银行的风险控制能力提出了较高的要求。面对这一挑战，民生银行在风险管理委员会的统筹下，形成了以风控法则、组合管理、大数据征信为依托的风险管控体系，进而实现风险管理流程的标准化，避免大规模风险事件的发生。其中，风控法则是指民生银行在风险控制方面所遵循的三条基本原则，包括大数法则下的投资原则、价格覆盖风险的定价原则以及批量交易原则；组合管理是指民生银行除了组建战略决策层（风险管理委员会）、业务管理层（金融风险管理部门）、业务执行层（各分行风险管理部门）三级风险管理组织架构外，还通过差异化授权、独立审批、标准化流程管理等措施降低潜在风险、提升风险应对速度；大数据征信则是指民生银行借助风险量化工具，实现从贷前调查、贷中审查到贷后管理、资产清收的风险全流程管理。

技术支撑方面，随着移动互联网、云计算、大数据等新兴技术的不断涌现，零售银行的 IT 技术应对能力正受到越来越大的挑战。面对这一挑战，民生银行不但通过 IT 设备升级、自建数据库、成立数据中心等方式建成了全球先进的数据信息平台，还借助革新信息搜索技术，推进组织间信息共享等方式实现了数据信息与组织运营间的无缝衔接。特别值得关注的是，在这一过程中，民生银行逐渐完成了两大技术支撑体系——"阿拉丁"和"智能管家"的布局。其中，"阿拉丁"是民生银行于 2013 年开始建设的一个开放的企业级大数据云服务平台，其目的在于通过对全行各类数据的互联互通，打破了横亘在数据和数据使用者之间的障碍，进而形成开放的数据生态服务体系；而"智能管家"则是基于"阿拉丁"数据平台的客户关系管理系统，其目的在于运用大数据挖掘技术和生态圈建设理念，建设数字化、智能化的客户管理模式，进而推动企业业务向精细化管理模式转型，使民生银行客户关系管理进入智能化时代。

组织架构方面，为了提升运营效率、降低沟通成本，民生银行自 2007 年起便开始在企业内部推行事业部制改革，并且通过成立地产、能源、交通、冶金四大金融事业部，将"总行—分行—支行"三级经营管理体制变更为事业部制一级经营管理体制。此后，随着战略转型计划——"凤凰计划"的提出，民生银行开始着手进行大事业部制改革。民生银行组建了"总行事业部—分行事业部"的大事业部制运行机制。其中，总行事业部整合了原金融事业部、产品事业部、业务营销管理、中后台管理支持等相关机构职能，新成立战略规划、客户线、产品线、风险管理、资产管理、管理支持六大模块，负责企业战略布局、经营管理、风险管理等具体职能；分行事业部则整合了原金融事业部、产品事业部、业务营销管理、产品支持、风险管理等相关机构职能，具体负责当地企业的经营活动以及金融风险管理。大事业部制改革推动民生银行逐渐形成了扁平化、柔性化的组织架构。

利率市场化带来的赢利能力下降、经济下行带来的对公业务增长疲软、互联网金融发展带来的传统业务骤减等问题，逐渐成为零售银行面临的新挑战。为了应对挑战，零售银行必须对原有的运营模式实施变革。而"驱动市场"变革方案不但可以帮助企业构建起全新的运营体系，还可以帮助其在激烈的市场竞争中获得可持续性的竞争优势。研究表明，零售银行的"驱动市场"变革需要从产品设计、渠道建设、风险控制、技术支撑、组织架构等方面进行综合考虑。

【案例讨论】

1. 试从不确定性、价值网络、精益借鉴、战略实施和预期目标等方面对驱动市场与市场驱动进行比较。
2. 驱动市场的零售银行运营体系分析框架的关键要素是什么？
3. 驱动市场变革可以细分为突破式变革和渐进式变革两种方式，结合实例对这两种方式下的运营管理模式进行比较。
4. 不同类型的企业应该如何选择适合自身的驱动市场变革方式？

（资料来源：胡左浩，臧树伟，黄丹. 向"驱动市场"的运营模式变革——以零售银行为例 [J]. 清华管理评论，2017，3：42-50.）

本章小结

本章主要介绍了互联网思维，互联网思维下组织的运营管理创新，服务运营管理产生背景、特征和内容，行为运营管理的背景和内容等。互联网思维是一种对消费者、市场、产品、价值链以及整个商业模式和生态重新解构的思维方式。以互联网思维为主导的企业，更加关注消费者的数量和品质。互联网思维是一种更加开放、平等、协作的思维模式，互联网思维的迭代性讲究产品的升级换代，互联网的开放和平等能够让消费者从研发至销售，参与到每一个环节。互联网企业由于开放、共享和协作的原则，常常是扁平化的企业结构，小而精。用互联网思维对企业的运营管理创新主要包含：产品定制化、组织平台化和应用大数据。服务运营管理是指对服务内容、服务提供系统以及服务运作过程的设计、计划、组织与控制活动。在企业竞争战略的指导下，服务运营管理中具体管理问题包括：服务设施规划、服务质

运营管理
Operations Management

量管理、服务收益管理、服务应急管理、服务外包管理。这些构成服务运营管理的内容体系。行为运营是结合认知和社会心理学的理论来研究运营管理的新方法。它研究人的行为和认知对运营系统的设计、管理与改进产生影响的相关属性,并研究这些属性与运营系统及进程的相互作用。有必要考虑个体特性和团队与组织特性对运营管理工作的影响。

思考题

1. 互联网思维指的是什么?
2. 互联网+运营管理的内容有哪些?
3. 服务运营管理的特征有哪些?
4. 服务运营管理的内容有哪些?
5. 行为运营管理的内容有哪些?
6. 结合实际,分析互联网+在各行业的发展及对运营管理的影响。
7. 结合服务运营管理的内容,谈谈你对服务运营管理的理解。
8. 结合实际,阐述人的行为和认知对运营管理的影响。

自测题
第 9 章运营管理的发展

参 考 文 献

[1] 罗伯特·约翰斯顿, 等. 运营管理案例 [M]. 佟博, 等译. 3 版. 北京: 经济管理出版社, 2005.

[2] 孙慧. 运营管理 [M]. 上海: 复旦大学出版社, 2011.

[3] 中国职业经理人研究会. 职业经理人资格认证教材: 上册 [M]. 北京: 中国经济出版社, 2008.

[4] 季建华. 运营管理 [M]. 上海: 上海人民出版社, 2007.

[5] 陈荣秋, 马士华. 生产运作管理 [M]. 北京: 机械工业出版社, 2009.

[6] 王明贤. 现代质量管理 [M]. 北京: 北京交通大学出版社, 2011.

[7] 刘中荣, 张碧晖. 管理史话 [M]. 武汉: 华中工学院出版社, 1984.

[8] 胡运权, 郭耀煌. 运筹学教程 [M]. 4 版. 北京: 清华大学出版社, 1998.

[9] 蒋智凯. 浅谈运筹学教学 [J]. 重庆科技学院学报 (社会科学版), 2010 (24).

[10] 王国廷, 塔怀锁. 工程数学 [M]. 北京: 煤炭工业出版社, 2008.

[11] 王海刚, 杨玮. 商品学 [M]. 北京: 北京大学出版社, 2013.

[12] 熊银解, 等. 现代企业管理 [M]. 2 版. 武汉: 武汉理工大学出版社, 2013.

[13] 朱林, 杨春杰. 先进制造技术 [M]. 北京: 北京大学出版社, 2013.

[14] 魏修建, 姚峰. 现代物流与供应链管理 [M]. 2 版. 西安: 西安交通大学出版社, 2013.

[15] 董蕊. 供应链管理与第三方物流策划 [M]. 北京: 中国经济出版社, 2003.

[16] 龚晓光, 肖人彬. 管理系统模拟应用: 以供应链为背景 [M]. 北京: 电子工业出版社, 2012.

[17] 尹静, 马常松. FLEXSIM 物流系统建模与仿真 [M]. 北京: 冶金工业出版社, 2014.

[18] 刘永胜, 等. 供应链管理 [M]. 北京: 北京大学出版社, 2012.

[19] 白全贵. 服务型制造: 经济转型的重要途径——与郭重庆院士、汪应洛院士一席谈 [N]. 河南日报, 2008-11-12-(12).

[20] 费志敏, 包先建. 企业管理基础 [M]. 北京: 中国计量出版社, 2002.

[21] 张佺举, 张洪. 物流管理 [M]. 北京: 北京大学出版社, 2014.

[22] 李明, 等. 管理信息系统 [M]. 北京: 清华大学出版社, 2006.

[23] 赵建平. 企业文化: 管理的灵魂 [M]. 北京: 中国石化出版社, 2002.

[24] 吴群主. 物流案例分析 [M]. 北京: 北京大学出版社, 2014.

[25] 王道平, 李志隆. 现代物流管理 [M]. 北京: 北京大学出版社, 2014.

[26] 马义飞, 张媛媛. 生产与运作管理 [M]. 北京: 清华大学出版社, 北京交通大学出版社, 2010.

[27] 王道平, 张大川. 现代物流信息技术 [M]. 2版. 北京：北京大学出版社, 2014.
[28] 窦孟华, 郭俊伟. 现代企业供应物流管控 [M]. 徐州：中国矿业大学出版社, 2002.
[29] 司林胜, 周宏. 电子商务案例分析 [M]. 重庆：重庆大学出版社, 2004.
[30] 宋克勤. 生产运作管理教程 [M]. 上海：上海财经大学出版社, 2002.
[31] 张继德, 时斐. 基于电子商务的供应链管理应用研究——以苏宁易购为例 [J]. 会计之友, 2014 (36).
[32] 张宏亮, 陈洪. 如何提升销售效率：拓展业务的妙招 [M]. 北京：机械工业出版社, 2009.
[33] 胡利杰, 田宇. 营销执行 [M]. 北京：企业管理出版社, 2010.
[34] 达夫特, 马西克. 管理学原理 [M]. 高增安, 马永红, 李维余, 译. 北京：机械工业出版社, 2012.
[35] 周妮. 企业业务流程设计与再造 [M]. 北京：中国纺织出版社, 2005.
[36] 见娜. 无锡H公司流程管理中的问题与对策研究——基于柔性管理视角 [D]. 重庆：西南大学, 2012.
[37] 雅各布斯, 蔡斯. 运营管理 [M]. 任建标, 译. 北京：机械工业出版社, 2015.
[38] 郑永武, 苏志霞. 工作分析 [M]. 杭州：浙江大学出版社, 2011.
[39] 戴维斯, 等. 运营管理基础 [M]. 汪蓉, 等译. 4版. 北京：机械工业出版社, 2004.
[40] 戴维斯, 海内克. 服务管理——利用技术创造价值 [M]. 王成慧, 郑红, 译. 北京：人民邮电出版社, 2006.
[41] 刘丽文. 生产与运作管理 [M]. 2版. 北京：清华大学出版社, 2002.
[42] 孙健. 商业银行业务流程再造与绩效改进 [D]. 青岛：中国海洋大学, 2007.
[43] 达夫. 金科玉律大全集 [M]. 北京：中国华侨出版社, 2011.
[44] 杨保军. 读寓言故事学管理法则：寓言中的管理法则 [M]. 广州：广东经济出版社, 2013.
[45] 韩秀田, 张军印. 画说银行管理 [M]. 北京：企业管理出版社, 2010.
[46] 王宛秋, 张艳秋. 财务报表分析 [M]. 北京：北京工业大学出版社, 2010.
[47] 白万纲, 李银. 超级集团战略 [M]. 昆明：云南人民出版社, 2012.
[48] 王庚年. 全媒体技术发展研究 [M]. 北京：中国国际广播出版社, 2013.
[49] 刘璇, 等. 金融网络中资金流动异常识别研究 [M]. 上海：上海交通大学出版社, 2012.
[50] 王连生. 精益生产与精益六西格玛实战 [M]. 北京：中国质检出版社, 2012.
[51] 武振业, 等. 生产与运作管理 [M]. 成都：西南交通大学出版社, 2000.
[52] 蔡颖. APS走向实践 [M]. 广州：广东经济出版社, 2007.
[53] 何一鸣. 基于约束理论的关键链管理在项目进度控制中的应用研究 [D]. 无锡：江南大学, 2009.
[54] 杰拉德·卡桑, 克里斯蒂安·特维施. 运营管理 [M]. 任建标, 译. 北京：中国财政经济出版社, 2006.
[55] 孔庆善. 运作管理 [M]. 北京：石油工业出版社, 2003.
[56] 厄斯金. 生产与运作管理案例 [M]. 张金成, 等译. 北京：机械工业出版社, 1999.

[57] Project Management Institute. A Guide to the Project Management Body of Knowledge (PMBOK® Guide) [M]. Newtown Square: Project Management Institute, 2017.

[58] DONALD J Scott. Project Management: A Quick Start Beginner's Guide For The Serious Project Manager To Managing Any Project Easily [M]. Create Space Independent Publishing Platform, 2016.

[59] 尤金·G 斯贝格. 项目管理 [M]. 贾晓菁, 李桂君, 林则夫, 译. 2 版. 北京: 清华大学出版社, 2013.

[60] 戚安邦. 项目管理学 [M]. 天津: 南开大学出版社, 2003.

[61] 罗西瑙. 成功的项目管理 [M]. 3 版. 苏芳, 译. 北京: 清华大学出版社, 2004.

[62] 丁会淑, 刘钊. T 公司海外工程项目的团队管理历程 [M] // 王瑞华, 王玉霞. 中国工商管理案例精选: 第 3 辑. 北京: 中国财政经济出版社, 2012: 163 – 180.

[63] 贾晓菁, 丁雪玲. 一个历经风险的房地产信托项目 [M] // 王瑞华, 贾晓菁, 王玉霞. 中国工商管理案例精选: 第 6 辑. 北京: 中国财政经济出版社, 2017: 268 – 275.

[64] 白思俊. 现代项目管理 [M]. 北京: 机械工业出版社, 2002.

[65] 邱菀华 杨敏. 项目价值管理理论与实务 [M]. 北京: 机械工业出版社, 2007.

[66] 朱兰, 德费欧. 朱兰质量手册 [M]. 中国质量协会, 等译. 6 版. 北京: 中国人民大学出版社, 2014.

[67] 詹姆斯·埃文斯, 威廉·林赛. 质量管理与卓越绩效 [M]. 焦叔斌, 译. 7 版. 北京: 中国人民大学出版社, 2010.

[68] 付伟. 质量管理流程与节点精细化设计 [M]. 北京: 人民邮电出版社, 2015.

[69] 邢博, 白长虹. 精益服务: 理论、测量与有效性检验 [J], 管理评论, 2014, 26 (11): 106 – 118.

[70] FORRESTER J W. Industrial Dynamics [M]. Cambridge Mass: MIT Press, 1961.

[71] FORRESTER J W. World Dynamics [M]. Cambridge Mass: MIT Press, 1971.

[72] STERMAN J D. The economic long wave: theory and evidence [J]. System Dynamics Review, 1986, 2 (2): 87 – 125.

[73] 钟永光, 贾晓菁, 钱颖. 系统动力学 [M]. 2 版. 北京: 科学出版社, 2013.

[74] 贾仁安, 等. 组织管理系统动力学 [M]. 北京: 科学出版社, 2014.

[75] 钟永光, 贾晓菁, 钱颖. 系统动力学前沿与应用 [M]. 北京: 科学出版社, 2016.

[76] 张波, 袁永根. 系统思考和系统动力学的理论与实践——科学决策的思想、方法和工具 [M]. 北京: 中国环境科学出版社, 2010.

[77] 王瑞华, 贾晓菁, 王玉霞. 中国工商管理案例精选: 第五辑 [M]. 北京: 中国财政经济出版社, 2016.

[78] 李稳安, 赵林度. 牛鞭效应的系统动力学分析 [J]. 东南大学学报 (哲学社会科学版), 2002 (S2): 96 – 98.

[79] 桂寿平, 朱强, 吕英俊, 等. 基于系统动力学模型的库存空寂机理研究 [J]. 物流技术,

[80] 黄丽珍,王其藩,刘永平. 基于市场反馈的闭环供应链动力学行为分析 [J]. 南昌大学学报,2007,14 (1):162-175.

[81] 王瑞华,贾晓菁,王玉霞. 中国工商管理案例精选:第六辑 [M]. 北京:中国财政经济出版社,2017.

[82] 王瑞华,王玉霞,等. 中国工商管理案例精选:第二辑 [M]. 北京:中国财政经济出版社,2010.

[83] 尤建新,隋明刚,霍佳震. 闭环供应链牛鞭效应分析 [J]. 系统工程理论与实践,2007 (12):111-116.

[84] 骆守俭,郝斌. 供应商关系管理 [M]. 上海:上海财经大学出版社,2009.

[85] CHRISTIAN Schuh,MICHAEL F. Strohmer,等. 供应商关系管理——机会与价值最大化 [M]. 李学芸,吴江,译. 北京:清华大学出版社,2016.

[86] 孙道银,纪雪洪. 竞争优先权与供应链战略匹配关系研究 [J]. 管理学报,2012,9 (4):587-593.

[87] 李海舰,田跃新,李文杰. 互联网思维与传统工业再造 [J]. 中国工业经济,2014 (10):135-146.

[88] 邵天宇. 互联网思维下的商业模式创新路径研究 [D]. 大连:大连理工大学,2014.

[89] 刘宗斌. 互联网+运营管理——商业模式创新到落地 [M]. 北京:清华大学出版社,2016.

[90] 闵捷,颜春龙,叶明,何宁. 网络经济新模式——面向顾客的直接定制 [J]. 中国软科学,2001 (6):53-56.

[91] 陈灿,曹磊,郭勤贵. 互联网+跨界与融合 [M]. 北京:机械工业出版社,2015.

[92] 谢丹丹. "红领模式":从工厂到定制平台 [J]. 中外管理,2016 (3):96-98.

[93] 陈有勇. 互联网时代的企业组织转型研究 [D]. 北京:中共中央党校,2016.

[94] 国网能源研究院. 2015 国内外企业管理实践典型案例分析报告 [M]. 北京:中国电力出版社,2015.

[95] 赵大伟. 未来产业王者,属于生态型企业 [J]. 中外管理,2016 (8):64-67.

[96] 廖建文,崔之瑜. 企业优势矩阵:竞争 VS 生态 [J]. 哈佛商业评论,2016 (7).

[97] 俞立平. 大数据与大数据经济学 [J],中国软科学,2013 (7).

[98] 李文莲,夏健明. 基于"大数据"的商业模式创新 [J]. 中国工业经济,2013 (5):83-95.

[99] 杨珮,等. 服务营销 [M]. 天津:南开大学出版社,2015.

[100] 徐占忱. 全球化变局与中国新一轮对外对外开放 [M]. 北京:中国经济出版社,2014.

[101] 《聚焦"互联网+"》编写组. 聚焦"互联网+" [M]. 北京:中国言实出版社,2015.

[102] 甄文媛. 吉利:共享、智能浪潮中汽车制造商的转型思考 [J]. 汽车纵横,2017 (7).

[103] NAKAMURA K,KAMEOKA A. Service Business Planning Towards Shared Service Roadmapping — An Application to RFID Using Service in the Research Activities of A Japanese Industrial

Association [J]. International Journal of Innovation and Technology Management, 2007, 4 (4): 511-535.

[104] 计国君. 服务科学与服务管理 [M]. 厦门: 厦门大学出版社, 2015.

[105] KARMARKAR U. OM Forum — The Service and Information Economy: Research Opportunities [J]. Manufacturing & Service Operations Management 2015, 17 (2): 136-141.

[106] 赵海峰. 服务运营管理 [M]. 北京: 冶金工业出版社, 2013.

[107] 王松, 陈伟. 质量管理 [M]. 哈尔滨: 哈尔滨工程大学出版社, 2015.

[108] 张敏. 服务外包理论研究现状与发展趋势——基于SSCI数据库 (1990—2013) 的科学计量分析 [J]. 经济学家, 2014 (10).

[109] 崔崟, 陈剑, 肖勇波. 行为库存管理研究综述及前景展望 [J]. 管理科学学报, 2011, 14 (6): 96-108.

[110] 徐光远, 李贤, 杨伟, 等. 当代西方经济学十大理论热点: 近年来诺贝尔经济学奖获得者主要理论研究 [M]. 北京: 中国经济出版社, 2008.

[111] 刘凤良, 周业安, 陈彦斌, 等. 行为经济学理论与扩展 [M]. 北京: 中国经济出版社, 2008.

[112] 刘作仪. 第42期双清论坛"行为运作管理"召开 [J]. 中国科学基金, 2009 (6): 356.

[113] BOUDREAU J, HOPP W, MCCLAIN J O., THOMAS L J. On the interface between operations and human resources management [J]. Manufacturing Service Operations Management, 2003, 5 (3): 179-202.

[114] 宋永涛, 苏秦. 质量管理与新产品开发理论及实务 [M]. 北京: 中国经济出版社, 2013.

[115] GINO F, PISANO G. Toward a theory of behavioral operations [J]. Manufacturing Service Operations Management, 2008, 10 (4): 676-691.

[116] 杜向军. 爱心采集术——行为经济学和顾客让渡价值理论在单采血浆领域的应用研究 [M]. 成都: 电子科技大学出版社, 2014.

[117] 石岿然. 行为视角下的供应链管理研究 [M]. 北京: 经济管理出版社, 2014.

[118] 徐鹏杰. 互联网时代下企业竞争范式的转变: 从竞争优势到生态优势——以韩都衣舍为例 [J]. 中国人力资源开发, 2017 (5): 104-109.

[119] 胡左浩, 臧树伟, 黄丹. 向"驱动市场"的运营模式变革——以零售银行为例 [J]. 清华管理评论, 2017 (3): 42-50.

[120] Yeming Gong. Global Operations Strategy Fundamentals and Practice [M]. Berlin Heidelberg: Springer-Verlag, 2013.

[121] JAN A. Van Mieghem Operations Strategy: Principles and Practice [M]. Belmont: Dynamic ideas, 2008.

[122] 杰伊·海泽, 巴里·伦德尔运作管理 [M]. 陈荣秋, 张详, 等译. 10版. 北京: 中国人民大学出版社, 2012.

[123] 约翰·丹尼尔斯, 李·拉德巴赫, 丹尼尔·沙利文. 国际商务: 环境与运作 [M]. 石永

恒, 译. 北京: 机械工业出版社, 2012.

[124] 鲍勇剑, 袁文龙. 转移不如转型: 在华跨国企业的新选择 [J]. 清华管理评论, 2015 (5): 26-35.

[125] 查尔斯·希尔, 托马斯·霍特. 当代全球商务 [M]. 王炜瀚, 译. 北京: 机械工业出版社, 2017.

[126] 陈言国, 陈毅通, 沈庆琼. 国际物流实务 [M]. 北京: 清华大学出版社, 2016.

[127] 迟忠波. 曹德旺: 制造业高利润从何而来? [J]. 中外管理, 2016 (6): 74-76.

[128] 魏江. 战略管理 [M]. 2版. 杭州: 浙江大学出版社, 2012.

[129] 祁春凌. 中国对外直接投资: 基于投资动因、制度因素以及政治经济学视角的分析 [M]. 北京: 对外经济贸易大学出版社, 2015.

[130] 谢家平, 魏航. 跨国公司全球供应链运营模式 [M]. 上海: 上海财经大学出版社, 2010.

[131] 刘冀生. 企业战略管理: 不确定性环境下的战略选择及实施 [M]. 3版. 北京: 清华大学出版社, 2016.

[132] 项兵. 中国需要全球视野和创新意识的第3代企业家 [J]. IT时代周刊, 2007 (12): 16.

[133] 耐杰尔·埃文斯, 大卫·坎贝尔, 乔治·斯通休萨. 旅游战略管理 [M]. 马桂顺, 译. 沈阳: 辽宁科学技术出版社, 2005.

[134] 安辉, 谌利. 战略管理 [M]. 北京: 中国水利水电出版社, 2006.

[135] 迈克尔·A 希特. 战略管理: 竞争与全球化 (概念) [M]. 焦豪, 译. 北京: 机械工业出版社, 2016.

[136] 埃森哲. 地平线2015: 中国商业洞察与展望 [M]. 北京: 东方出版社, 2011.